中国秘书速记岗位资格证书 专用教材

手写速记教程

SECRETARY

中国高等教育学会秘书学专业委员会 组编

总策划 张晋峰 总主编 范立荣

中国人民大学出版社

· 北京 ·

编审委员会

前 言

进入21世纪以来，伴随社会主义市场经济的快速发展，速记在我国已经悄然地、高速地成为一个热门职业。速记已成为广大秘书工作者及从事文字工作者的特色技能。很多会速记的秘书人才，在应聘公司、企业岗位时，往往受到青睐。本书以习近平新时代中国特色社会主义思想为指导，全面融入党的二十大精神，始终把提高学生的思想道德素质与专业素养融为一体，培养学生诚实守信、爱岗敬业等优秀品质，为中国式现代化建设提供高技能人才支撑。

现代社会知识更新、信息交流的速度越来越快，节约时间、提高效率是每个现代人追求的目标。速记作为一门快速书写技术，可用来随时随地记录各种讲话、采集信息、摘抄资料、起草文稿、做课堂笔记、记事备忘、记笔记、写日记等，具有任何现代办公设备不能替代和比拟的优越性。

录音机、计算机再先进、再灵巧，也比不过人们的一双手，速记只需要一支笔、一张纸就能工作。你花很少的代价和时间学会速记，就能赢得时间和效率，就会比别人获得更多的成功机会。

速记与录音机、计算机等现代办公设备不是谁能代替谁，而是相辅相成、相互为用的关系。会手写速记，也要会操作录音机、计算机等现代办公设备，大型会议也可用计算机速记记录大会发言。

手写速记并不难学，会汉语拼音就会拼音速记；会汉字书写就会汉字速记。可见，速记并不神秘，它是大众化的书写技术，能解决汉字书写与讲话在表现速率上的矛盾，是汉字的辅助工具。

学会速记，能促使我们反应快、思考快、节奏快，大大提高学习与工作效率。

为使广大秘书工作者和管理者获得秘书速记岗位资格证书；为广大大中专院校学员就业铺路搭桥，使之学有一技之长，获得秘书速记岗位资格证书，中国高教学会秘书学专业委员会特推出这本《手写速记教程》。

参加秘书速记岗位资格证书考试，不受使用的速记方式限制，只要写得快、认得出，达到书写速度要求，均能获得《中国秘书速记岗位资格证书》。如何考试，请见本书中《中国秘书速记岗位资格证书》考核大纲。

本书编写分工如下：荣光、谢文军撰写“速记员职业道德”；刘书田、郝银奎、王振祥、向阳撰写“速记知识篇”；荣光、吴士健、耿凤华、赵进撰写“速记方法篇”；吴士健、耿凤华撰写“速记应用篇”；黄良友、李镕撰写“附录”。

编者

目　录

速记知识篇

速记方法篇

汉字速记法

拼音速记法

速记应用篇

速记与格言

◇ 人生最大的乐趣是：探索与创造；最大的幸福是：助人与献身；最大的财富是：知识与时间；最大的苦恼是：无知与空虚；最大的安慰是：友谊与信任；最大的收获是：经验与教训；最大的美德是：纯洁与忠诚；最大的聪明是：认识自己；最大的愚蠢是：欺骗别人；最大的耻辱是：出卖灵魂；最值得拥有的是：速记与格言。

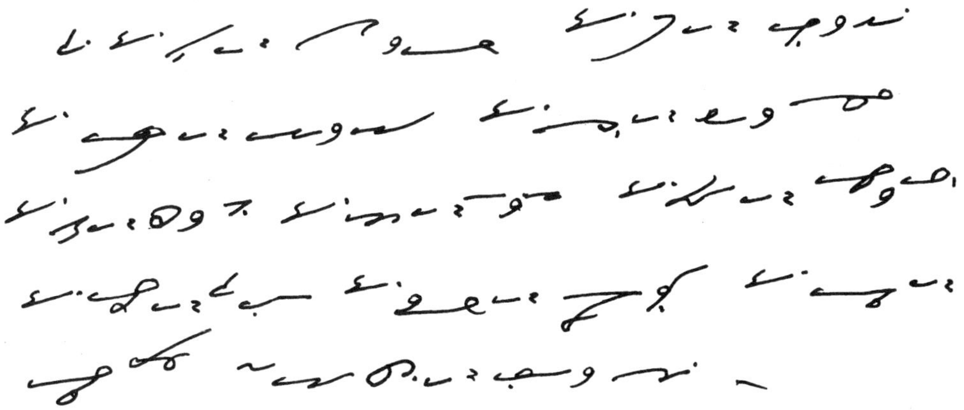

◇ 通向成功的道路就是采取坚定而有力的行动。

汉字速记法

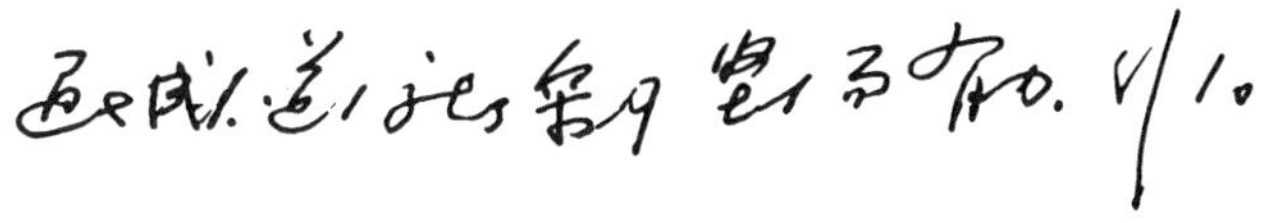

拼音速记法

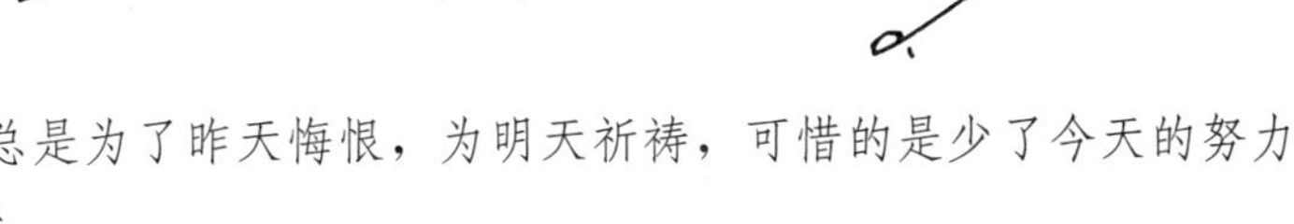

◇ 有的人总是为了昨天悔恨，为明天祈祷，可惜的是少了今天的努力。

汉字速记法

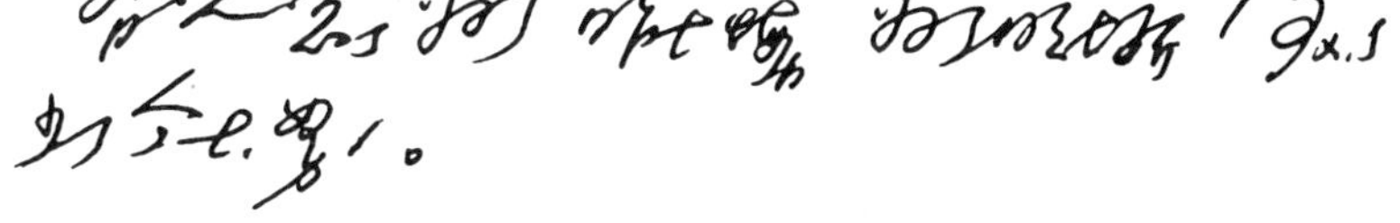

拼音速记法

我们要学习的速记是汉字速记法和拼音速记法，即“双式速记”。

速记员职业道德

一、道德

学习职业道德，首先要清楚什么是道德。把“道德”二字连用，始见于春秋战国时期的《管子》、《庄子》、《荀子》等书中。比如荀子曾说：“故学至乎礼而上矣，夫是之谓道德之极。”意思就是说，一个人学习了礼并按照它的要求去做，就具备了最高道德。

道德，就是一定社会、一定阶级向人们提出的处理人和人之间、个人和社会之间、个人与自然之间各种关系的一种特殊的行为规范。道德就是讲人的行为“应该”怎样和“不应该”怎样的问题。道德的核心是“为人民服务”，道德的重点是“诚实守信”，道德是做人的根本。人生在世，最重要的有两件事：一是学做人，二是学做事。怎样做人呢？最重要的是以德为先，做有德之人。《公民道德建设实施纲要》中提出在社会上要大力倡导“爱国守法、明礼诚信、团结友善、勤俭自强、敬业奉献”的基本道德规范，倡导“爱祖国、爱人民、爱劳动、爱科学、爱社会主义”的基本道德要求。作为速记员要把基本道德要求和基本道德规范融为一体，构建社会需要的良好的思想基础和道德规范。要把胡锦涛总书记提出的“八荣八耻”荣辱观作为自己的立身之本、立德之基。“八荣”是速记员努力追求的高尚目标，“八耻”是速记员万不可为、防微杜渐的警戒线。要树立正确的荣辱观，除价值取向要定好位外，还要养成道德良心。正确的荣辱观要入脑入心，要从培养“四心”入手，即有仁爱心、责任心、同情心、羞耻心。

仁爱心，就是要有一颗爱人的心。孟子讲：“敬人者，人恒敬之；爱人者，人恒爱之。”如果你有一颗爱人之心，对别人献出爱，别人也会爱你；你尊重别人，别人也会尊敬你。爱是人间最美好的感情。树立正确的荣辱观不能没有这样一种心理基础。

责任心，就是对国家的富强、社会的进步、单位的事业发展、个人的速记工作，以及家庭和睦幸福，都要有一份责任。责任心的最高境界，就是“天下兴亡，匹夫有责”。这也是形成正确荣辱观不能缺少的心理基础。

同情心，就是古人讲的“恻隐之心”，当别人遇到困难、受到挫折、遭遇不幸的时候，有一种感同身受的心理体验，因而去劝慰、帮助别人。同情心，是产生良好道德行为的一种心理基础。

羞耻心，就是当做了不符合道德规范的事情时，心里感到不安、内疚、惭愧、悔恨。羞耻心是树立正确荣辱观绝对不可缺少的心理基础。“知耻而后勇”。如果一个人，恬不知耻，寡廉鲜耻，厚颜无耻，还有什么正确的荣辱观可言？

仁爱心、责任心、同情心、羞耻心这“四心”，在伦理学上就是道德良心。良心是一个人对自己应负义务的道德责任感和对自己行为的是非、善恶的自我评价能力。“良心是道德卫士”。在道德养成的过程中，良心对人们的行为具有判断、指导和监督的作用。一个人的良心如何，就看他的仁爱心、责任心、同情心、羞耻心是什么状况。“良心好比是安插在每个人心头的岗哨，时时都在监督你是不是做出了违背道德规范的事情”。树立正确的荣辱观，非常有必要倡导每个人都来重视道德良心的养成。速记员重视道德良心，才能具备良好的职业道德。

二、职业道德

职业道德，是指从事一定职业劳动的人们，在特定的工作和劳动中以其内心的信念和特殊社会手段来维系的，以善恶进行评价的心理意识、行为原则和行为规范的总和。它是人们从事职业过程中形成的一种内在的、非强制性的约束机制。简言之，职业道德是人们在一定的职业活动范围内所遵守的行为规范。职业道德有三方面的特征：一是范围上的有限性。任何职业道德的适用范围都不是普遍的，而是特定的、有限的。二是内容上的稳定性和连续性。三是形式上的多样性。职业道德的形式，因行为而异。一般来说，有多少种不同的行业，就有多少种职业道德。无论什么人，要想成就一定的事业，都离不开加强职业道德修养。

三、速记人员的职业道德

速记人员的职业道德是规定速记人员在从事速记职业活动中的行为规范。优良的职业道德是新时期速记人员从事快节奏、高效率工作的动力，是速记人员职业活动的指南。速记人员职业道德修养，主要是指职业理想、职业感情、职业责任、职业纪律、职业能力等修养。

（一）讲文明礼貌与塑造良好形象

速记人员要讲文明礼貌，塑造自身良好形象。速记人员的形象是单位形象的代表，是领导形象的缩影，是单位信誉的宣传。文明礼貌是从业人员的基本素质。速记人员讲文明礼貌的具体要求是：1. 仪表端庄，着装朴素大方。2. 语言规范，举止得体。3. 待人热情，亲切友好。

（二）爱岗敬业与树立职业理想

爱岗敬业的具体要求主要是：树立职业理想、强化职业责任、提高职业技能。

凡是符合社会发展需要的职业理想，都具有现实性，都是社会所承认和肯定的职业理想。个人自身所具备的条件是职业理想形成的重要基础，条件不同决定着职业理想的不同，条件的变化规定着职业理想的变化。一般来说，人们职业理想的层次越高，就越能发挥自己的主观能动性，对社会的贡献也就越大。相反，一个人只停留在谋生的职业理想上，就谈不上爱岗敬业，也不容易激发起积极性、创造性，也难强化职业责任感，提高职业技能。

（三）忠于职守与服从领导

各行各业的工作人员，都要忠于职守，热爱本职工作。作为速记人员，忠于职守就是要忠于速记这个特定的工作岗位，充分发挥自己的才干，做出优异成绩来。忠于职守就是要服从领导，服从领导是由速记人员的职业性质所决定的。速记人员作为领导工作的助手，要严格按照领导指示和意图办事。离开领导自行其是，别出心裁，都是职业道德所不允许的。速记人员的积极性、创造性只能在服从领导的前提下才能发挥出来。

（四）兢兢业业与甘当无名英雄

兢兢业业，甘当无名英雄，就是要求速记人员埋头苦干、任劳任怨。速记人员的工作性质决定其工作主要是实干。在具体而紧张的工作中，速记人员应脚踏实地，不计个人利益得失，要有吃苦耐劳甚至委曲求全的精神。

（五）遵纪守法与严守机密

遵纪守法、廉洁奉公、恪守信用、严守机密是速记人员职业活动能够正常进行的重要保证。

遵纪守法指的是速记人员要遵守职业纪律，与职业活动相关的法律、法规，以及党和国家的方针、政策。廉洁奉公是高尚道德情操在职业活动中的重要体现，是速记人员应有的思想道德品质和行为准则。它要求速记人员要以国家、人民和本单位整体利益为重，自觉奉献，不为名利所动，以自己的实际行动抵制和反对不正之风。速记人员恪守信用，就是要遵守信用、遵守时间、遵守诺言，言必信、行必果。速记人员特别要注意遵守时间，要提前到会场，熟悉会场情况，了解会议内容，阅读会议资料，做好一切速记准备工作。速记人员应严守机密。速记人员掌握的机密较多，因此要保管好速记稿。在任何情况下，都要守口如瓶，保守好政治机密、商业机密、各种信息机密，自觉加强保密观念。

（六）实事求是与勇于创新

速记人员要坚持实事求是的工作作风。记录稿要真实，不能随意增补或删改记录稿，要维护记录稿的真实性。速记人员在搜集信息、汇报情况、提供意见、拟写文稿时，必须端正思想，坚持实事求是的原则。

现在各行各业的员工为适应社会发展都在破除旧的观念，勇于开创新的工作局面。作为领导的助手——速记人员更应具有强烈的创新意识和精神。勇于创新，要求不空谈、重实干；在思想上是先行者，在实践上是实干家；不断提出新问题，研究新方法，走出新路子。

（七）团结互助与构建和谐氛围

团结互助，作为处理从业人员之间和集体之间关系的重要职业道德规范，要求从业人员顾全大局、友爱亲善、真诚相待、平等尊重，搞好同事之间、部门之间的团结协作，以实现共同发展。如果从业人员能够调节好职业内部人与人之间、部门与部门之间的关系，调节好职业集体之间的关系，构建和谐的团队，就能具有良好的精神状态，同心同德，心情舒畅，从而激起巨大的工作热情和积极性。相反，缺乏维系从业人员之间、职业集体之间的道德力量；职业内部不讲团结，缺少友爱，我行我素；同事取得了成绩，就产生嫉妒心理，挖苦打击，诋毁贬低，进行拆台，必然影响从业人员的情绪，导致纪律松懈，人心涣散，大量的时间和精力浪费在内耗上，不仅集体工作受到影响，个人也将一事无成。作为速记人员要严于律己，对同事不经意或非故意的伤害，要以宽容之心予以谅解，以团结和谐为重。

（八）刻苦学习与提高素质

各种不同的工作岗位对其从业人员都有相应的素质要求。作为新时期速记人员这种素质要求显得更严格、更全面，甚至更苛刻一些。是否具有良好的素质，是评价一位速记人员是否称职的基本依据。因此，速记人员必须刻苦学习，努力提高自身的思想、文化、业务素质。速记工作涉及面广，要有尽可能广博的知识，做一个“通才”和“杂家”。速记技术要过硬，要经常练习快速书写，不断提高书写速度。不仅手写速记技术要过硬，还要掌握计算机速记技术。手写速记和计算机速记方式有多种，要选择简单的、好学的、实用的速记方式学习。自己也可以创制速记方式，即自己既是速记的创造者，又是速记的应用者。

人的一生是一个不断学习和不断提高的过程，因而也是一个不断提高修养的过程。提高修养是人们提高科学文化水平、专业技能和道德品质必不可少的手段。

速记知识篇

第一章 速记概述

第一节 什么是速记

一、速记

速记是人们系统地运用简单符号及各种有规则的省略方法，通过书写或计算机等辅助手段，来快速、准确地记录语言和传导语言信息的一种高效率的实用技术。

速记在我国，最早叫做“快字”；在日本称为“草书法”、“写言术”；在欧美各国的称谓中，也含有“缩略字”和“简字”的意思。一般对快速记录语言的技术，都可称为“速记”。

速记是一门涉及面广、综合性强的边缘学科。它处于自然科学领域和社会科学领域之间，与二者有交叉的关系。在自然科学领域中，速记学与生理学的关系十分密切，而与几何学、心理学也有一定的关系；在社会科学领域中，速记学与语言学、语音学、语法学、修辞学、秘书学、信息学、传播学、逻辑学等也有一定的联系。此外，速记学与信息学更有密切的关系，有人认为它是信息学的一个分支。不难看出，知识较丰富的人，能善于运用速记；知识暂时不够丰富的人，通过学习和运用速记能丰富自己的知识，提高自己的文化水平。

速记按照不同的标准有不同的分类：从时间上，可分为古代速记和现代速记；按地域，可分为中国速记和外国速记；按记录的语言种类，又可分为汉语速记和外语速记（外语速记又分为英语速记、日语速记、俄语速记、德语速记、西班牙语速记等）；从记录书写的方式上，可分为手写速记和计算机速记；由符号造型来看，可分为几何形速记、斜体形速记、流线形速记；还可分为文字速记、字母化速记、综合型速记等。现在我国较广泛推行的是双式速记，即拼音速记与汉字速记。

速记和文字一样，都是以记录语言的意义为目的的书写符号。但就其功能来说，两者具有很大的区别。文字作为交际、交流思想的辅助工具，把语言从时间上保留下来，可以传达到远方，克服了语言在时间和空间上的局限性。而速记是为补救文字形体繁芜、书写缓慢的缺陷被创造出来，被利用起来的，它是文字的辅助工具。速记的特点就是快，速度是速记的灵魂，速记能把语言完整无误地记录下来。用速记代替文字记录语言，可以大大减轻人们书写过程中的劳动强度。以汉语为例，按一般讲话的速度，大约每分钟会说 160 个音节（字），而按汉字的书写速度，一般每分钟只能写出 30～40 个字。如果想用汉字把讲话的内容全部记录下来，将是很困难的。而速记就能解决讲话和书写之间在速率上的矛盾，使一纵即逝的语言能够用简便的符号再现出来，从而更有利地辅助文字，扩大语言交际的作用。速记就是以这一独特的性能，解决文字所不能解决的问题，完成文字所难以完成的任务。

当前，世界已进入信息时代，科学技术飞速发展。这势必对信息、时间、速度和效率有了更高的要求。而速记正是一种采集信息、争取时间、讲究速度、提高效率的现代化书写技术。为此，要重视速记的推广和速记人才的培养，以满足社会发展的需要。

二、汉字速记

汉字在我国的产生，一般认为已有五六千年的漫长历程。即便是今天所能见到的最古老的、有系统的文字——甲骨文，距今也已有三千多年的历史。汉字对中华民族的发展，以致对人类文化的影响，都具有重要的作用和突出的贡献。历经几千年的孳乳派生、分化演变、废异出新、删繁就简的汉字，不仅在今天具有强大的生命力，而且也是未来的国际文字。越来越多的国外专家、学者体悟到汉字的奥妙和它独具特色的字词构成、语言构成。从语言来看，汉语比西方语言简洁。如用汉语和英语比较，汉语是一字音，变成词，还是一字一音，除掉同音字，汉语总共约 1 930 个音，而英语的语音随词变化，共有 40 多万个音；从文字来看，汉字在一般报刊中的应用有 2 400 个左右，汉字组成的常用词有 2 000 多个，而在英语中，一般成人要用 2 万个单词，英语每有一个词就要用字母重新组合，现代单词已达 40 多万个。我国著名科学家钱伟长教授认为汉字有四个特点：系统性、意会性、内涵丰富性和变化性少。以上所述，都可以说明汉字具有很大的优势。

汉字是记录汉语的符号文字系统，随着社会的发展，汉字当然也要改革，但不能改变符号文字系统的特点。汉字速记正是力图不脱离作为记录汉语符号文字系统的特点，在汉字与汉语之间搭上一座快速书写的桥梁。

汉字速记即汉字快写法，旨在在已掌握汉字的基础上提高书写速度。它的整体效应，不亚于其他速记方法。如果掌握专门的速记符号，需要较长时间的学习和实践，才能初步学会，等于另学习一种文字符号，且专业性会很强，记下的速记符号需要相对较长时间的翻译和整理；而学习汉字速记只需要掌握汉字草书的规律和一些简要的、常见的略写方法，就能熟练运用。

三、拼音速记

拼音速记是从记音入手，通过“记音”达到“记意”的目的。在我国曾经有多种用于汉语、汉字的记音方法和注音方法。

1. 直音法。“直音”是用甲字来注乙字的音，也就是用同音字互相注音。例如“戴，音代”。

2. 反切法。“反切”是用两个字来拼切一个字的音。例如“高，古牢切”。其中的“古”字，称反切上字（用其声母 g），“牢”字，称反切下字（用其韵母 ao）。上字和下字急速连续，就能拼切出所要求的音来。

3. 国际音标。国际音标是国际通用的记录语音的一种符号体系。这套符号是由国际语音协会于 1888 年拟定公布的，现在已有 100 多个符号，多数采用拉丁字母及其变形符，少数采用别种字母和特创的符号。每个符号只表示一个固定的读音，既不能借用，也没有变化。它可以用来记录各地方音和世界各民族语音，是国际上人们共同使用的符号。

4. 注音符号。注音符号是《汉语拼音方案》制定前通行的为汉字注音和学习普通话的一套音标。注音符号原名注音字母，1913 年制定，1918 年公布，1930 年改名为注音符号。这是我国第一套由国家正式公布并且在中小学校普遍推行过的拼音字母。过去出版的许多语文工具书，都用它来注音。

5. 汉语拼音字母。汉语拼音字母是于 1958 年公布的《汉语拼音方案》中所采用的 26 个拉丁字母。拉丁字母是现在世界上 60 多个国家共同使用的字母，它不是某一个国家专有的，而是全人类共有的字母。它能够适应汉语的需要而成为我们的民族字母，所以叫汉语拼音字母。它的主要用途是给汉字注音，以提高学习汉字的效率；同时用来帮助学习普通话，并可以用来做索引、改进电码、输入计算机等。现在联合国已经正式决定，把《汉语拼音方案》作为国际上拼写中国人名、地名的法定文字。

本书介绍的拼音速记法是依据《汉语拼音方案》的规则，发挥集体智慧，结合实际编写而成的。这种拼音速记方式便于掌握，书写速度快，速符不难认读，是一门适合现代需要的实用性很强的速记技术。

第二节　速记的产生与发展

速记和语言、文字一样，是人类通过长期劳动创造出来的并为人类服务的工具。随着社会生产的不断发展和人类交际活动的日趋频繁，语言日益丰富，而文字越来越不能满足人类快速记录语言和表达思想的需要，正是为了解决这个矛盾，在文字的不断演变过程中，便产生了速记。

一、中文速记的产生与发展

有人说，我国最早的速记符号是周代初期的著名军事家太公望创制的。其根据是太公望创制的“阴符”——一些长短不等的线条符号，所以认为“阴符”就是“速符”。

这种说法是牵强附会的。太公望即《封神演义》中的那位太公姜子牙。他创制的“阴符”实际上是军队秘密通信的暗码。此暗码是由直线符和曲线符构成的，是一种较为简便的秘密通信手段。使用者事先制造一套长短不等、曲直线的“阴符”，每个符号都代表一定的意义，只为通信双方知道。在战争过程中，收符者根据收到符号的长短、形状，即可明白统帅部的意图。姜太公创制的“阴符”共有八级：一级，大胜克敌之符，长一尺；二级，破阵擒将之符，长九寸；三级，降城得邑之符，长八寸；四级，却敌极远之符，长七寸；五级，警众坚守之符，长六寸；六级，请粮益民之符，长五寸；七级，败军亡将之符，长四寸；八级，失利亡士之符，长三寸。后来，在这八级“阴符”的基础上，发展成虎符、兵符、令箭、金牌、符节，使之能表达更多的内容。这些通讯方法，一直沿用到清代末期才被淘汰。

现在我国推行的速记方式中，速符长短最多的是“五级”，通常是“三级”，即大、中、小型速符（指拼音速记），它的优点是简洁并便于识认，大型符可以写长，小型符尽量写小，控制好中型符即可。

也有人说，唐代有了完整的速记术。根据是英国科学家李约瑟所著《中国科学技术史》中的一段记载：巴格达人纳丁在公元988年完成的《科学书目》中记载着伟大医师和炼丹术士拉齐的一个有趣故事。拉齐说："有一位中国学者来到我家，他在本城（大概是巴格达）住了一年左右。他花了五个月的时间学会阿拉伯文，并且确实做到讲得流利、写得顺畅。当他决定回国后，他大约提前一个月对我说：'我要离开这里了，假使有人愿意在我离去以前，把盖伦的16卷著作读给我听，我将非常快乐。'我告诉他，这点时间还不够抄录一小部分。可是他说：'我求你在我走之前把你的全部时间都送给我，并且尽快地读给我听。你会看到，无论你能读多快，我都将写得比你读得还快。'这样，我和我的一个学生便尽量快地读盖伦的著作。而他确实写得更快。我们起先不相信他会正确地抄录下来，后来我们校对了一下，发现他写得完全正确。我问他怎么能写得这样快，他说：'在我国有一种书法称为速写，这便是你所看见的。当我们需要很快抄录时，便用这种字体，然后再把它改写成普通文字。'可是他又说：'一个能学得很快的聪明人，也需要花多年的时间才能掌握这种书法。'"

故事中提到的是一种什么样的"书法"，至今尚未发现，所以不能说那时中国就有了"完整的速记术"。

宋代流传的圈圈符号是宋代商人为了传递商业信息而采用的既好写又保密的符号。当时，有的诗人、词人也用这些圈圈符号写些男女之间爱慕之情的诗词句。如，宋代著名女词人朱淑贞，就用圈圈符号给她在外地经商的丈夫写信。其信是采用"词"的形式。现抄录如下：

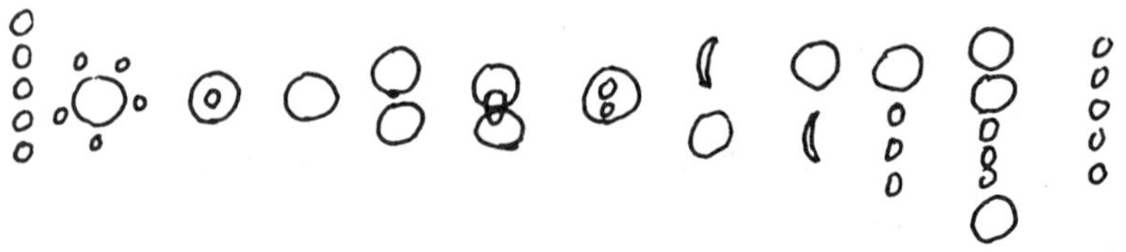

其意是：相思欲寄无从寄，画几个圈儿来代替；话在圈儿外，心在圈儿里，单圈是我，双圈是你，你心中有我，我心中有你，月缺了会圆，月圆了会缺，我密密加圈，你密密知我意，还有那说不尽的相思情，只好一路圈到底。

这些圈形符号，是速记中采用的符形，但宋代流传的圈圈符号，却不是速记。

清代，有些人在海外谋生，往家写信时，常用一些曲直线和圈形符号。这不是为了速记用，而是因为他们没有文化，不会写信，只好亲笔画一些线条，让家人领会其意思。如：画条竖直线，表示身体好，能挣钱；画个大圆圈表示挣到钱了；画个大元宝，表示发财了；画条横直线，表示生病了，挣不到钱了。

这都不能算为速记，因为不能看到一些线条、圈儿等符号，就认为是"速记"或是"速记的影子"。不过，在研究各式速记方案的同时，研究这类符形，也许能受到一些启发。

确切地说，采用简单符号记录汉语言的速记，在我国有100多年的历史。我国第一本速记书是《传音快字》，作者为蔡锡勇。他在美国华盛顿工作期间，发现一种"快字"（即速记），能详尽地记录讲话。回国后他便参照美国凌士礼的速记方法，结合汉语规律写成了《传音快字》一书，于1896年（清光绪二十二年）在武昌出版。

1903 年（清光绪二十九年），蔡锡勇的次子蔡璋研究了日本源纲纪、熊崎健一郎诸式速记，写成《中国速记学》一书，于 1913 年正式出版。这是我国第一本以速记命名的专业用书。

清末民初，蔡璋在北京为清廷咨政院创办京师速记学堂。当时，有 22 个省的咨政局保送学员入速记学堂学习速记，先后入学者有 300 余人，取得了优异成绩。可以说，这是我国最早的一批速记专业人才。从 1910 年咨政院开会用速记起，直到民国的历届国会，都是由蔡璋和他的学生担任速记工作。他们记下的大量速记稿，至今还保留在国家档案馆里，成为重要的历史文献资料。此后我国速记便有了发展。新中国成立前后有多种速记方式流行。

中国共产党早在 1927 年召开第五次全国代表大会的时候，就用速记记录了大会的发言和领导同志的讲话，这些珍贵的速记稿至今仍保存在中央档案馆里。党中央到了延安以后，从 1938 年至 1946 年先后开办了六期速记训练班，培训了 200 多人。这些同志用速记记录了领导同志许多重要报告与讲话，为历史保留了许多珍贵文献。如毛主席的《整顿党的作风》、《反对党八股》、《关于重庆谈判》、《学习与时局》、《改造我们的学习》等著作就是根据速记稿整理出版的。刘少奇、周恩来、朱德、陈云、邓小平等许多领导同志的文选集中，有很多文章、报告是用速记记录下来、整理成文的。

速记之所以能在抗战时期、解放战争时期充分为革命事业发挥作用，是同中央领导同志对速记的重视分不开的。当时，毛泽东、周恩来、朱德、任弼时、曾三等同志对速记工作都非常重视。

新中国成立后，党和政府更加重视速记人才的培养。陈毅副总理十分关心我国速记的学习，并亲自批准创建“北京速记学校”，1955 年 9 月该校成立。这是国家办的第一所速记学校。该校教师集体编写了《速记教材》一书，并在北京出版社出版。北京速记学校连续举办了九届速记专修班，为国家培养了大批合格的速记专业人才。

“文化大革命”的十年中，不仅使北京速记学校被迫停办，所有速记活动也都被迫停止了。

1979 年 11 月 27 日，政协全国委员会教育组召开了在京速记工作者座谈会。会后，《光明日报》发表了专题报道《速记有用，应该重视》，引起了各方面的关切和反响，使我国的速记事业得到了复苏。

党的十一届三中全会后，有几家出版社相继出版了一些速记书。全国各地的速记学术团体相继建立起来。现在很多大中专院校秘书专业、法律专业、传媒专业已开设速记课。

二、外文速记的产生与发展

速记在国外，已有两千多年的历史。在德国的德累斯顿市有一座速记博物馆，保留有 50 种语言的各个时期的速记记录稿，以及许多国家出版的速记年鉴、速记书刊等。不久前，工作人员译出了爱因斯坦于 1923 年在东亚旅行时所作的速记记录稿。爱因斯坦使用的是少有人知的老的速记方法，这给破译工作增加了许多困难。通过研究还知道，早在古希腊的文化昌盛的时代，人类就开始研究、发明和使用速记了。1883 年在雅典卫城地下，曾发现了一块被严重损坏的大理石碑，上面雕刻着一种简单符号。经考古学家、文字学家的研究证明，乃是公元前 350 年普及新希腊文字的消息报道，这种新的文字符号比当时使用的普通文字简略得多，可以说这是世界最早的速记痕迹及对速记的初步探讨。

公元前63年12月5日，在罗马的元老院会议上第一次使用了速记，年轻的元老院议员用速记记录了康顿反对谋叛者卡提兰的公开演说。这些议员使用的速记是向马尔卡斯·大利乌斯·泰罗学来的。泰罗是著名的哲学家、演说家西塞罗的秘书。泰罗速记法是拉丁文普通写法的缩写，被称为“草书式速记”。当代，苏联的索柯洛夫式速记（被定为苏联国家统一速记方式）、希腊的阿丹姆波罗式速记、荷兰的格鲁特式速记以及德文速记，都是受泰罗的“草书式速记”的影响而产生的。

对我国速记事业发展影响较大的国外速记方式有：英国的皮特曼式速记、美国葛锐格速记、苏联索柯洛夫式速记。

在英国，速记术的应用比较广泛。文艺复兴时期莎士比亚的许多著名剧本，就是当时莎士比亚在伦敦的格陆布斯剧院表演时，由速记者记录整理而成的。英国速记几度改革，目前流行的是1837年皮特曼创制的速记方式。现在我国会英文速记的人，大多是学皮特曼式速记的。皮特曼创制的速记符号是属于几何形的，对世界各国的速记发展影响很大。

在美国，流行最广泛的速记是葛锐格创制的，代表作是1888年出版的《轻线表音速记法》。后来人们把它叫做“葛锐格速记”。这种速记方式书写速度较快。1923年国际速记协会举行的世界速记冠军赛，“葛锐格速记”的学员夺取了世界冠军、亚军和季军。以后历届世界速记冠军赛，“葛锐格速记”的学员都一直是前几名。葛锐格速记符号形体属流线形。本书中的拼音速记符号就属流线形。

在苏联，速记很普及，一些中学都设有速记课。为了发挥速记在国家建设中的作用，1933年6月10日苏联部长会议曾通过一项决议：在全国范围内推行国家统一速记法。为此，《真理报》还发表了号召社会的“机关干部、大学生、秘书人员要学会速记”的文章。苏联国家统一速记法的符形是属于斜体形的。

日本很重视速记教育，很多大学开设速记课，并设有专门的速记学校。早稻田大学就为日本培养了很多优秀的速记人才。多年来日本速记界人士一直与我国速记界学者进行书信来往和互访，研究速记如何跟上时代的发展。

在当今世界上，速记在每一个科学发达的国家里，都非常盛行。在法国、日本、德国、瑞士、美国、英国等国家，从事新闻、法律、秘书工作的人，大都会速记。甚至司机、电工、店员、大学生、中学生及农民都学习速记，以求节约书写时间。前面提到的德国德累斯顿市的速记博物馆，建于1839年，它所收藏的速记手稿，记载了一个半世纪以来全世界速记发展的历史。这说明速记在社会发展中所起的作用。设在瑞士日内瓦的“全世界速记与打字工作者联合会”所收藏的世界各国优秀的速记方式，为研究各国速记提供了宝贵的资料。全世界速记与打字工作者联合会自1887年成立以来，已经召开了39届大会。

除了手写的速记符号体系以外，计算机速记也有了较快的发展。计算机速记的产生并不影响手写速记的普及和发展。再方便的计算机速记，也不如一双灵巧的手。计算机速记与手写速记是相辅相成、相互为用的。

第三节　速记的用途

速记是一种技巧性较强的快速书写技术。它能改善人们的书写劳动，提高学习和工作效率。

一、记录有声语言

（一）会议记录

无论报告会、讲演会、座谈会、董事会、汇报会等，最好都能用速记做记录工作。许多国家开会都用速记记录讲话，并保存了大量的速记稿。

（二）新闻采访记录

在采访工作中，如果使用速记，就会比不用速记的人获得更丰富、更翔实的第一手新闻资料。美国著名女记者史沫特莱，就是一位擅长速记的能手，她曾用速记搜集我国有关红军长征的资料。现在我国许多青年新闻工作者很重视速记的学习和应用，有的还学会了英文速记或日文速记。

（三）学术记录

很多学术讲座（包括课堂讲授）如果用速记做笔记，就能记得详细、精确。有些大中专院校的学生学习速记的目的就是为了克服做课堂笔记的困难。

（四）文艺创作记录

直接用速记创作文艺作品，是能够做到“意到笔随”的。英国名作家狄更斯、笛福和萧伯纳都曾运用速记进行创作。也有一些作家用口授方式请速记人员与之合作，如苏联作家西蒙诺夫的《日日夜夜》，就是由速记员记录并整理而成的。美国进步作家安娜·路易斯·斯特朗的许多作品，也是借助速记人员之手形成的。俄国的列夫·托尔斯泰和陀思妥耶夫斯基都是善于利用速记人员的配合写出大量作品的伟大作家。英国的多产女作家巴巴拉·卡兰特就常与会速记的女秘书合作进行创作，她曾用 14 天左右的时间，写完一本 10 万字的小说。

还可以用速记记回忆录。如，某革命老干部回忆自己在长征或延安时期的革命经历，就是一边回忆口述，一边由速记员记录。在国外，口授笔录的书稿也是屡见不鲜的。如《丘吉尔回忆录》、《卓别林自传》等，都是经过速记记录并整理出版的。

翻译人员在口译过程中，可借助速记记住成段的讲话，以保证翻译时不致贻误。

还可以用速记记录长途电话的通话内容，不仅节省时间，也节省电话费。

二、记录无声语言

（一）摘抄资料

资料的积累是一项繁重的工作。如果使用汉字摘抄资料，必将耗费大量的时间、精力。使用速记，就可以节省时间，积累更多的资料。郭沫若早年在日本时，就经常用日文速记摘抄资料，以求资料丰富，提高自己的创作质量。

（二）写日记、记笔记

可用速记写日记。晚上用几分钟的时间，把一天重要的活动和感想记录下来，这样做既能提高自己的思想认识和写作水平，又能起备忘作用。还可以用速记做读书笔记、工作笔记、思想笔记、生活杂记及记事备忘等。

（三）起草文稿

如果使用汉字起草文稿，由于汉字的笔画繁难，往往顾此失彼；若用速记起草，可以随着思路的起伏，把全部思考内容记录下来，甚至还可以捕捉瞬息即逝的灵感。俄国诗人普希金的手稿上就留有记录灵感的速记痕迹。

运用速记草拟发言提纲、各类公文、报道、通讯……都非常迅速、及时，能节省许多宝贵的时间。在这个基础上整理成汉字，就是一篇完整的文章。

三、用于机要保密工作

使用速记，不仅方便、高效，而且能起到保密工作。“速记符号”俗称“保密文字”。历史上有许多事例证明，速记具有很好的保密性。

英国查理二世统治时期，人们担心印刷的《圣经》会被查禁，许多人就用速记抄录《圣经》。速记曾被作为“秘密文字”而广泛使用。哲学家洛克评价英语速记时说：“我听别人说，速记这个艺术是值得学习的，因为它一则可以使人记下要记的东西，二则可以使人把不愿公开的事情隐藏起来。”俄国著名的民主革命作家车尔尼雪夫斯基被捕入狱后，在彼得保罗要塞的监狱中用速记写下了长篇小说《怎么办》。

在我国，外交部很重视速记人才的培养，外事会见、会谈都是用速记做记录的。有的解放军部队、保密部门、公安机关等单位培训速记人才，其主要目的是为了做好保密工作。保密人员根据速记书写规律，可自创速记符号，即使会速记的人，也辨认不出来。

四、各类记录语言技术代替不了手写速记

在科学技术日新月异、飞速发展的时代，记录人类语言的技术也不断更新。录音机的普及及其他各种计算机文字处理机的研制和应用，在很大程度上改善和革新了人们对语言的记录和书写条件，使之走上了现代化的道路。这是可喜可贺的。但与此同时，也会让人产生了一种错觉，以为有了这些新技术，手写速记就可以被更替了。有人对美、日两国速记市场即手写速记和计算机速记并存与竞争情况进行了调查，最后肯定了手写速记的竞争力和前途。我国速记市场还没有进行很好的开发，速记的个人应用已为一些锐意进取的青年所注目；速记教育正由普及型向高层次发展。中国速记要发展到美、日两国那种程度，差距还很大。手写速记在我国还只是刚刚露出地面的朝阳。

任何一种工具都有自己的特点、功能与应用范围，不可能是万能的。打字机发明以后，当时便有人预言，“人类的书写劳动已进入半机械化程度，铅笔和钢笔快进博物馆

了”。可是从世界上第一台打字机问世到现在已有100多年了，而今天最普及的书写工具仍然是铅笔或钢笔。速记是人类社会文化不断向前发展的必然产物，在文字产生之后，它长期作为文字的辅助工具，在解决文字的书写速度与语言表现速率的矛盾方面为人类社会做出了可贵的贡献。今天的手写速记面临着录音机、速录机、计算机的挑战，人们往往会把希望寄托在录音机、计算机、速录机的研制和利用上，而忽视了手写速记有许多无法替代的优势。

速记与录音机是两种用途不同的工具。虽然都可以记录语言，但录音机只能把有声语言的声音如实地记录下来。如果把录音带上的声音变为文字，还得使用速记。因为录音带放出的声音，速度依然很快，一般文字是记不下来的。要用汉字记录，就得来回放，这会浪费很多时间。何况在许多场合下，还不能使用录音机。比如，与外宾谈话时，一般不能使用录音机。有位记者说过：他在采访中，曾使用过录音机，而遇到两种情况，一种是受访者是初露头角的人，他们一见录音机，就说话拘束，结结巴巴，达不到采访的预期效果；一种是受访者为老字辈（老教授、老专家、老模范），他们往往指出，“我是随便聊聊，请不要录音”。由此可见，采访中，录音机的使用是受限制的。如果使用速记，就可机动灵活，详略自如。

此外，录音机记录语言，只能机械地照录，不管需要不需要，全部录下；而用速记记录语言，既可以详尽记录，也可以记纲要，删繁芜，选重点，运用十分灵活。速记记下的符号，可以查阅、修改；而录音带不能直接查阅，必须在录音机上放出声音，如要寻找一句话，将十分困难，也无法修改。速记不仅能记录有声语言，还能记录无声语言，可用速记起草文稿、写日记、记笔记、摘抄资料等，这是录音机望尘莫及的。在一些经济发达的国家，录音机早已被普遍使用，但速记技术却照样发达，学习与应用的人仍然很多。可见，录音机即使更广泛地使用，也不能取代速记。同样，从另一个角度看，速记也不能取代录音机。如录音机可以把讲话人的口音、语气、吟唱如实地记录下来，这是速记所不及的。速记与录音机是两种用途不同的记录语言的工具。二者既不能互相取代，也不互相排斥，完全可以配合使用。例如，在不需要文字传达的地方，就可以用录音机的声音传达。又如在一种特殊的无法用速记记录的场合（如在人群拥挤的现场采访中），也可使用录音机先把声音录下来，然后用速记进行整理。在记录重要讲话时，速记与录音机可并用，以求取得声情并茂、内容完整、成文及时、传达迅速等的良好效果。计算机速记（包括速录机及其他各类记录语音的设备）需要有电源、相关设备、专业操作者，它占据一定的位置并且价格昂贵，不是一般人所能提供的。而应用手写速记时，只要有一支笔、几张纸，就可以记录或抄写了，不受环境条件的限制。

经常用手写速记，有助于发展智力。医学专家研究表明，对大脑的健康来说，最重要的是手指的运用，如练习书法、速记、绘画等。通过运用手指来刺激大脑，可以阻止和延缓脑细胞的退化过程，有利于保持大脑的功能健全，促进智力发展、思维敏捷；同时也有助于在日常生活和工作中建立起速度、时间观念；有助于扩大知识领域，提高理论水平和文字工作能力。这些，都是记录语言的各类机械设备所不及的。

随着我国现代化建设的发展，速记的用途越来越广泛。用速记搜集信息、记录信息的工作，已经被人们重视和采纳。

第四节　速记基本原理

一、汉字速记基本原理

汉字速记法是采用汉字草书的快写法。汉字草书是有规律、有系统的“草率”化，可以说它是一种表意的、记录汉语的符号。草书是将汉字的笔画简化（今天推行的简化汉字，很多就是草书楷化而来的）；草书在书写上是流畅、连绵的，它常常能够一笔写就一字、一词，甚至一句话，因此，素有“一笔书”的美誉。有些外国人称“草书”是中国的“速记”。草书，一般都是利用毛笔，开始应用时是“纵任奔逸、赴速急就”，后来，讲究笔势、线条变化和章法布局，着眼于书法艺术。而草书速记利用的是硬笔（一般是钢笔、铅笔或圆珠笔），它比毛笔便利随心，无须顾及书法艺术效果如何，只求其“速”。

汉字速记法是对汉语中字、词、句、段的合理精简和缩略的快写法。汉字笔画上的节简在汉字速记中是重要的。可以利用很多非标准的简化字，如《第二次简化字方案》中的字可全部利用于速记稿，不做交际用，还可以根据自己的专业书写习惯，自创简化字。

需要注意的是，将速记稿整理成正式文稿时（自己留存的除外），要按国家颁布的正规字体书写，要维护汉字的规范化。唯此才是真正发挥了汉字速记的作用。汉字速记要运用好简化汉字，更要运用好汉语中语词、语句、语段的各种略写方法。这些略写方法是根据汉语结构规律，即词的结构、词组的结构、句子的结构以及语段的结构而制定的，是合乎规律的汉语浓缩体。

汉字速记法是灵活应用借代的快写法。在记录别人讲话的时候，时常会有听清其音、理解其意但却不会或忘记其字写法的苦恼。这时产生犹豫或力图回想生疏的字，别人的讲话会转瞬即逝，造成记录中断。届时如能很快地应用同音字替代的方法，就能较好地解决这一问题。应用同音字替代有三层含义：一是遇到生疏的字，可用自己熟悉的同音字去代替；二是对笔画繁难的字，可用笔画简单的同音字去代替；三是同音字的使用，丰富了更多简单字的用法。在整理速记稿时，根据上下文意，改正替代的字。一般不会因为同音字的使用而产生歧义。汉字速记中还可应用相似字形替代，各学科符号替代，象形、会意符号替代，拼音字母替代等方法，这都有助于提高书写速度。

二、拼音速记基本原理

拼音速记是用一些简单符号和省略方法来记录语言的。如果要了解它的原理，就得从语言（声音）和符号（线形）两方面来考察，了解其构造和特点。

“语音”是语言的物质外壳，虽然十分复杂，但如果细加分析，就可以发现：每一个声音（音节）都是由少数几个基本成分（音素）组合而成的。

例如，“大家”两个音，是由（d＋a）＋(j＋i＋a）几个音素组合而成的。这种基本成分（音素）在汉语中为数很少，只用 20 几个字母就可表达出来。我国的《汉语拼音方案》就是根据汉语语音制定的一套音素字母方案。用这些因素字母互相拼缀，就可拼出 400 多个不同的音节，这 400 多个音节就可代表汉语所用的音。表音制度的速记，就是根据以上原理制定的。因此，拼音速记方案也和《汉语拼音方案》的原理一样，只是不用字母而用一些简单、好写的符号而已。

《汉语拼音方案》的字母分为“声母”、“韵母”两大类，拼音速记方案的符号也分为“声符”、“韵符”两大类。和《汉语拼音方案》一样，拼音速记的声符与韵符拼写在一起，就成为音节符号（简称“音符”）。用这些音符加一些省略方法，就可记录全部汉语了。因此拼音速记是从记音入手的，通过“记音”达到“记意”的目的。

语言的声音都表达一定的意义，只有听懂它们的意义，才能把它们的声音所表达的话语记录下来。但拼音速记通过“记音”达到“记意”的目的，又有它独自的特点，那就是对同音的汉字以及对相同语音、不同声调的汉字，都用一种速记符号来表示，以便于提高书写、记录速度。在认读和翻译时，根据上、下文的意思，是不会读错、译错的。拼音速记的“符号”（线形）是表达语音的。它为了追踪一发即逝的有声的语言，必须从千变万化的线形中选用最简单、最好写而又最有系统的符形为速记符号。这种符形体系的选择，是决定速记方式优劣的主要标志。

本书拼音速记法的基本符号是从两个椭圆形和一个斜米形中分解出来的，因此称作“椭圆体系”，也叫“流线体系”。它的特点是：符形流利、简单、美观。

第五节　速记与文字

汉语速记是作为记录汉语的另外符号系统而出现的，因此它必然在某些方面与汉字具有共同的性能（汉字速记表现得更为明显）。速记是为了解决语言与文字表现速率上的矛盾而产生的，所以，从某种意义上说，文字发展的历史就是速记发展的历史。这从我国和外国的文字发展史中都能窥见端倪。

我国文字起源的“结绳说”、“八卦说”、“仓颉造字说”，具有一定的学术意义，但无据可考，而从已经发展的文字记录中，能够看出文字是由图画演变而来，是在人们的创造、使用、约定俗成的基础上，不断有人做总结性的归纳、统一而形成的。从甲骨文到金文（钟鼎文），从金文到大篆（春秋战国文字），从大篆到小篆（秦文），再从篆书到隶书（汉文），从隶书到楷书、到草书，一直到现代的许多由草字楷化而来的简化字，可以看出，汉字每一发展阶段的图画象形程度大大降低了，而符号性却大大增强了，这种由繁到简、由象形到符号的过程，本身就含有速记的意味。特别是草书，由章草发展到狂草。唐代两大狂草家张旭、怀素的很多草书的字、词，甚至一句话，达到了“一笔书”的程度。可以说，我国早期的草书就是汉字速记的一种形式。

后汉蔡邕说：“昔秦之时，诸侯争长，简檄相传、望烽走驿，以篆隶之难，不能救速，逐作赴急之书，盖今草书是也。”唐代张怀瓘在《十体书断》中说：“汉元帝时，史游作急就章……此乃存字之梗概，损隶之规矩，纵任奔逸，赴速急就，因草创之意，谓之草书。”

他还概括了今草的特点："字之体势，一笔而成，偶有不连，而血脉不断，及其连者，气脉通其隔行。"宋代张拭在《南轩文集》中说："必有笔札以来，便已有之；但写得不谨，便成草书。"明代赵宧光在《金石林绪论》中也说："草书起于列国，天下有事，急就为之，或起草他简，然后正书，皆不暇致详而作。"以上所引，对草书产生的时代，说法极不一致，这是由于看问题的角度等不同，但有一点是一致的，即：大家都认为草书是由于"救速"、"赴急"、"赴速急就"、"急就为之"而产生的，所谓"一笔而成"、"血脉不断"、"写得不谨"和"不暇致详"，也是因为"急"、"速"的原因。

"速记虽不是文字，但世上之拼音文字，是由它而起的。"世界上的各种文字，最初都是由象形的图画开始的。虽然现在许多文字都是拼音文字，但即使是使用最广的拉丁字母，当初也是象形的。请看下面的例子：

A是"牛头" 

B是"房子" 

后来只用它做音标，象形的本义完全不起作用。公元前10世纪，地中海东岸的腓尼基人制作了二十几个字母符号，刻在黏土制成的小块上，据研究这是世界上最原始的速记。

速记与文字不同，文字是一种约定俗成的、互相通用的、统一的表现语言的书写形式，是人们的社会交际工具，受到法律的保护。速记则是科学的快速书写技能，能起到文字所不能起到的作用。所以说，速记是文字的辅助工具，是把语言转化为文字的桥梁。

第六节　速记与秘书、记者

速记对于文字工作者来说，其用处是多方面的。在很多书写场合，它除了能补充文字的不足外，往往也可以"取文字而代之"，节省书写时间，提高记录和表达思维的能力，提高写作水平，扩大知识领域，实现工作和学习的高效率。所以速记是每一个文字工作者需要掌握的科学技能之一。

一、速记与秘书

会速记的人不一定是秘书，而秘书工作者却应该掌握速记技术。速记技术是秘书的特色技能。在很多国家，秘书工作是速记工作的同义语，并有"速记秘书"这个特定的职称。凡是从事秘书工作的人员，都要熟练地掌握实用性很强的速记技术。有的还把速记列为秘书考试内容之一，或作为秘书人员的录用或晋升的一个标准。一些高等院校中的秘书专业开设了速记课程，培养秘书人员快速、准确地捕捉语言的能力。经考试合格，可颁发给学员速记秘书资格证书。

随着我国现代化建设事业的发展，我国党政机关、企事业单位对秘书工作者的要求越来越高，有些单位领导者提出速记是秘书工作者的基本功之一。

秘书工作者可用速记协助领导收集大量信息，以确保领导的决策正确。及时、准确地储备信息，迅速、有效地提供和利用信息，是秘书工作的重要内容。为了做好这一工作，秘书工作者应该经常利用工作间隙，通过各种新形式，采取“多积勤理”方法，随时用速记摘录与自己工作紧密的信息资料。

可用速记起草公文。为保证公文质量，秘书工作者除了需要有一定的马列主义理论基础，通晓党和政府的方针政策、熟悉本系统业务外，还必须有较高的文字写作修养。前面提到汉字繁难，书写缓慢，用普通汉字起草公文，容易出现笔头跟不上思路的现象，会影响公文质量。用速记起草公文既能解决这方面的问题，又能提高写作效率。特别是用速记记录领导者口授文件内容，能做到既详尽，又迅速。在一些发达国家，领导者口授文稿内容，秘书速记，整理修订，领导签署，即刻打印，及时发出执行，是一种普遍应用的工作方法。运用速记办文，不致因记录跟不上而打断讲话人的思路，能使口授文稿一气呵成，加快办文速度。

可用速记记录或摘抄来访、来信者的意见与要求。用速记记录来访者的讲话，摘录群众来信的重要内容，以便帮助领导随时了解群众的思想情况、实际问题、愿望和要求、批评和建议，从而不断改进领导的工作方法，密切联系群众，更好地为群众服务。

速记记“秘本”是秘书工作者记载着有关资料的本子。秘书是领导者的“智囊”和“思想库”，单靠脑子里记的东西是远远不够的，还必须有个“资料库”——“秘本”，把有用的数字、情况等收集在一起，储蓄起来，随用随找。用速记记“秘本”，不仅能记得详细，而且能起到保密作用，尤其是对一些重要问题的调查记录和重要的谈话、讲话记录。“速记符号”俗称“保密文字”，更显出它在秘书工作中所起的独特的保密作用。

可用速记做会议记录。作为秘书，在各种会议中做记录是经常的工作。会议记录一般分两种：一种是摘要记录，另一种是详细记录。摘要记录用于一般会议，不用速记也可以。详细记录多用于党政军机关领导班子的重要会议。这种会议要求有言必录，会议的决议、结论更要一字不漏。要全面、准确记录会议的全貌，用一般汉字记，难以胜任，最好能用速记记录。

如果是国际会议，就更显示出速记的方便和重要了。一般国际会谈，禁用录音设备，而会谈的许多内容甚至许多细节都相当重要，不能遗漏。应用速记记录，就会从容不迫。如果速记者通晓谈判国的语言，那就更游刃有余，甚至可以随时将翻译不准确处加以更正。

现在，速记应用日益广泛。秘书工作者用速记记录长途电话的内容，既节约时间，又节约电话费；用速记调查、询问、收听广播、摘抄网上信息、草拟合同、传达上级领导指示及重要精神……均能做到及时、详细、准确。

二、速记与记者

一提到“速记”这门技术，人们自然地要把它和新闻工作者联系在一起。确实，报纸杂志、广播电台、电视台的新闻记者是很需要掌握速记这门技术的。

进行新闻采访，是新闻记者最经常、最大量的工作之一。在采访工作中，使用速记的人就会比不用速记的人获得更丰富、更翔实的第一手新闻资料，从而在编写文章时，加快工作速度，提高新闻质量，争取更多的读者。

在采访过程中，如果熟练地使用速记，就能在等同的时间内，采访到更多、更有价值的文章素材、典型材料。记者们或许有这种经历和感受：许多很好、很值得宣传和报道的人和事，往往苦于时间上不允许或被耽搁而记不下来。速记还能为被采访者节约时间，这一点也是很重要的。采访的记者们能在最短的时间内了解到需要了解的情况，速记下需要记录的内容，这是对被采访者的尊重、理解；这比说上十句"谢谢您，耽误您的时间了"更有意义。因而，也更能赢得被采访者的合作。

新闻记者采访，需要口问、耳听、眼观、手记、心想。如以普通汉字记录，会漏掉重要字句和生动的语言；光顾低头写，也会影响眼观、心想。如果使用速记，边记、边观察、边思考、边提问，得心应手，能真正进行有深度的采访，还可以赢得时间描绘现场，使采访立体化、视觉化。久而久之就会提高思维的反应能力和写作水平。

速记，为许多有成就的记者认识、学习和利用。美国著名女记者史沫特莱，就是一位擅长速记的能手，她曾使用速记搜集过朱德同志传记的素材，更曾用速记搜集我国有关红军长征的资料。英国 19 世纪著名作家狄更斯在他的自传性小说《大卫·科波菲尔》一书中，用很多篇幅描写他学速记、用速记的过程，书中写道："……要当记者，尤其是议院的记者，必得学会速记。"他自己在担任采访记者时，常去国会速记记录辩论情况并起草披露当时政治内幕的文章。速记还协助他一生写出了 20 多部长篇小说。

第七节　学习速记的方法

学习速记这门技能，与学习其他学科一样，要端正学习态度，明确学习目的，讲究学习方法。下面介绍学习速记的一般方法。

一、按部就班、循序渐进

本书的编排，是按照速记的结构系统编写的，十分便于学习。学习的时候，应严格按照书本上的章节、程序，由易到难地一节一节地进行学习，并要做好每一节的思考与练习题。学习速记必须从符号（拼音速记）和基本笔画（汉字速记）开始，循序渐进，千万不要跳进，急于求成。比如，学习"拼音速记"时，声符还没有学好就学音符，或者音符还没有写准就盲目求快写，这必然使前边的知识似懂非懂，后边的也无法理解，越学越感到困难。

二、勤于练写、认真阅读

每学一种笔画、一个符号，都要反复地书写若干次，写的次数越多越好。练写速记时，要根据符号书写的难易程度区别对待。例如，难写的速符要反复练写。开始学时可临摹书上的速符。临摹是写好速符的必由之路，要边写、边读、边记忆。练写与认读速符时，一定要集中注意力，这样才能印象深刻。

练写速符，第一要求写准速符，第二要求写快速符，这是学习速符的基本功。在把速符写准确的基础上，逐步练习提高书写速度，力求把速符写得准确、流利、美观。

与学习戏曲、拳术一样，要做到“曲不离口、拳不离手”，经常练习，才能奏效。有人问：学习速记有什么秘诀？答复是：练习、练习、再练习。

除了多书写，还要多认读。要仔细认读书上速符，分析速符的写法、特点、区别和规律。要经常默读、朗读、速读自己写的速符，注意自己写的速符是否符合要求，要随时加以修改。并要熟悉自己的笔迹，以提高阅读速符的能力。认读速符的过程，也是熟练掌握速记的过程。

同时，还要多多练习听写。开始符号学得不多，可以利用学过的语词、句子来听写；符号学多了，就可以利用成段、成篇的文章练习听写。听写的时候，请别人帮助念，先念慢一些，反应快了，速符记熟了，再逐步加快。刚做听写练习，会写得慢。这是正常的，不要心急。练写多了，其理自见，熟能生巧，书写速度定会逐步提高。

还可坚持随时随地地练习。这种练习并不需要纸笔，而是用手指默写。比如开小组会时，听广播时，乘公共汽车时，看电影、戏剧时，当听到讨论和对话时，就用手在桌上或裤兜里书写起来。尽管书写得不一定准确，没有留下速符，可是脑子里反应的是实实在在的速记符号。

三、边学边用，学用结合

速记是一种应用技术，贵在应用。在学习过程中，可以学习一个速符用一个速符，把速符夹在汉字中间应用。以后随着学习速符的增多，汉字就可以逐步地减少。这样不仅容易巩固所学，而且增强了学习的信心。正所谓“使用是更重要的学习”。初学速记者用速符写日记、记笔记是最方便的应用。平时看书、看报，看到马路上的标语广告，或者听广播、听报告，都可以联想自己已经学过的速记符号。只要用心坚持多学、多读、多用、学用结合的原则，不断实践，就能熟练地掌握速记技术。

思考与练习

1. 什么是速记?
2. 汉字速记与拼音速记的特点是什么?
3. 怎样才能学好速记?

第二章 汉语速记学

第一节 汉语速记学的定义

“速记”顾名思义就是快速记录的意思。在汉语中，它的本义也就是“快速记录”。这里的“记”是一个动词，而“速”是一个形容词。“速”形容“记”，以区别普通的记录。但正如在汉语中，“记录”也可以作为名词使用一样，“速记”也可以作为名词使用。为了达到快速记录的目的，人们研究了种种方法，主要包括：

1. 用某种简单的符号代替比较繁复的文字；

2. 对词语进行缩略。

文字本来就是记录语言的符号。为了达到快速记录语言的目的所创造的符号，当然应当比文字简单，并且易于连写。而对词语的缩略，也必须以能够达意为条件。那么，用这种简单的、易于连写的符号记录语言的方法，再加上记录时所采用的一些词语缩略方法，就被称为“速记”。这里“速记”就已经是作为名词来使用了，因为它所表示的是一种“快速记录语言的方法”。作为速记学的一个基本概念，“速记”的定义就是：用简单的、有规则的、易于连写的符号和词语缩略方法来记录语言的技术。至于“汉语速记”，既然在“速记”之前加上了“汉语”一词，当然就是对“速记”这一概念进行了限定，从而表明它所能记录的仅仅是汉语，即汉民族的语言。语言有口头语言与书面语言之别，速记主要用于记录口头语言，也可以用于抄写文字材料。又因为语言是表达思想的，所以速记也可以记录记录者本人的思维活动，这是不言而喻的，不必在“速记”的定义中特别加上“可以记录思维”这一条；而且加上这一条还容易使人发生误解，因为事实上，它是不能记录记录者本人以外任何人的思维的。

那么，什么是汉语速记学呢？简单地说，就是研究汉语速记的科学。具体地说，它是研究汉语快速记录的原理、符号设计及词语缩略方法的科学。它包括以下几个方面的内容：一是汉语速记的原理；二是汉语速记方案的科学依据；三是汉语的结构规律及缩略方法；四是汉语速记与其他学科的关系；五是汉语速记的历史。

汉语速记学的研究对象，主要是原理、符号设计及词语缩略方法。而汉语速记与其他学科的关系和汉语速记的历史则是它必然要涉及的问题。

第二节　汉语速记学的基本原理

汉语的书面符号是汉字。汉字是一种表意文字。所谓表意文字就是用一定体系的象征性符号表示词或词素的文字，它不直接或不单纯表示语音。汉字共有 6 万多个，通常用的有 2 000 多个，一个字一个形体，看了形不能就读出音，读出音不能就写出形，看了形和读出音，也未必就懂得它的意义。汉字的这些特点，给学习和使用造成了一定困难。而且，汉字结构复杂，笔画繁多。据统计，在 1952 年教育部公布的 2 000 个常用字中，平均每个字有 11.2 笔，其中在 17 笔以上的就有 221 个。汉字字数和每个字的笔画如此之多，势必与快速书写形成尖锐的矛盾，汉语速记必须解决这个矛盾。解决的方法是，将表意的符号改成表音的符号，汉字总字数虽有 6 万多个，但由于有许多同音字，所以就音节来说，只有 400 多个；这 400 多个音节又是由几十个声母和韵母拼读而成的。如汉语拼音方案，即有声母 21 个，韵母 35 个，共用 26 个字母表示。这就是说，用这 26 个字母就可以拼出 400 多个音节，来表示几万个汉字的读音。现代汉语速记的基本符号和音节符号的读音，大多是以汉语拼音为依据的，是根据《汉语拼音方案》制定的。以拼音速记为例，其基本符号共 54 个（声符 21 个、韵符 33 个）。现代汉语速记的符号虽然大多数是依据《汉语拼音方案》制定的，但又与《汉语拼音方案》不尽相同。汉语拼音方案采用拉丁字母，而速记符号则比拉丁字母更简单。汉语拼音方案的声母，必须加一个韵母才能成为一个音节。速记为了简单，声符本身也可以自成一个音节，代表所注的汉字的读音，通用于其他同音汉字，并且不标声调。因此，速记符号可以“以一当十”，这是符号数量上的节省。此外，速记符号本身的设计也以简单和易写为原则。仍以拼音速记为例，其基本符号都是从两个椭圆和一个斜米字形中分解出来的曲线、直线和圆形，均可一笔写成，并且符合手写的生理习惯，这是符号笔画上的节省。

速记是记录汉语的，而汉语的结构，如词的结构、词组的结构、句子的结构以至语段的结构，都是有规律的。根据汉语结构规律，就可以制定出语词、语句和语段的缩略方法，这是语言本身的节省。

汉语速记的原理，归根到底就是以简驭繁，就是经济原则在书写中的运用，它是以对汉语语音的分析及对词汇构成、语法规律、修辞方式和思维方式的认识为科学依据的。

第三节　汉语速记创案的科学依据

汉语速记的原理虽然十分简单，但是要形成一个科学的方案，却不是轻而易举的事。从 1896 年蔡锡勇发表《传音快字》以来的一百多年中，我国出现了各式速记方案 20 多种，但经得起时间考验、在群众中有一定影响的不过几种。这几种方案，也远非尽善尽美，都或多或少地存在一些尚待解决的问题。虽然如此，速记研究者们在几十年的实践中，还是总结出了一些经验。他们一致的认识是：速记方案必须有科学的依据。那么，什么是速记创案的科学依据呢？这里主要是指速记符号的设计、配音和词语缩略方法的制定所依据的科学理论。

符号的设计，涉及以下一些问题：

1. 符号的数量。现代汉语速记通常以《汉语拼音方案》为依据，这是将表意符号转换为表音符号的最方便也是最可靠的途径。《汉语拼音方案》是国家批准的法定方案，已被学校作为识字教学的工具，并已在许多领域里得到比较广泛的应用，如各类辞书均以汉语拼音注音，并按汉语拼音的字母顺序编制索引和排列正文；汉语拼音电报也已研制成功；汉语拼音已深入到社会生活的各个领域，在商品包装、商店招牌以及路牌上到处可以看到汉语拼音。以汉语拼音方案为依据，根据声母和韵母设计出对应的声符和韵符，就可以将基本符号控制在 56 个之内。

2. 符形的设计。要求简单和易于书写。通过实践，一般认为从椭圆分割出来的符形优于从正圆分割出来的符形。在采用何种符形的问题上，要以物理学、生理学和心理学的某些理论为根据。因为书写是一种机械运动，运动的速度与运动的方向有直接的关系，十分明显的是：单写时，直线快于曲线运动；连写时，曲线快于直线的连接；匀速运动快于变速运动。书写又是手指、手腕、小臂的各组织肌肉彼此配合并相互制约的协调工作。一般认为，由左向右、上下摆动符合书写的生理习惯。此外，符形的设计还需要易于记忆。心理学家们进行过许多研究记忆效果的实验，认为要想记忆某些事物的人，必须努力在那些初看没有共同之点的客体之间建立一些便于记忆的联系。这就需在符号的设计上，为人们提供建立这种联系的客观基础。

3. 符号的分配。简单的符号是有限的，而简单与复杂又是相对的。为了提高书写速度，就需要对符号进行合理的分配，将那些最简单的符号分配给出现率最高的词。这就需要进行词频统计、音节统计和音素统计。

至于缩略法的制定，主要是依据汉语结构的内部规律。汉语中的词素与词素、词与词、句与句之间都有内在的联系。这种联系已经形成了某些固定的模式或序列，只有根据汉语结构的内部规律所制定的缩略方法，才易于认读和记忆。

第四节　汉语速记的符号系统

一、正圆体系

正圆体系又叫“几何形体系”。它所依据的是几何图形，具体地说，其符号都是从一个正圆和一个正米字中分割出来的。

二、椭圆体系

椭圆体系又叫“流线形体系”。其符号是从椭圆形和一个斜米字中分割出来的。

三、叶子形体系

叶子形体系的符号是从叶子的轮廓和叶脉分割出来的。实质上它是几何体系的分支。

四、斜体形体系

斜体形体系又叫“草书体系”。其符号是从斜体字母或汉字基本部分中分割而来的。

五、综合体系

综合体系采用正圆、椭圆和草书几种形体的符号，事实上是上述几种体系符号的兼采并用。

汉语速记的符号系统中，习惯上的划分不等于是科学的划分。流线形体系以椭圆为依据，而椭圆其实也是一种几何图形。叶子形体系的符号，也是从一个大的正圆形中截取出来的。它们都应并入几何形体系。

至于斜体形体系和汉字草书体系，都是来源文字的笔画，可以统称为文字体系，或草书体系。

以上是从速记符形体系方面的分类，如果从表音方法上分，可分为“拼音式”和“非拼音式”（音节式即一线一音式）两大类。拼音式又可分为声韵式和音素式两种。

分类的标准问题，一个是以符形体系来分，一个是以表音体系来分。二者标准不同，不能偏废。

第五节　汉语速记的缩略方法

据统计，仅凭速记符号记录语音，每分钟最多只能记下 120 个字，而汉语发音速率却可高达 180～200 字的分速，要解决这个矛盾，就必须制定一些缩略方法。

速记的灵魂是“快”，“快”与“省”是相互联系的。快速记录当然会节省时间，但只有采取简单的符号和方法才能达到快速记录的目的。二者相辅相成，因此，速记缩略法的研究，始终是速记学术的核心内容。

速记的缩略方法的制定，其前提是可以复原。任何一种省略方法，在必要时，都应该能够复现或基本上复现所记录的语言的原句，倘若不能，那将不是省略，而是删节。因此，缩略法的制定，必须建立在客观规律的基础上。任何事物都有规律，规律表现为实物与事物、现象与现象之间的必然联系，表现为某模式和序列具有相对稳定性，这就为速记缩略法的制定提供了可能。我们所要记录的是动态的语言，它是流动的、变化的、复杂多样的。我们要在动中求静、变中求恒、复杂多样中求一致，不研究语言的规律是不行的。凡是违反语言规律所制定的缩略法，必然会有强记性和模糊性的缺点，是不足为训的。

语言的规律，具体地说，就是词的构成规律、词组的构成规律、句子的构成规律以及句组（语段）的构成规律。由于字是记录语言的符号，而语言是思想的直接体现，因此，制定速记缩略法还需要研究造字的规律和思维的规律。规律性原则是缩略法制定的第一个也是最重要的原则。

一、语词的构成规律

词是语言的最小单位。在现代汉语中，双音节词占多数，其中有的是由古汉语中的单音节词逐渐演变而成的，例如：师——老师；信——相信；虽——虽然。经过比较，我们可以看出：上列双音节词虽然增加了一个词素，但其意义与原来的单音节词并无多少区别。既然如此，在速记时，就可以将这样的双音节词略为单音节词，即恢复它原来的形态。

许多双音节的合成词，其构成都有一定的模式。例如，用两个相同的词素相叠而成的词，如天天、家家、往往等；由两个意义相同或相近的词等并列组合而成的词，如道路、波浪、声音等；由一个表示具体意义的词根和一个表示附加意义的词缀构成的词，如刀子、甜头、花儿、老张、阿哥等。上述几类双音节合成词，由于其构成方式的规律性，均能根据一个词素推知另一个词素。故在速记时，可以略去其中一个。

再以词组为例。现代汉语的词组丰富多彩，但并不是杂乱无章的堆积，它的构成也是有规律的。例如，相叠结构的词组，无非有下列几种格式：AABB 式（轰轰烈烈、老老实实）；AABC 式（滔滔不绝、欣欣向荣）；ABCC 式（千里迢迢、想入非非）；ABAB 式（研究研究、斟酌斟酌）；ABAC 式（知己知彼、不屈不挠）；ABCB 式（就事论事、将计就计）；ABCA 式（仁者见仁、痛定思痛）。认识了词组构成的规律就可以据此制定缩略法。

成语大多也是四字格，并且是定型的。这就是说，其构成及词序都是固定不变的。速记时，只要写出其中一部分就可以推知另一部分。

二、语句的构成规律

句子是语言的基本运用单位，也是速记的基本单位。按照句子的结构和格局，可以分为单句和复句。单句的构成成分无非是主语、谓语、宾语、定语、状语、补语，其中主语、谓语、宾语是基本成分；定语、状语、补语是附加成分。十分明显，对单句进行缩略而仍要保持句子的基本意义，就可以略去附加成分。

复句则是由两个或几个意义上密切联系、结构上互不包含的分句组成的。分句与分句之间有一定的联系，这种联系是通过一定的语法手段——语序和关联词语——来表示的。复句可分为递进关系复句、取舍关系复句、转折关系复句等。这些复句都有固定的关联词语。倘若将这些关联词语制成符号，亦可对复句进行缩略。

三、语段的构成规律

所谓语段，是指在语义上有逻辑关系，在语法上是具有密切联系的若干句子的组合。

在语言的运用中，语段是相对独立的语义—句法单位。它经常以一定的语言手段作为组合的标志，人们可以比较准确地从语流中把它切分出来。例如下面的话就包含两个语段：

在一切工作中，命令主义是错误的，因为它超过了群众的觉悟程度，害了急性病，而凡是超过群众觉悟程度，企图拔苗助长的总是错误的；在一切工作中，尾巴主义也是错误的，因为它落后于群众的觉悟程度，害了慢性病，而凡是落后于群众觉悟程度又违反了领导群众前进一步的原则的，总是错误的。

上述的两个语段均以“在一切工作中”开始，而以“总是错误的”结束，因此很容易识别。组成这两个语段的句子之间在意义上有明显的逻辑关系。具体地说，每个语段中的三个句子，从思维形式看是三个判断，这三个判断构成一个演绎推理——三段论式，三段论式由两个前提和一个结论构成。在上述的第一个语段中，“凡是超过群众觉悟程度……总是错误的”是大前提，它断定一类事物具有某种属性；“它（命令主义）超过了群众觉悟程度”是小前提，它断定某一具体事物属于大前提所断定的那一类事物；“命令主义是错误的”是结论，它断定某一具体事物具有某种属性。三段所依据的公理是：凡对一类事物有所断定，则对该类事物中的每一个对象也有所断定。因此，在知道了大小前提之后，就可以推知结论是什么，而根据结论和一个前提也可以推知另一个前提。因此在速记时，凡属三段论的语言形式，都可以略去一句话。只要把握了构成语段的句子之间的逻辑关系，都可以根据思维的形式和规律，制定出相应的省略方法。

如果从修辞的角度来看语段，也可以发现它的某些构成规律。因为修辞现象本身是有规律的，这表现为各种修辞格。研究这些修辞格的结构和形态，也可以为速记缩略法提供依据。其中某些辞格具有固定的形式结构。例如，构成排比的一组语句结构相同或相似，各句又带有共同或相似的提示语；构成层递的一组句子结构亦相同或相似，而在内容上递升或递降；构成顶真的一组句子，临近句之间首尾蝉联，上递下接；构成反复的句组中，必有特意重复的某个词语或句子；构成同语的句组，每一句的主词和宾词，都是同一语词。据此就可以制定出相应的缩略方法。仅以顶真格为例：

指挥员正确的部署来源于正确的决心，正确的决心来源于正确的判断，正确的判断来源于周到和必要的侦察和对于各种侦察材料的连贯起来的思索。

上面这段话可略记为：

指挥员正确的部署来源于正确的决心，～判断，～周到和必要的侦察和对于各种侦察材料的连贯起来的思索。

综上所述，可以看出，汉语速记的缩略方法是以汉语构成的规律为基础的。

此外，缩略法的制定还应当遵循已知性原则和灵活性原则。

所谓已知性原则，就是要充分利用一切已知的知识和已有的省略方法。我们稍微留心一下，就能发现避繁就简是人们的一个普遍的心理特征。表现在语言的运用上，就是各种简称、缩写的自然出现与广泛流传。例如，人们常说的“人大”、“政协”、“市纪委”、“中共中央”乃至“高干”、“劳模”、“农贸市场”，都是简称或缩写。此外，在书写上的许多符号如“＝”（等于）、“＞”（大于）、“＄”（美元）、“卐”（法西斯）等也都是避繁就简的心理特征的证明。各门学科都有自己的术语或基本概念，各行各业也都有自己的习惯语，其中有一部分是超学科、超行业的，这就是说，它们已经成为了常用词汇。这些术语、基本概念和习惯语，常以简略的符号或语词来表示。在制定速记缩略法的时候，应当对利用经济原则产生的这些成果加以充分地利用。

所谓灵活性原则或者叫做临机性原则，就是在速记时可以“灵机一动”，即兴创造略符、略法。只要便于联想和记忆，可以随手拈来，也可以变通假借，不必墨守成规，拘泥一格。

第六节　汉语速记的速率计算

速率本来是物理学的一个名词，是指运动物体在单位时间内所经过的距离。作为速记学的一个基本概念，速率则是指在单位时间内用速记符号所记下的汉语音节数。

速记是对语言的快速描述，因而不能不受语言的制约。汉语速记的速率与汉语发音的速率直接相关。汉语发音的速率可分为四级：

1. 初速，每分钟 80～100 个音节；
2. 常速，每分钟 100～120 个音节；
3. 次高速，每分钟 120～150 个音节；
4. 高速，每分钟 150～200 个音节。

速记是通过记音来记录语言的，如果它的速率低于汉语发音的正常速率，将不称其为速记。一般来说，就各种方式的速记所能达到的最高速率来说，可以记录任何发音速率的语言。

速记方案是决定汉语速记速率高低的重要因素。符号的选择、连写方法和省略方法的确定，各式速记方案不尽相同，这里就必然存在一个是否科学、是否合理的问题。符号线条配置得合理，就能节省运笔时间。使用率高的词语都有略符，速率就高。速记方案虽然是速率的决定性因素，但并不是唯一的因素。速率的计算是一个复杂的问题，它与各种主观和客观的因素有关，因此，不能一概而论。

综上所述，首先，速记速率要受发音速率的制约。速记通过记音而记意，既不能与音齐飞，更不能超音先行。讲话人不说，速记者就无音可记；讲话的速度很慢，速记的速率也不可能高。记录以听懂为前提，讲话人的口音是否纯正，口齿是否清楚，讲话是条理清楚，还是语无伦次，对速率都有一定影响。其次，所要记录的讲话的内容也在一定程度上影响速率。一般认为，记录日常生活的讲话内容速率高于记录政治性讲话的速率；而记录政治性讲话的速率又高于记录专业理论内容的讲话速率。但这也不是绝对的，例如，对一位运用速记的科学工作者来说，他记录本专业的学术报告，其速率就可能高于记录政治报告的速率。因此，速率的表现又因人而异，它与速记者的文化水平、知识范围、所学专业、记忆能力乃至生活经验都有密切的关系。

汉语速率的高低，还与测定时间的长短有关。时间长短不同，即使记录的内容一样，速记者各方面的情况也相同，平均速率也不会是相等的。通常是，时间短，平均速率就高一些，因为速记者总是先听音后记录，他在记第一句的时候，讲话人已在讲第二句，他必须在记第一句的同时，把第二句暂时存在脑子里，在写第二句话的时候，又把第三句存在脑子里。这样不管记录多长时间，总要在脑子里存上一句话，而计算时间则是以讲完为准，时间越短，所存的这句话在单位时间里所占的比例越大，而且，如果时间很短，记录者可以凭记忆，记住一些内容。时间长了，凭记忆就不行了。这里还涉及一个准确率的问题。不言而喻，速率的计算以准确率为前提和条件。汉语速记中所说的“分速若干”，是指平均在一分钟之内速记下来的字数。其准确率须在95%以上。低于95%的准确率的速率是不能予以承认的。准确率的计算方法是：讲话原文字数减去贻误字数，等于实记字数，再除以讲话字数，即等于准确率。

速率的单位时间，通常是用一分钟来计算的，一般是分级进行。例如，以分速120字为一级、150字为一级、180字为一级、200字为一级。

对于一种速记方案的速率，应当从两个方面进行测定，一个是这一方式所能达到的最高速率，即历史上的最高纪录；另一个是计算比率，即一个人学会这一方式的速记以后，他的书写速度与原来用汉字书写的速度之比，通常认为这个比率是4∶1。

第七节　汉语速记学是应用语言学的一个分支

速记是记录语言的，与语言学的关系极为密切，但速记学并不研究人类语言的存在和发展规律，因此它不同于普通语言学；它也不研究语言在某一个时期的形态，因此它也不同于描写语言学；它也不研究语言的古今演变，因此它也不同于历史语言学。汉语速记学研究的是同科学技术有关的语言问题——语言的记录符号。它与文字的创制与修订、盲文的制定、人名和地名的翻译等同属于应用语言学，是应用语言学的一个分支。

列宁说：语言是人类最重要的交际工具。人们利用语言来进行交际，交流思想，以便于互相了解，协调共同的活动，组织社会的生产。语言从它产生的时候起，就始终一视同仁地为整个社会服务，它具有全民性，而没有阶级性。因此，以语言为研究对象的语言学，是一门工具性质的科学，汉语速记学既然从属于语言学，它当然和语言学具有同样的性质。这就是说，它以汉语的书写符号为研究对象，其研究成果——速记术——可为全民服务，不论哪个阶级都可以将它作为快速记录语言的工具，所有的人都可以应用速记起草文稿、记录讲话、摘抄资料，以提高学习和工作的效率。汉语速记学的应用范围非常广泛，从能够书面记录语言表达思维这一点来看，它与文字具有同样的性能。所不同的是，文字作为社会的交际工具，具有法定的性质；而速记符号则只限于个人在记录语言时使用或在掌握速记术（同一种方式）的人之间使用，而不能作为社会的交际工具。

第八节　汉语速记学与其他学科的关系

汉语速记学既然从属于语言学，当然与语言学的关系十分密切，又因为语言是思想的物质外壳，语言与思维不可分割，所以它与研究思维形式的逻辑结构及思维规律的逻辑学的关系也极为密切。速记符号的设计是建立在对语音分析的基础上的，所以必然要研究普通语音学所研究的声音的构成，音与音的结合和相互之间所发生的变化，以及声调、语调、轻重音等现象。速记符号往往需要翻译成文字符号，速记稿要翻译成文字稿，在翻译的过程中，需要进行整理、加工、润色，还要求合乎语法，讲究修辞。速记缩略法的制定也要符合语言的规律，其中的词略法、句略法和语段略法完全以现代汉语和形式逻辑为根据，所以，它必然与语音学、文字学、词汇学、语法学、修辞学、逻辑学发生密切的关系。

下面我们就来分别叙述速记与语音学、文字学、词汇学、语法学、修辞学、逻辑学的关系。

一、速记与语音学的关系

从速记的原理来看，它是建立在语音学的基础上的。汉语速记要想完成记录汉语的符号系统的转换，必须对汉语语音进行分析，并着重研究汉语的音节、音素、声调及语音的对应规律。

现行汉语速记方案，可分为音节化速记、声韵化速记和音素化速记，其无不以语音学为基础理论。音节化速记的符号配置和发音必须以汉语音节出现频率的统计为根据，并根据音节频率来配置符号；声韵化速记则根据传统的音韵学，通过声韵的出现频率高低来制定基本符号；音素化速记也是根据语音学的原理，按元音、辅音的出现频率来配置符号表达语音。

汉语语音信号的基本单位是音节。因此，音节的统计，一向为速记研究者所重视，并把它作为速记创案的科学依据；同时为了提高速率，采用种种方法来简化汉语音节。在汉语速记中，可以用声符本身表示音节；可以用频率低的音节符号代表常用音节；可以设计专用符号代表频率高的音节；等等。所有这些都是建立在音节出现频率统计的基础上的。所以，音节统计，不仅具有理论意义，而且具有实践价值，是速记现代化的一项基本建设。

二、速记学与文字学的关系

速记所以产生，就是基于对汉字的缺点的认识。它是作为记录语言的另一符号系统而出现的，因此它必然在某些方面与文字具有共同的性能。文字学研究文字的起源、发展、性质、体系，以及文字的形、音、义的关系。文字学知识有助于改进或改革文字，为无文字的语言创制文字，也有助于速记符号的设计与制定。

以改革汉字为宗旨的我国早期速记创案人，大多是文字学家，他们在文字学方面都有很高的造诣。他们所以立志改革汉字，正是基于对文字发展的规律性认识。他们具有远见卓识，认识到表形、表意、表音代表着文字发展的三个不同阶段，而表音文字最便于人们的学习和使用，是汉字发展的方向。中国早期的速记方案，如《传音快字》、《盛世元音》、《拼音字谱》都是作为中国语文的经典著作而收入《辞海》的。

有人说，汉初产生的草书，是我国古代的速记。古人分析汉字的造字方法而归纳出来的六种条例即“六书”，也是汉语速记制定象形略符、会意略符、指事略符和假借略符的原则和依据。

三、速记学与词汇学的关系

速记是记录语言的，语言能够独立运用的最小单位是词。在汉语中有单音节词和多音节词。在速记中提高速率的重要手段是速符的连写，即把代表双音节或多音节的词或词组的速符连写在一起，而不能把自成意义单位的多音词拆开。这就涉及词的构造和词汇的发展构成及规范。这些问题正是词汇学的研究内容。因此，速记学不能以词汇学作为自己的基础理论。它必须区别于词汇与一般词汇；研究词根、词缀和构词法则；研究熟语种类，特别是成语的格式；它还必须研究并解决同音词的问题。汉语速记的许多缩略法，都是根据词汇学制定的。词频的调查统计也是速记创案的科学依据之一。

四、速记学与语法学的关系

语法学是研究语言结构规律的科学。速记既然是记录语言的，那么，它的应用过程如记录、认读、翻译、摘抄资料、起草文稿，处处离不开语法知识。或者说，没有语法知识，实际上就不能运用好速记这一工具。

（一）记录时语法知识的重要性

速记虽然是通过记音来记意的，但速记员不是录音机，他用速符记录讲话并不是一种机械运动，而是要通过大脑进行一系列思维活动。对讲话人的语音，他要听取、辨析、领会、记忆，然后才能写出速符。其整个过程都离不开语法知识。当然，一般地说，即使没有学过语法也能大致听懂别人的话，这是因为语法是在语言发展的历史过程中、在人民群众运用语言的长期实践中自然形成的一种约定俗成的东西。但语言是一种非常复杂的现象，其运用千变万化，既有文野之分，也有高低之别。越是语文水平高的人，其语汇就越丰富，句式就越多变。记录者如果不懂语法，是很难胜任自己的工作的。道理很简单：只有理解了东西才能更好地去感知。只有懂得组词造句的规则，熟悉句子的各种形式，声音才能迅速地转化为速符。否则，一遇到比较复杂的句子，记录就会发生困难。例如，记录多重复句时，如果不具备有关复句的语法知识，不了解复句中各分句之间的关系，不熟悉表示这些关系的关联词语，记录时就很容易发生错误。

（二）认读和翻译时语法知识的重要性

如果说，记录时还有声音帮助理解，那么认读或翻译时，就失去了这个有利条件。认读或翻译自己的速记稿还可以借助于回忆，认读或翻译他人的速记稿则连这个条件也没有。在这样的情况下，没有语法知识，不懂句子的结构和组词造句的规则，例如主语在前，谓语在后，谓语的动词在前，谓语动词的宾语在后，等等，认读或翻译的后果是不可想象的。很可能不知读到哪里是一句，或因错读而误解原意。

速记主要用于记录口头语言。一般地说，口头语言不如书面语言那么严密，由于讲话人无暇斟酌词句，往往出现句子成分残缺不全，词语搭配不当等语法错误。这虽不至不能达意，但很不准确。整理速记稿时，对这样的语法错误应当加以修正。

（三）摘抄资料时语法知识的重要性

用速符摘抄资料，作内容提要，或缩写一篇文章（记录讲话要点也一样）就更需要语法知识了。缩写或摘要的方法之一是把原文的长句压缩为短句，去掉修饰成分，保留基本意思。这就需要了解句子的结构，应先分析出语法成分，抓住句子的主语、谓语和宾语，才能了解此句的基本意思，然后据此将其压缩。

缩写或摘要的另一种形式是把原文分解后再重新组合，即找出原文中的重要句子并将其连接起来，要求上下文贯通，虽不是原文，而又句句是原文。这没有一定的语法知识显然是做不到的。

（四）起草文稿时语法知识的重要性

至于用速符起草文稿，实际上是把速符作为文字来使用。写作当然以懂得语法为便，无论是用文字，还是用速符。此中道理，不说自明，故不赘述。

此外，汉语速记的缩略法的制定，完全以语言的结构规律为依据，因此，汉语速记学不能不把语法学列入自己的研究内容。

五、速记学与修辞学的关系

速记是记录语言的。语言的运用要求准确、鲜明、生动。为此，讲话人常常使用多种修辞方式。倘是一个善于辞令的人，则引经据典，借古喻今，绘声绘色，妙语横生。记录这样的讲话，没有修辞知识，肯定会力不从心。

修辞的目的是要提高语言的表现力。为了达到这一目的，就必须突破某些框框，有时言过其实，有时明知故问，有时指甲为乙，有时意在言外。上述种种，或曰夸张，或曰反诘，或曰比喻，或曰双关，都与通常的表达方式大不相同。记录者如果不懂修辞，有时就难以完全理解。

口头语言常借助于声调、表情和手势来达意。因此当有人带着鄙夷的神态，以讽刺的口气说“你真聪明”的时候，你大约不至误认为是赞美。但倘将这话用速符记录下来，再请你认读，其意义恐怕就不那么显豁了。熟悉常见的修辞方式则有利于辨别这类反语的真实含义。由此可见，认读速记稿比用速符记录讲话更需要修辞知识。

速记的用途非常广泛。一般说来，记录讲话，倘目的在于备忘或传达，只要内容准确无误就可以了；如果要形成文字，印发出去，那就需要对速记稿进行加工、润色，这就要求不但要合乎语法，而且要讲究修辞。至于秘书按照领导的指示要点起草文件，或记者根据采访对象的口头叙述整理成文，那就更要讲究修辞了。

速记既然以语言为记录的对象，那就不仅要了解它的基本结构规律，而且还要了解它的形态变化及规律。人们依据题旨情境，运用各种语文材料、各种表现手法来恰当地表达思想和感情。这种语言现象是修辞学研究的，也是速记学所要研究的。修辞观念和语言现象是有规律的，这表现为各种修辞格。研究修辞格的结构和形态，可以为速记缩略法提供依据。

六、速记学与逻辑学的关系

语言是有逻辑性的。一般来说，书面语言的逻辑性强些；但开口讲话也不能语无伦次，否则别人将不能理解。所谓逻辑性，是指一篇讲话的句与句之间，以及开头、中间、结尾之间，有一种内在的联系。从这种联系中，我们可以看出讲话人思维活动的方向和过程，即通常所谓的“思路”。把握住讲话人的思路，对于讲话的记录者来说，无疑是重要的。因为这首先关系到对讲话的理解。理解是记忆的基础，而记录又是在记忆的基础上进行的。其次也关系到记录讲话的速度。把握了讲话人的思路，那就不仅知道他在讲什么，而且能知道他将要讲什么，甚至知道他必然要讲什么。在这样的情况下记录讲话，显然可以保持较高的速度。

那么，怎样才能把握讲话人的思路呢？答案是研究逻辑。因为语言直接反映人的思维活动，而思维活动是有一定的形式和规律的。逻辑就是研究思维形式和规律的科学。思维规律体现在进行思维活动的时候，以及思维形式（概念、判断、推理）之间的必然联系之中。因为人们的思维活动有共同的规律，所以我们就能根据这些规律去把握别人的思路。

如果说，记录讲话需要懂得逻辑，那么整理讲话的速记稿就更需要懂得逻辑了。这不仅有利于认读，而且能够帮助我们发现和改正讲话中可能出现的逻辑上的错误。一般说来，讲话人如果不是宣读事先准备好的文稿，而是即兴讲话或只有讲话提纲，那么，除非是受过严格逻辑训练的人，否则他很难完全避免逻辑上的错误。当然，这里不是指那些根本性的逻辑错误。内容荒谬、违反逻辑、属于诡辩一类的讲话，记录者不宜修改，而应由讲话者自负其责。记录者需要修改的是就讲话者的本意来说尚属正确，只是在表达上违反逻辑思维所要求的科学规定的那些错误。对于这类错误，在整理讲话稿时都要予以修正。而缺乏逻辑知识则难于发现这类错误，当然也就提不到修改了。

速记的产生，缩短了从构思到形成文字的时间。熟练的记录者用速符记录思想能“得心应手”，这就反过来对思维提出了更高的要求。一个用速符起草文稿的人，如果思维迟钝，速记就会因发挥不出它的快速优势而丧失了意义；如果他的思维活动不符合正确的思维规律，那么速符记下的也只能是含混的、无条理的、自相矛盾的思想内容，虽能快速记录，但实际上也丧失了意义。语言是思想的物质外壳，思想混乱必然导致语无伦次，这是毫无疑问的。而要想正确地构思，并提高思维的能力，也必须研究逻辑。

语言和思维之间存在着一种对应关系。思维的基本形式是概念、判断、推理，其语言的形式则为语词、语句与语段。思维与语言的这种内在联系，使我们可以通过语言信号而把握人的思维活动。这是制定速记“逻辑缩略法”的客观基础。

思考与练习

1. 简述速记学的基本原理。
2. 速记学与语法学的关系是什么？

第三章 速记与汉语

第一节　汉语速记的好帮手——汉语拼音

一、汉语速记与汉语拼音的关系

秘书工作者是各级领导的得力助手，他们所处的地位非常重要。这就要求秘书具备相当高的汉语表达能力，而汉语拼音作为现代汉语的重要组成部分，则是一个合格的秘书工作者必须掌握的基本能力之一。

那么拼音速记与汉语拼音又是一种什么样的关系呢？

现代汉语有三种书面形式，即汉字、汉语拼音和汉语速记。这三种形式对于秘书工作者而言都能书面记录语言和表达思维。从这点上说，汉语拼音和汉语速记都具有文字的性能。

汉字是我国通用的法定的正式文字，在国际上有着重要的地位；汉语拼音是汉字的音标，在《现代汉语词典》中所有汉字都用汉语拼音注音，易学易念；汉语速记是以汉语拼音为基础，是运用一套简便的流线体记音符号迅速记录语言和思维的工具，它是汉语语言学的一个分支。

汉字是一种表义文字，是音、形、义的综合统一体。一字一义或多义，一字一音或多音，同样也是一字一形，形体固定。汉语速记是采用符号记音，由于符号过于简单，比较局限，只能表音，以音表义，这就不可避免地要增加一个连贯的将音转化为书面语言的表义过程。

速记符号即音符，是声韵组合而成的音节符号。表音符的三个原则是：同音同符，异音异符，近音合并、不分四声。大大减少了汉字音节的数量，经统计，6 万个汉字，仅用 300 多个音节即可表示。这为学习、掌握汉语速记提供了便利条件。

汉语速记是简化了的汉语拼音，因此速记工作者首先要掌握汉语拼音。声韵两符相连续成一个音就是拼音。这个音就是一个音节，是一个读音单位，这一点同汉字相同。在书写时汉字是以字为单位，汉语速记为了便于书写和认读，一般以词为单位书写，可以减少书写时的移笔时间，以此提高书写速度，更主要的是便于认读，以音来表义。

记音的目的在于表义。音与义是构成语言的两个组成部分，以音含义，义中有音。义中有音是指，一句话的意思是通过语言声音表达出来的，这使记音成为可能。以音含义是指一句话的声音反映着这句话的意义，所以以记音表义是很自然的。有的音符可以直接表义，而有些近音合并和异义同音的符号，就要通过句子的连贯性判断达到表义的目的。

汉语速记以词为书写单位，以句为表义单位。汉语的词有单音词、复音词，因为其同音和近音的较多，难以分辨、确认。例如，一个基本音符“知己”，仅同音词就有“雉鸡”、“织机”等，这是译写过程中的一个困难，也是初学速记者感到头痛的问题。但是，只要秘书工作者汉语功底扎实，又深知字不离词、词不离句，并凭借着句子中各个音节的连贯性，形成一个句子的连贯音流，便可以识别其原义，达到完整、准确的表义目的。

明白了汉语拼音和现代汉语速记的关系之后，每一个秘书工作者都要努力把汉语拼音方案牢记在心、运用于手。

二、汉语速记的拼音系统

（一）现代汉语拼音系统

1.《汉语拼音方案》是1958年2月11日由第一届全国人民代表大会第五次会议批准实行的。它包括字母表、声母表、韵母表、声调符号、隔音符号等五项内容。实行汉语拼音方案的目的有三方面：一是为了给汉字注音；二是为了推广普通话；三是进行拼音文字的实验工作。

2.《汉语拼音方案》的内容。

（1）字母表。

A a	B b	C c	D d	E e	F f	G g	H h	I i	J j
K k	L l	M m	N n	O o	P p	Q q	R r	S s	T t
U u	V v	W w	X x	Y y	Z z				

（2）声母表。

b 玻	p 坡	m 摸	f 佛	d 得	t 特	n 讷	l 勒
g 哥	k 科	h 喝	j 基	q 欺	x 希	zh 知	ch 蚩
sh 诗	r 日	z 资	c 雌	s 思			

（3）韵母表。

i	衣	ao	熬	ua	蛙	uai	歪	ueng	翁
u	乌	ou	欧	ün	晕	ian	烟	eng	亨的韵母
ü	迂	en	恩	üe	约	iao	腰	uang	汪
a	啊	an	安	uo	窝	ing	英	iou（iu）	忧
o	喔	ia	呀	ang	昂	uan	弯	uei（ui）	威
e	鹅	ie	耶	ei	欸	iang	央	uen（un）	温
ai	哀	in	因	üan	冤	iong	雍	ong	轰的韵母

（4）声调符号。

阴平	阳平	上声	去声
ˉ	ˊ	ˇ	ˋ

声调符号标在音节的主要元音上。轻声不标。例如：

妈 mā	麻 má	马 mǎ	骂 mà	吗 ma
阴平	阳平	上声	去声	轻声

（5）隔音符号。

ɑ，o，e 开头的音节连接在其他音节后面的时候，如果音节的界限发生混淆，用隔音符号（'）隔离，例如：pi'ǎo（皮袄）。

（二）《汉语拼音方案》的有关知识

1. 声母。一个汉字音节开头的辅音叫声母。《汉语拼音方案》中共有声母 21 个。声母都是辅音，但辅音不一定都是声母，如 ng 是辅音，但它在普通话中不作声母用，只作韵尾。

2. 韵母。韵母是音节中声母后面的部分或没有声母的音节。元音全是韵母或韵母的组成部分，但韵母不全是元音。如“花”的韵母是元音 u，ɑ，而“山”的韵母是 ɑn，元音 ɑ 只是这一韵母的组成部分，ɑn 这一韵母中不仅有元音 ɑ，还有辅音 n。普通话语音中共有 39 个韵母，按其构成特点可分单韵母（10 个）、复韵母（13 个）、鼻韵母（16 个，是由元音和鼻辅音韵尾构成）。

3. 零声母。有些音节没有声母，因此就叫做“零声母”，如安（ɑn）、恩（en）。

4. 韵头、韵腹、韵尾。韵头指主要元音前的介音而言，如 jiɑ，guɑng 这两个音节中的 i 和 u 就叫韵头。韵腹指主要元音而言，如 guɑng 中的 ɑ 就叫韵腹。韵尾指韵腹后面的部分而言。韵尾有两种，一种是元音韵尾，如音节 dɑi 中的 i；另一种是辅音韵尾，如音节 guɑng 中的 ng。

5. 韵母和韵的区别。韵母是指一个音节中声母后面的部分，如 dɑng，ti，其中 ɑng，i 就是韵母。韵所指的范围比韵母大，如 ɑn，iɑn，uɑn，üɑn 是四个韵母，但同属一个韵。韵的区分着重在主要元音（韵腹）和韵尾是否相同，而不管韵母同不同。因此，一个韵下面往往包含几个韵母，如 ɑ，iɑ，uɑ，ɑo，iɑo。

6. 声调符号的标写。调号标在音节的主要元音（ɑ，o，e，i，u，ü）上，轻声不标。口诀是：ɑoe 在前 ɑoe，iuü 在前第二个。

7. 隔音符号。《汉语拼音方案》规定，ɑoe 开头的音节连接在其他音节后面的时候，如果音节界限发生混淆，用隔音符号（'）隔开。例如：

西安 xi'ɑn	方案 fɑng'ɑn	命案 ming'ɑn
企鹅 qi'e	恩爱 en'ɑi	木偶 mu'ou
煎熬 jiɑn'ɑo	傲岸 ɑo'ɑn	酷爱 ku'ɑi
名额 ming'e	激昂 ji'ɑng	答案 dɑ'ɑn

如果第二个音节的开头是辅音时，则不必用隔音符号。例如：

气恼 qinɑo　　西南 xinɑn

8. 反切。反切是一种传统的注音方法，即用两个字拼合成另一个字的音。反切上字与所切之字声母相同，反切下字与所切之字韵母和声调相同，即上字取声，下字取韵和调。如“练，郎甸切”，取“郎”字的声母（l）和“甸”字的韵母及声调（iàn）拼合成“练”的字音（liàn）。

三、汉语速记的拼音系统和汉语拼音方案的异同

尽管汉语拼音方案是汉语速记的好帮手，但汉语速记的拼音系统的设计又和汉语拼音方案不尽相同。这里仅就拼音速记的拼音系统举例说明。

1. 拼音速记是以《汉语拼音方案》为基础来制定基本符号的。拼音速记的基本符号分“声符”、“韵符”两大类，其中声符 21 个，韵符 32 个。

2. 拼音速记与《汉语拼音方案》有所不同，为了书写简便，单独一个声符就可代表一个响亮的音节，并代表所有的同音汉字，且不用标注四声。

3. 速记是以记录“普通话”为标准的，但在我国一些地区，对“zh，ch，sh”和“z，c，s”两组声母的读音区分不开。为此，唐氏速记中也把这两组声符的写法规定为一样，只是在“资、雌、思”三符的下边多加一个小点（名为“区别点”）以示区别。能区分这两组声符读音的读者，可用区别点区分；不能区分这两组声符的读者，只要取消区别点就行了。

4. 拼音速记声符“日（r）”，同时代表韵符“儿（er）”。因为“日”符的同音字很少，发音又与韵符“儿”相近。在《汉语拼音方案》中，“儿（er）”是特别韵母，不与声母相拼，独用时，普通话中也只有“儿、而、尔、耳、二”五个汉字。所以，在速记中用同一个速符代表声符“日”和“儿”，根据上下文意，是容易区分的。

四、汉语速记应用中应注意的问题

汉语速记在实际应用中尤其值得秘书工作者注意的问题，是因个别领导人发音不准确而导致记录失误的问题。毋庸讳言，现实生活中某些领导读音错误是不少见的，但这并不能否认他们是很有文化水准的知识化的人才。作为这些领导人的秘书，如果不能在领导发言读错音时不动声色地给予纠正和弥补，甚至以讹传讹，那事后将为这些领导所不能容忍。造成工作的失误或者使领导失去威信固然与领导者个人有关系，但更大的责任承担者应该是不称职的秘书工作者。

也有这方面的例子，就是领导水平很高，发音也很正确，但秘书工作人员个人发音不准，把领导者的正确发音给记错了，或者在整理领导讲话稿时写错了汉字，以至于造成工作失误或留下笑话，对此秘书工作者就更难辞其咎了。

为了不使以上现象发生，秘书工作者应当加强个人修养，特别应在汉语拼音上下硬功夫，显真本事。请注意以下汉语字词容易发生误读的几个类型：

1. 因偏旁关系而读错字音的。

讣告	汀兰	纤尘	吮吸	敌忾	围歼
彤云	抻面	岿巍	拈须	迢远	怙恃
囹圄	造诣	庖丁	抨击	苫布	啜啜
咆哮	杵臼	骀荡	坼裂	同侪	油垢
恫吓	毗连	消弭	鞭挞	抚恤	栉比
恪守	垂涎	玷污	挽救	鹿茸	骈文
绚丽	哺育	衣钵	倩影	倜傥	孝悌
妊娠	莘莘	莅临	挈带	悭吝	婆娑
悚惧	琐屑	砧木	良莠	脍炙	饿殍
菁华	梓里	桎梏	睚眦	淙淙	沉淀
涮肉	干涸	掮客	按捺	酗酒	鞭笞
惬意	赔偿	破绽	绾结	缂丝	停滞
嗟叹	喟叹	揆度	狭隘	稂莠	猥亵

腆肚	刚愎	铿锵	牵掣	嗔怒	摈除
摄影	妃嫔	媲美	糯米	蜃景	訾议
丘貉	渣滓	回潮	塑料	尴尬	畸形
稗官	罪愆	蜷伏	箕斗	书箧	鬼蜮
别墅	熊罴	踟蹰	踯躅	发聩	梦魇
憧憬	撑船	小觑	渐臻	薅苗	粗糙
引擎	瞠目	濒危	旱獭	癖好	赡养
霰弹	擢升	愤懑	濯足	蹙额	臀部
阴霾	龋齿	木讷	讹诈	讳言	粗犷
作伥	惆怅	引吭	手帕	轻佻	狙击
股肱	茕立	弹劾	诨号	方枘	咀嚼
呷酒	刹那	珐琅	仗恃	教诲	联袂
安恬	要挟	叱咤	骁勇	暴殄	针砭
对峙	同胞	痉挛	谆谆	真谛	裸体
麻痹	赝品	奶酪	教唆	娱乐	熟谙
癫痫	朔风	调唆	百舸	韶光	龃龉
觥筹	雕镂	箴言	采撷	檄文	膝盖
铄金	信笺	赧颜	泥淖	天堑	湍急
打醮	巨擘				

2. 因分辨不清字形而读错字音的。

辍学 （误读为缀）
陡峭 （误读为徒）
漏卮 （误读为扈）
泠泠 （误读为冷）
惴惴 （误读为揣）
城垣 （误读为桓）
灵柩 （误读为柜）
羸弱 （误读为赢）
火中取栗 （误读为粟）
荼毒生灵 （误读为茶）
编纂 （误读为篡）
病入膏肓 （误读为盲）
鬼鬼祟祟 （误读为崇）
舐犊 （误读为舔）
证券 （误读为卷）
迥然 （误读为迦）
修葺 （误读为茸）
巷隅 （误读为偶）
斫伤 （误读为砍）
钤记 （误读为铃）
账簿 （误读为薄）

还有一些因古今通假，音变异读的例子，这里不再冗述。

第二节　汉语速记的障碍物——地方方言

一、我国方言的分布

汉民族除了普通话这一全民族的共同语之外，还有许多不同的地方方言。这些地方方言之间虽有明显的差异，但由于语言上的对应规律很整齐，基本词汇和语法构造也大体相同，因而它们并不是同普通话并列的独立语言，而只是汉民族共同语的地域分支。

对于任何一个合格的秘书工作者而言，都必须正视地方方言这个汉语速记时的障碍物。我们不能无视它，更不能惧怕它，而是要勇敢地去面对、了解它，进而去掌握它。

汉语的方言可分为八个区，它们的分布情况大致如下：

1. 北方方言区。北方方言以北京话为中心，是现代汉民族语言共同的基础，分布在长江以北汉族居住的地区，长江以南、镇江以西、九江以东的地带，以及湖北（东南部除外）、四川、云南、贵州四省和湖南省西北一带地区。

2. 吴方言区。以上海话为代表，分布在江苏省长江以南、镇江以东部分（镇江不在内），以及浙江省大部分地区。

3. 湖南方言区。以长沙话为代表，分布在湖南省大部分地区。

4. 赣方言区。以南昌话为代表，分布在江西省（东北沿江地带和南部除外）和湖北省东南一带。

5. 客家方言区。以广东省梅县话为代表，分布在广东省的东南部和北部、广西南部、福建西部、江西南部，湖南、四川两省也有少数地区说客家方言。

6. 闽北方言区。以福州话为代表，分布在福建省北部和台湾省的一小部分地区。

7. 闽南方言区。以厦门话为代表，分布在福建省南部，广东省东部潮州、汕头一带，海南岛一部分，以及台湾省的大部分地区。

8. 广东方言区。以广州话为代表，分布在广东省大部分地区和广西东南部地区。

二、地方方言的实际表现

客家方言、闽方言和西南一些地方的方言没有单元音韵母 ü 和以 ü 为韵头的复元音韵母，往往把普通话的 ü 说成 i。吴方言区有些地方 i 和 ü 也不分。这样一来，“全面”就说成了“前面”，“拒绝”就说成了“季节”；“大姨”与“大鱼”、“通讯”与“通信”、“驯服”与“信服”、“盐分”与“缘分”不分。

吴方言区大都没有 ai，ei，ao，ou 这一类复元音韵母。上海人学普通话时常常把这类韵母念成单韵母，比如将“带、矮、奶”（ai）等读成 ɑ 韵；将“肥、泪、被”（ei）等读成 i 韵；将“斗、狗、厚”（ou）等读成 e 韵。吴方言区的人要在以下词语的读音上下工夫，如“爱戴”、“配备”、“高潮”、“守候”、“白菜”、“蓓蕾”、“报告”、“九州”、“校对”、“排球”、“手表”、“开会”、“抽调”、“鸟兽”、“交流”、“毁坏”等。

不少方言区的人分不清鼻音韵尾 n 和 ng，往往把带舌尖鼻音的 en，in 发成带舌根鼻音的 eng，ing，或把 eng，ing 发成 en，in 的音。南京话则不能区分 an 和 ang、ian 和 iang、uan 和 uang，因此这些人就要在分清以下读音上下工夫，如“亲近——清静”、“陈旧——成就”、“吩咐——丰富”、“红心——红星”、“平凡——平房”、“木船——木床”、“天坛——天堂”、“赞颂——葬送”。

这样的例子还可以举出很多：闽东福安人把“楼房”说成“牢房”；闽北建瓯人把“福建”说成“福晋”；闽南人把“吃鱼”说成为“吃姨”；闽南人把“工资”说成“公鸡”、“师范”说成“稀饭”。

由于方言区不同，同一个词而出现的不同的说法并不鲜见：

汕头人把“公鸡”说成“鸡翁”、“公狗”说成“狗牯”、“母牛”说成“牛母”、“台风”说成“风台”、“不要”说成“无爱”、“没空”说成“唔闲”、“这次”说成“只匝”。

湖南莱阳人把“蝴蝶”说成“花罗”。

上海人把“这样”说成“掰个”、“那个”说成“伊个”、“这样”说成“迭能”、“掰能”说成“掰能介”、“还没有”说成“唾没”、“每天”说成“日逐”。

贵阳人把“高兴得很”说成“高兴完勒”、“短得很”说成“短得完勒”。

潮阳人把“游走了”说成“泅泅去”、“胃口不好”说成“嘴涩涩”、“吃着倒胃口”说成“食着畏畏”、“很早起床，很晚才睡觉”说成“早早起，暗暗正”。

河北人把“水坑”说成“汪”、“昨天”说成“夜来”、“牵牛花”说成“黑丑”、“浪费”说成“剔腾”。

广州人把“精致”说成“骨子”、“端正”说成“四正”、“乱糟糟”说成“立立乱”、“乌烟瘴气”说成“乌里单刀”、“凶神恶煞”说成“恶死能登”、“洋洋得意”说成“谰得戚”、“真麻烦”说成“论鬼尽”、“真淘气”说成“霎鬼气”。

山西人把“爱护”说成“裹扰”、“土块”说成“坷垃”、“愚蠢”说成“薄楞”。

三、汉语速记克服地方方言的措施

（一）提高对地方方言的必要性的认识

我国地大物博，历史悠久，疆域辽阔，理所当然地会有大量方言的存在。作为秘书工作者在面对不同地区的领导干部进行汉语速记记录时，不可避免地要与他们所操的不同方言打交道，不能因为自己不懂方言而拒绝方言，进而不做记录，甚或错误记录。就拿我党几代领导人而言，毛泽东是湖南人，刘少奇、彭德怀也是。朱德、邓小平、刘伯承都有地地道道的四川口音。江泽民、胡锦涛尽管讲的都是普通话，但地方口音也是改不了的。《毛泽东选集》四卷本中相当多的文章都是他当年操着家乡口音即席发挥而由秘书人员（大多是速记工作者）速记下来的，如在延安整风期间发表的《整顿党的作风》、《反对党八股》、《在延安文艺座谈会上的讲话》。速记专家李援朝曾撰文回忆过：1944 年 9 月 8 日，中央警卫团在延安枣园操场举行张思德同志追悼大会，毛主席神情庄重地走进会场，亲自献上了花圈，挽联上写着毛主席的亲笔挽词“向为人民利益而牺牲的张思德同志致敬!”会上，毛主席操着浓浓的湖南口音，打着有力的手势，即兴作了《为人民服务》的著名演讲，当时的中央办公厅秘书处速记室主任张树德同志作了符号速记，整理后交毛主席审阅。

由此可见，秘书工作者的辛勤劳动是令人敬佩的。现代的秘书工作者更要端正自己的心态，不拒绝接受各地方言，并且加强对地方方言的掌握，以利于速记工作的顺利进行。

（二）要有化方言为普通话的能力

如果秘书工作者本人就是方言区的人，那就要努力矫正自己的方言为普通话；应该明白“打铁需要自身硬”的道理。在记录时，秘书不光要能够听懂方言，更要具备化方言为普通话的能力。在具体的速记记录时，尤其是对自己已经记下来的领导讲话进行整理时，应该能够得心应手地把有关方言直接变为大众都能接受的普通话。这件工作应是每一个秘书工作者主动进取、毫不退避的神圣使命，更是每个秘书工作者必须拥有的能力。加之现在秘书工作者学历一般都较高，也有较深的文化积淀，那就更应该拥有这种能力。

不懂方言的秘书工作者也要有克服这个障碍的实在做法，如自己具备了较强的速记记录能力，即一分钟记录速度已经达到了 180 字以上。这样在面对讲方言的领导人作报告时，就采取如实记录的方法，做到有音必录，一字不舍。哪怕此方言自己不理解也要做到音出笔随。等记录结束整理领导发言时，自己再抱着一种虚心的态度向身边人员或者作报告的领导直接请教。这样一切问题也就自然解决了。

克服记录方言报告时所应采取的方法，一是端正认识，解决态度问题；二是提高能力，攻克方言难题，这实际上是一个高水平的秘书工作者应该具有的水平；三是升华能力，解决速记方面的速度问题，之所以叫做“升华”，是要强调虚心求教的美德。

总之，汉语速记的掌握者应该是一个克服地方方言的行家里手，地方方言不应该成为一个秘书工作者在进行速记记录时的心态障碍。一个优秀的秘书工作者理所当然地应该是一个无论处在任何环境中都能够执行各种速记任务的战士。

第三节　汉语速记的基石——现代汉语

一、现代汉语是汉语速记的基石

一个优秀的秘书工作者应当充分认识到现代汉语素养在汉语速记中所占的地位是极其重要的。可以毫不夸张地说，没有现代汉语知识丰厚铺垫的秘书工作者是不能胜任此项工作的。

曾有人以速记和语文为主题办了一份报纸，他们的用意十分清楚，目的十分明确，无非是肯定这二者之间密不可分的关系。从人们的社会实践方面来看，速记的起步、发展、壮大一步也离不开现代汉语知识对它的滋养。

在现代秘书工作者本身所具备的一切能力中，现代汉语知识是造就他一切能力的最重要的基础。很难设想，在现代汉语知识领域，一个文化知识、基础能力贫乏薄弱的人能够很轻松地掌握速记技能，并具有扎实的写作能力。

速记界的成功人士都知道英国大作家狄更斯学习速记的事情。按照狄更斯的说法，学会掌握一门速记所花费的心血代价比掌握几门外语都大。大文豪的这种心得绝不会是凭空瞎说的。了解他发愤图强成名、成家经历的人都深深被他的刻苦精神、坚忍不拔的毅力所感动。他为精通速记、达到能跻身法院做速记员的目的，连在睡觉前都坚持用手练写速记符号，以至于时间一长把被子都磨烂了。这件事告诉我们，掌握一门速记相当不容易，并且正是狄更斯扎实的英语基础成就了他精湛的速记技能。

在我国，郭沫若也是一个奇才。他学识渊博，既是历史学家、文学家、诗人、考古学家，又是一个精通速记的人。他正是因为有了丰厚的语文基础，才可以对速记技术运用自如。

每一个在速记领域有所成就的人都知道现代汉语知识在速记时所发挥的重要作用。汉语速记创制出来的线条符号是非常有限的。几十条基本线条所表达的全部汉语语音的音节也不过是几百个，这几百个音节所表达的全部汉语词汇无可计数。汉字有音调变化，速记没有；汉语拼音力求准确、全面，速记却合并了有关音节；汉字有固定的字形，哪怕潦草一些也容易认出，速记符号却简而又简、略而又略。没有扎实的现代汉语基本功，谁能够一字不落地把高速度的音流记下来，又能够当场及时翻译出来？

很多时候，我们都十分佩服在中央两会召开期间，特别是中外记者云集的招待会上，坐在中央领导人身边的翻译官。有时中央领导滔滔不绝的近于半个小时不停断的对一个问题的回答，我们可爱的译员都能圆满翻译，这正是速记与翻译的高水平展示。我们不能不惊叹译员速记水平的高超及其现代汉语水平的出类拔萃。

每一个合格的高水平的现代秘书工作者在具备众多能力的情况下，都会非常清楚地知道现代汉语基础知识在汉语速记领域所处的重要位置和所起的重要作用。

二、汉语速记中需要用到的现代汉语基础知识

现代汉语基础知识体现在语文学习上的内容有八个方面，即字、词、句、篇、语、修、逻、文。对这八个方面的掌握决定着一个现代秘书工作者的汉语速记技能水平。具体来说，汉字的功底要扎实，既要知道汉字的造字方面的六书，又要知道每个汉字都是音、形、义俱全；词汇的掌握要丰富，既要知道词汇的不同类别，对词汇、词义的准确理解更要深入骨髓；句式的运用要熟练，既要知道现代汉语句式的各种类型，又要精通各种句式的不同变换；篇章理解要深刻，既要知道篇章结构的层次划分，又要准确把握篇章主题；语法的分析要准确，既要知道语法成分的结构组成，又要懂得运用语法鉴定句子正误；修辞的修饰要生动，既要知道修辞的各种类型，又要力避以辞害义的毛病；逻辑的条理要分明，既要知道逻辑的各种规则，又要防止逻辑陷入自相矛盾之中；文化知识的汲取要丰盈，既要知道中华文化的博大精深，又要知道日积月累的穿石之功。

结合到汉语速记的运用上，现代汉语基础知识的运用更是牵扯到方方面面。具体来说，汉语速记的线条符号是通过记音来达到表义的目的。一个单音节速符就代表了所有的同音汉字。举例来说，一个单音节速记符号所发的音是“几”，那么一系列发音是“几”的汉字不计其数，这众多的“几”字中如果出现一个“暨”字，你并不认识，那就无法达到运用这个“暨”字的目的。

拿词来说更是如此。现代词汇中，双音节词汇占词汇总量的比例达到80%以上。在双音节词汇中同音的词汇也有很多，例如，“知识”、“执事”、“指示”、“指事”、“只是”、“知事”等。这众多的同音词汇在速记中只是简简单单的两条线条的连写。如果在速记的一句话中出现了这个词符，你却不能够准确识别出它是哪一个具体汉语词汇，那么，现代汉语基础知识在词汇这一链条的欠缺不就显露出来了吗？要想准确识别这一速符，扎实的汉语词汇基本功是不能欠缺的。

句式的掌握何尝不是这样？现代汉语的基本句式有很多种：陈述句、疑问句、被动句、把字句、无主句、单词句、单句、复句、复句中种种不同类型的关系句等。如果一个速记工作者不能精通这种种句式类型以及句式之间的转化，那他怎么会在速记的运用上得心应手呢？大家都知道，汉语速记在具体记录时是一个速符连着一个速符，在快速记录的音流中是没有标点符号的。这近似于我国的古籍，从头到尾没有一个标点。有标点的古文

读起来就相当困难，何况是无标点的古文呢？无标点的速符读起来就更难了。由此可见，现代汉语中句式方面的基础知识尤其重要，一点都忽视不得。

现代汉语中的篇章结构也很重要。汉语速记时是一记到底，在整理成现代汉语后才能分段。由此可见，完成汉语速记后的篇章结构的层次段落划分能力也是不可少的。

现代汉语中的语法知识基础更加重要。一个精通现代汉语语法的人一定知道句子的主谓宾定状补，一定能够准确把握自己的语言使表达不会出错，一定能够一眼看穿别人在语法上的错误。一个合格的汉语速记工作者一定是一个精通语法的人。他的速记记录和翻译一定是又快又准，首先他能保证自己不会在语法上出错，其次他还能在速记实践中随时随地发现讲话的语法错误，并且纠正这类错误。

修辞知识也很重要，这主要表现在速记后的翻译过程中。有良好修辞基本功的秘书工作人员一定会把速记翻译稿整理得通顺流畅，并能锦上添花。至少他在记录领导人生动讲话时不会偷工减料，或以美为丑而任意删剪。

逻辑知识对于一个合格的速记工作者尤其重要。逻辑知识的概念、判断和推理实际上是语法功能在人们意识领域的深层次发展。掌握并精通此领域的知识，对任何一个秘书工作者所具有的汉语速记能力的长足发展都是有帮助的。也很难设想一个在此领域不通不精的秘书人员能在速记能力的发挥上大显身手。

秘书工作人员掌握文化知识的程度最能显现其博闻强识或孤陋寡闻。文化知识是你全面获得才华的广阔天地，是你施展全面才华的航空母舰。中华文化博大精深，源远流长，秘书人员中的汉语速记强手一定不会拒绝这博大精深的中华文化。

三、现代汉语在速记实践的运用中应该注意的问题

（一）翻译成现代汉语时，不能出现语病

最常见的语病有以下几种：

1. 表义不清。

例如：大家还指出，国务院决定批评石油部主要领导在成绩面前骄傲自满，是造成“渤海二号事故”的原因之一。

这个句子让人误以为国务院领导的批评是造成“渤海二号事故”的原因。

2. 否定不当。

例如：随后记者拨通了王××的电话，她一口否认绝无此事。

双重否定等于肯定。此句把“一口否认”和“绝无此事”连在了一起，成了一个双重否定句，意思成了王××承认有此事。

3. 搭配不当。

例如：荣声冰箱以其世界级的环保科技，荣膺第一台进驻联合国的中国冰箱。

“荣膺”和“中国冰箱”不搭配，“进驻”和“联合国”不搭配。

4. 语义重复。

例如：这场比赛被人们誉为是“强强对话”。

“为”和“是”都有表示判断的功能，这就重复了。

5. 语序不当。

例如：重铁公安处在重庆车站查获价值200余万元的高档走私假烟。

"高档走私假烟"的正常语序应是"走私假高档烟"。

6. 自相矛盾。

例如：上海市机动车驾驶员第一培训学校，学开车的人就达近千名。

"达"与"近"语义相矛盾。

7. 成分残缺。

例如：位于美国中部宁静的任克拉何马城，昨天被可怕的汽车炸弹爆炸事件搅得天翻地覆。

在"中部"后若加上"的"就使"宁静的……城"成为主语，可原句恰恰残缺了这个主语。

8. 有悖事理。

例如：但在今天的中国，打出自由撰稿人标牌的人寥若星辰。

"星辰"是星星的总称，"寥"形容"星辰"与事理有悖，应是"寥若晨星"。

所以，现代秘书工作者在整理领导的讲话稿时，应该有修改领导说出的病句的能力。这样就凸显出了扎实的现代汉语基本功对秘书人员速记时具有的重要作用。

（二）几种句式的熟练掌握对速记人员尤为必要

速记时，句略法是提高速度的最有力的武器，现代秘书人员应该熟练掌握以下现代汉语中经常出现的几种句式。

1. 并列句。

例如：德育、智育、体育、美育……

汉语速记时，可以用中附离略法进行省略。

2. 互换句。

例如：好自夸的人无本事，有本事的人不自夸。

汉语速记时，可以用特制的标记符号中附离省略。

3. 反意句。

例如：有些人喜欢人家说他好，不喜欢人家说他坏，说他有功他就舒服，说他有过他就不舒服。

汉语速记时，可以写出前句，后句用特制的标记符号中附离省略。

4. 熟知句。

(例子省略)

汉语速记时，对于自己已经烂熟于心的句子、句段，甚至全篇，只要能在整理时如实展现，就可以用特制的标记符号中附离省略。

5. 重复句。

例如：……一个重要内容就是要搞全民义务植树活动，搞全民义务植树活动……

对于句子中前后相连的重复部分，只要写出前面的部分，后面的重复部分用特制符号中附离进行省略。

6. 隔词、隔句重复句。

例如：我们一方面要继续防止和反对教条主义，另一方面要继续防止和反对轻视理论学习的倾向。

汉语速记时，把句子中相隔开的重复部分，前面的全部写出，后面的重复部分用特制的标记符号在适当位置标出。

第四节 汉语速记的制高点——古代汉语

一、古代汉语的重要地位

古代汉语是现代汉语的渊源，它就像一棵参天大树，根深蒂固，枝繁叶茂。中华民族上下五千年的历史、文化、科学都是由古代汉语记载下来的。我们说古代汉语地位重要，就是因为它承载着我们中华民族几千年的文化遗产。假如我们这些中华儿女都不懂古代汉语，说得直接一点就是都看不懂古文章，一见那些古代的线装书就头疼，怎么去吸收、继承呢？如果不去继承，那么几千年的历史、文化、科学知识不是就割断了吗？我们悠久、古老的文化，无论工业、农业、科学技术、文学历史都是我们的祖先创造的，这些创造是通过古代汉语中不同时期的古文记录保留下来的。不懂古文，怎么能去学习和传承我们祖先的创造发明呢？

说古代汉语重要，也是因为古代人才辈出，他们思想深刻，见解独特。春秋战国时期的诸子百家不就形成过百家争鸣的繁荣景象吗？正是古代汉语记载了这些大师级人物内心的思想感情和与众不同的见解，古代汉语中那些杰出人物留下的语言、优美的华章，千百年来像股股清泉流淌在中华儿女的血液里，如琼浆玉液滋润着中华儿女的心灵。它是清醒剂，使中华儿女头脑始终清醒，它是进军鼓，使中华儿女奋斗不止。有了它，中华大地之上的奇迹创造连续不断。

人们常说世界四大文明古国，就属中华古国国脉旺盛、长盛不衰。古埃及、古巴比伦、古印度或衰亡或衰弱，研究者寻根究底得出的结论竟是那样的奇特——古代汉语功不可没。我们将历史和传说结合在一起考量：传说中，仓颉造字惊动了天地鬼神，五谷像雨点一样从天降，从此，我们的历史得以记载，我们的文化得以流传，于是我们有了几千年的文明史。这一切不都得济于仓颉造字后形成的古汉语吗？古汉语的神奇就在于它有强大的民族凝聚力。有了它，华夏五十六个民族心心相印、血脉相连，同甘苦、共患难，共同撑起中华大地上这一方蓝天。

说古代汉语重要，还表现在学好了古文有助于现代汉语的学习。现实生活中我们发现，在文化、历史、科学等领域卓有成就的专家学者，他们都有很高的古汉语修养。

观望部分当代学子真让人羞惭，相当数量的人，竟然念着洋文，数典忘祖，现代汉语水平低得可怜，甚或有一些本科生、硕士研究生写出的论文，文理不通，错别字不断。一些自命不凡的高中生，现代汉语的阅读量少得可怜，读起文章来都磕磕巴巴，对四大文学名著一无所知。他们这种种苍白无力的表现，都在说明其现代汉语学得不好，对古代汉语的掌握更加肤浅。现时流行的中学生“三怕”中的怕古文就是最好的说明。这些令人震惊的现象正好告诉我们古汉语的重要性以及学好古汉语是当务之急。

二、古汉语速记不容易

现代速记人员很有必要把古汉语学好，因为这是胜任工作之必需。可是把古汉语学好不容易，速记古汉语更是不容易。这是由古汉语自身的特点决定的。古汉语内容丰富，包括文字、音韵、词汇、语法、修辞等方面。速记工作者的实践证明，要提高自身阅读古文的能力，只学某一方面是不行的，知识面应当广些。要在此基础上提高自己的速记能力，就更应该在这些方面钻得深些。

（一）文字

文字是古汉语的基层。相传它始自仓颉造字，甚或在这之前，但可以肯定地说，它不会是某个人一时间智慧的结晶。

在古代，文和字是有区别的。独体的不可分析的象形字和指事字叫做文；合体的可以分析的会意字和形声字叫做字。许慎的《说文解字》，秘书工作者不可不学。《康熙字典》收字较多，共收 47 021 个字。学习研究古汉语，这两部经典最当用。

文字方面还要了解六书，其中，象形、会意、指事、形声是造字用的；转注和假借是用字法。因为古代文字有限，为扩大词汇量，有人认为转注是造就同义的做法。

除了这些，还要懂得古今字、异体字、繁简字方面的知识。古今字是就时代的先后顺序而言的；异体字是就一个字有几种不同的结构而言的；繁简字是就同一字笔画的多少而言的。

（二）音韵

音韵方面的知识相当于令人利用现代汉语拼音给现代汉语的文字注音。由于年代久远，这方面的变化最大，当代研究者不可不察。

这方面要掌握的东西也很多，最主要的是要了解音韵的种类和标注。种类指的是中古语音、北方语音和上古语音；标注指的是反切法。还要了解古典文学的音韵知识，即押韵、平仄和双声叠韵。押韵是为了声音和谐美，它主要体现在诗词歌赋文体上；平仄是古汉语的声调的差别，直到齐梁时代的周颐、沈约才有意识地把它用到文学作品当中；声母相同的叫双声，韵相同的叫叠韵，讲究双声叠韵的目的在于增加音节上的美感。

（三）词汇

词汇方面要知道古汉语单音词占大多数、多音词比较少；古汉语的双音词约有四种，即联绵词、重言词、附音词、复合词。联绵词可分为双声、叠韵和其他三类；重言词是指两个相同音节的重叠；附音词是指附着词头、词尾的词；复合词是指由两个独音的单词结合而成的，不能分开，代表一个单纯的意义。

还要掌握词的本义、引申义、假借义、古今词义的差异。本义是指一个词的本来意义；引申义是指由本义发展、引申出来的意义；假借义是指从音近、音同的字假借而产生的意义；古今词义的差异是指随着时代变迁，意义在古今上有所差别。

另外，通假、训诂、词书方面的知识也属于词汇方面的内容。通假是古书上音同、音近的字互相通用和假借的现象；训诂是人们解释词义的方式，有形训、音训和义训三说。词书众多，都是帮助人们掌握词汇的工具书。

（四）语法

语法方面包括实词和虚词的用法、句法特点以及古书的句读。实词的用法中主要有使动用法、意动用法、为动用法、词类活用等；虚词的用法方面必须掌握常见的 17 个虚词（而、何、乎、乃、其、且、若、所、为、焉、也、以、于、与、则、者、之）的用法；句法特点有判断句、被动句、省略句、倒装句（其中包括谓语前置、宾语前置、定语后置、介词结构后置）；古书的句读中，句就是断句，读指念书停顿的地方。因为古书中没有标点符号，所以句读显得特别重要。

（五）修辞

修辞方面，要懂得修辞的历史、词的选择、句的选择以及修辞的方法。在加强语言表达效果的主旨上，古今汉语几乎是一致的。

这众多方面的内容无疑给古汉语速记带来了沉重的负担。其中古汉语虚词的速记最为困难，因为虚词数量多、使用频率高、语法功能强，且古今变化大，用法灵活多样，可以说它是古汉语学习的一大难点和重点，同时也是速记古汉语方面的难点和重点。

举例来说，“而”这个虚词，作连词时有以下多种用法：

（1）表示并列关系。

“蟹六跪而二螯”译为“螃蟹有六条腿又有两只钳子”，“而”可译为“又”或不译。

（2）表示递进关系。

“君子博学而日参省乎己”译为“有学识有品德的人广泛学习而且每天反省自己”，“而”可译为“而且”。

（3）表示承接关系。

“因释其来而守株”译为“趁机放下手中的农具然后守在树桩子旁边”，“而”可译为“然后”或不译。

（4）表示转折关系。

“不知彼而知己，一胜一负”译为“不了解对方却了解自己，会打一次胜仗打一次败仗”，“而”可译为“却”。

（5）表示修饰关系。

“吾尝终日而思矣”译为“我曾经整天地苦思冥想”，“而”可译为“地”。

（6）表示假设关系。

“而吾蛇尚存，则弛然而卧”译为“如果我的蛇还在，那么我就放松地躺在床上”，“而”可译为“如果”。

（7）表示因果关系。

“诸人徒见操书言水步八十万而各恐慑”译为“各位大臣只见到曹操的信上谈到水军步兵共有八十万人，因而各个恐惧害怕”，“而”可译为“因而”。

作代词用时，“而翁归，自与汝复算尔”译为“你的父亲回来，自然会同你算账的”，这里“而”通“尔”，可译为“你的”。

作音节助词时，“既而”、“俄而”译为“不一会”、“时间不长”，这里“而”可不译。

“而”在设计速记符号时不会复杂，符形一定简单。可在速记古汉语中涉及“而”这个音节的时候，恐怕每一个速记工作者都需要慎重考虑吧。“而”有这么多种语法表意效果，若非古文功底扎实者，是很难用得妥当的。

除此之外，速记古汉语还有一个人人都知道的困难。汉语速记是记音的，记音表义的途径是以记词为单位，词一旦处在语流的句子中就好翻译了。然而古汉语没有这种便利条件，谁都知道古汉语中单音词居多，基本上是一字一义，甚或一字多义。这也是很难免的，这完全与那些时代的古文字数量有限有关。速记这样的古文，一字一音地记下来虽然能够做到，但翻译时或自己念稿时就不那么容易了。毛主席曾在《中国革命战争的战略问题》一文中讲到“曹刿论战”这个故事，并且讲的是全文内容，一字不漏，如果当年是由速记员记录的，那肯定会出现力不从心的情景。如果是当代人速记《毛泽东选集》四卷本以作资料留世，照样会遇到这个问题。

综上所述，速记古汉语，无论是有关文化常识，或者是古汉语的实词、虚词、一个句子、一个片段，甚或是一篇文章，都会遇到难记、难认的问题。因此，从这点上说，我们把古汉语速记当作汉语速记的制高点是不为过的。

三、攻克制高点的一些尝试

谚语道：“决心成功的人，已经成功了一半。”俗语道：“人心坚，泰山搬，蚂蚁啃透太行山。”马克思也说过：“在科学的道路上是没有平坦大道可走的，只有那在崎岖小道上攀登而不畏劳苦的人，有希望达到光辉的顶点。”

任何一个成熟、称职的现代秘书工作者都要坚定自己攻克古汉语速记这个制高点的信心。根据一些成名的速记专家的实践，他们在这个制高点上的成功攀登经验可作为当代秘书工作者的一种尝试和借鉴。

（一）以专家名人为榜样，刻苦攻下古文关

明代大学者，《日知录》的作者顾炎武可以背诵有数十万言的十三经，并不是因为他是过目成诵的天才，诀窍之一就是“学而时习”。顾炎武每年都要用三个月的时间复习旧课，难怪他胸中藏书万卷。

唐代大诗人白居易“昼课赋，夜课书……以至于口舌成疮”。

唐宋八大家的韩愈日记数千百言，“口不绝吟于六艺之文，手不停披于百家之编”。

《蒿庵闲话》里讲到一个叫叶奕绳的人，“每读一书，遇所喜，即札录之。录讫，朗读十余篇，粘之壁间，每日必十余段”。

当代南怀瑾先生是一位在海内外享有盛誉的著名学者，他幼蒙庭训，少习诸子百家之学，成年后曾隐遁于峨眉山大坪寺，闭门三年，通读卷帙浩瀚的《大藏经》，抗战胜利后又先后归隐在杭州天竺山、江西庐山，潜心治学。他学贯中西，学识渊博，著作等身；讲解儒释道三教名典，拈提古今。

当代高考中有一个学生，高考作文《赤兔之死》竟然得了满分。当有人问他写出这篇文白参合的优秀之作的经验时，他说，光《三国演义》这部名著他就读了 40 多遍，有些章回他都能倒背如流。难怪他有这么出色的表现。

古今人物中在古汉语领域钻研深透而出类拔萃者比比皆是，他们深厚的古汉语修养令世人敬仰。当代秘书工作者都应该以他们为榜样，在探寻古汉语这块国之瑰宝的学习道路上“头悬梁，锥刺股”，何愁古汉语不精通，何叹古汉语速记有困难。有了扎实的古汉语基本功，在遇到有关这方面的速记工作时，仅凭丰厚的积淀也能听其音联及篇，速记省略即可矣。

(二) 平时有意制定一些古汉语知识方面的省略法则

凡事要做有心人，秘书工作者平时应早做准备，按照古汉语的特点，制定有关的略写法则和技巧。

针对古汉语中一些固定句式，可以创制一些标记性的略符，以示省略。

1. 表示疑问的句式。

(1)“奈何……”句式。

例：“未辞也，为之奈何”译为“没有向他告辞，怎么办呢”。

(2)“独……邪”句式。

例：“公子纵轻胜，弃之降秦，独不怜公子姊邪”译为“公子纵然轻视我赵胜，抛弃我投降秦国，难道不可怜你的姐姐吗”。

2. 表示反问的句式。

(1)“何……为”句式。

例：“如今人方为刀俎，我为鱼肉，何辞为”译为“像今天人家正好是刀和砧板，我们是鱼和肉，为什么还要告辞”。

(2)“如之何……”句式。

例：“君臣之义，如之何其废之”译为“国君和大臣之间的礼仪，怎么能够废除掉呢”。

3. 表示感叹的句式。

(1)“何其……也”句式。

例：“虽有君命，何其速也”译为“即使有国君的命令，怎么这么快呢”。

(2)“亦……哉”句式。

例：“且立石于其墓之门，以旌其所为，呜呼，亦盛矣哉”译为“并且在那坟墓的门前立下一块石碑，来表彰他们的行为，哎呀，也够盛大了啊”。

4. 表示揣度的句式。

(1)“无乃……乎”句式。

例：“师劳力竭，远主备之，无乃不可乎”译为“军队劳顿力量衰竭，远方的国君有了准备，这样做不是不可以吗”。

(2)“……庶几……欤”句式。

例：“君王庶几无疾病欤”译为“君主大概没有疾病吧”。

5. 表示选择的句式。常见的有“与其……孰若……”句式。

例：“与其坐而待亡，孰若起而拯之”译为“与其坐在那里等待灭亡，不如行动起来自己拯救自己”。

对一些文言虚词，可依不同情况酌情处置。

以“之”字为例，若是结构助词时，可在前字符的正中部点点处理；若是动词时，可独立成符；若是代词时，可和前字连写处理。

对虚词以外的文言实词，要尽可能地两两连写为宜。如：“石之铿然有声者，所在皆是也”，此句中就可把“铿然”、“有声”、“所在”、“皆是”连写，尽管有的不是实词。

对那些人名、地名、官职名等都可以做特殊处理。

此外，最关键的还是要具备极高的速记速度，能把分速提高到200字以上，做到有音必录，一音不丢，加之深厚的古汉语功底，那就不会惧怕速记古汉语的文章了。

第五节　汉语速记的助推器——善于学习

一、学习的重要性

曾有人把学习汉语速记的成功之道归结为：练习、练习，再练习。这的确是不错的。这对速记符号的准确运用、飞速记录不使符号变形，意义十分重大。没有这种不厌其烦地对一个简单的速符千百遍甚至上万遍的反复练习，要想达到音出符随、一读即出、绝对准确的地步，那是相当困难的。学习速记的人都有这种深刻的体会，那就是对于自己写出的速记符号认不出来，有时候简直是抓耳挠腮，一筹莫展。为了避免此种情况的出现，提出“练习说”是绝对没错的。

这种练习实际上也是一种学习的过程。从更实在的意义上来说，学习更是一种深层次的练习，这里我们很有必要强调学习对每一个现代秘书工作者的重要性。现代秘书工作者所掌握的知识面应是很宽广的，因为这是时代的需要，这是客观现实的要求。当代科学技术日新月异，当代文化日益昌盛，当代领导干部的文化水准更是居高不下。你作为一个合格的秘书工作者又该具备什么样的文化水平呢？不言而喻是高之又高吧！这个标准的确立就意味着现代秘书工作者应当在对待自己学习的问题上做到全力以赴、目标高远、刻苦认真，努力使自己达到伟人的高度。

马克思的女婿保尔·拉法格曾有过精彩的论述，这里抄录如下：

> 马克思的头脑是用数量多到令人不能相信的历史科学知识以及哲学理论武装着的。而且他又是如此惊人地善于利用他长期智力劳作所积累起来的一切知识与观察。他的头脑就像一艘停泊在军港里的升火待发的战舰——准备一有通知，就开进任何思想的海洋里去。

这是何等的才能，这是多么伟大的学识。矗立在我们面前的这块丰碑可以说是出类拔萃，空前绝好。面对这块丰碑，我们应该悟出学习的真谛。马克思的伟大是学习的结晶，一个真正的秘书工作者应该时刻以马克思这面镜子来检视自己，从中汲取力量，把学习“人类创造的一切知识”当作自己终身不懈的追求。

二、善于学习

一个现代秘书工作者，尤其是在速记技能提高方面要善于学习，处处时时做一个有心人。

速记工作者记录的内容涉及方方面面。对各学科的专业术语，应能够时时留心，因为处处是学问。像留心各学科的新动态一样留心各学科中的专有符号和专有名词，一定会使速记工作者受益匪浅。

数学上常用的符号如下所示：

$>$、$<$、$=$、$\neq$、$+$、$-$、$\times$、$\div$、$\geqslant$、$\leqslant$

化学上常用的符号如下所示：

氯——Cl　铜——Cu　钠——Na　钾——K　镁——Mg
氢——H　氧——O　碳——C　锰——Mn　水——H_2O
二氧化硅——SiO_2　二氧化钛——TiO_2

在测地学及地图学上，也会用符号来标志森林、湖泊。
在电学里常用交流电（～）及直流电（＝）符号。
在速记记录里大家熟知的意略符无处不在，最典型的数字略法举例如下：

五年计划	5	五一国际劳动节	5・1
五四青年节	5・4	“十一”国庆节	10・1
二万五千里长征	25	十一届三中全会	11・3

以上所举的例子中，有关学科领域中所用到的这些标志性的符号是每一个速记工作者必须在学习实践中大量掌握并准确运用的内容。

思考与练习

1. 汉语速记工作者需要掌握哪些现代汉语知识？
2. 最常见的语病有哪几种？
3. 怎样才能成为一个优秀的速记工作者？

速记方法篇

汉字速记法

◇ 学，要像一支钻头，去开拓知识的深井。
问，要像一把钥匙，去启开疑团的大门。

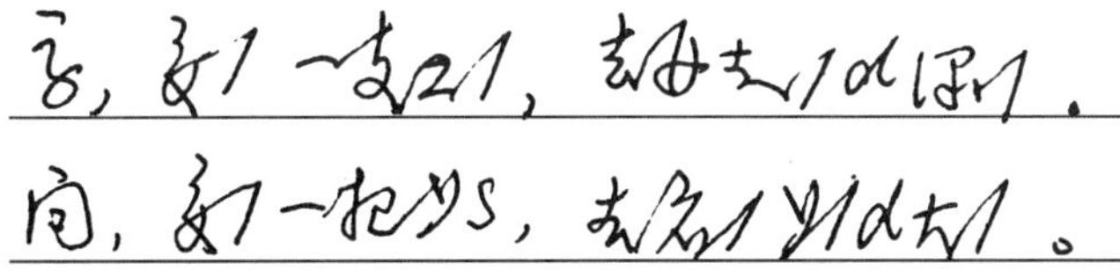

汉字速记法，是利用草书法和各种符合语言规律的略写方法来快速记录汉语的一门实用技术。

汉字速记法的基本原理主要表现为：汉字速记法是采用汉字草书的快写法；汉字速记法是对汉语中的字、词、句、段合理精简和缩略的快写法；汉字速记法是灵活应用借代的快写法。

汉字速记法，是在熟练掌握汉字的基础上提高书写速度，具有笔画简洁、表意性强、一看就懂、一学就会、即学即用的特点。其整体效应不亚于其他速记方法。

第一章

汉字的快速书写法

汉字的快速书写法，主要包括三个方面：一是要熟悉快速书写的执笔和运笔方法，掌握快速书写技巧；二是要认识草书即行草字、草字的字形规律，掌握它们的间架结构；三是要掌握各种有规则的书写省略方法。

第一节　掌握正确的笔法

掌握正确的执笔和运笔方法是写好行草字、草字的基础。只有在实际的练写过程中，正确地掌握笔法，才可能提高汉字的书写速度。

一、掌握正确的执笔方法

正确的执笔方法便于灵活运笔，而灵活运笔则是表现各种字形的必要条件。所以，开始就应该养成良好的执笔习惯，才能提高书写速度。写行草字的执笔方法是：中指第一节、食指和拇指的指尖从里外三个方面捏在笔杆上，食指最好稍微在前，以便从上方下压，大拇指稍微在后。笔杆夹在拇指和食指中间，中指在内侧抵住笔杆。无名指和小指依次在下贴住中指，起扶助作用。注意不可将小指握在掌心，或将笔杆夹在中指和食指之间，这是常犯的执笔毛病。握笔的位置在笔杆下端近笔尖处，但要有少许距离，过低则运笔滞缓，过高则不易掌握。写行草字的握笔位置可稍稍略高于正常的握笔位置，以感到力量平衡，运笔以轻而活为宜。

有了正确的执笔方法（见图 2—1—1）做基础，运笔便能体会到书写动作要领和正确的书写习惯。

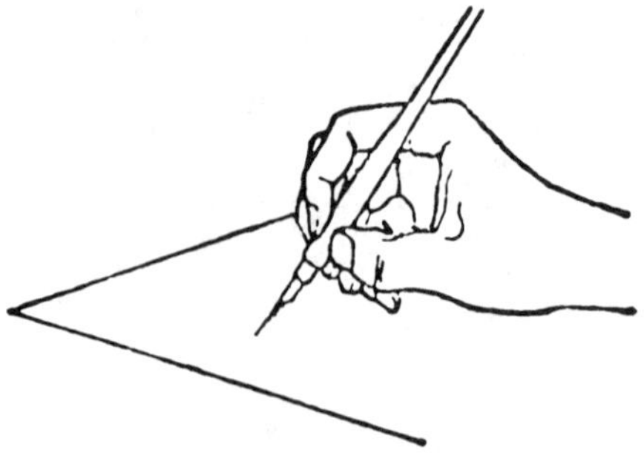

图 2—1—1　正确的执笔方法

二、掌握正确的运笔方法

写行草字时要做到无一死笔，无一僵画，字字圆活而以全篇飞动，这主要靠运笔有法。所谓运笔，就是非常熟练地在纸面上掌握运动着的笔尖的方向、轻重和速度。快速书写时，运笔过程中的起笔不能“按”（也就是“顿”），要快起笔；行笔不能“慢”，笔画要“细”而“急”；收笔不能“提”，要向右倾斜，以便于连写。

钢笔字的运笔主要靠手指和手腕的结合，即“执笔在指，运笔在腕”。假如我们的手腕不能和手指配合一致，单靠手指来活动，那是写不快汉字的。但要注意，钢笔的运笔一般不用悬腕。

汉字是由点画组成的，笔画繁多，结构复杂，不容易书写。要能正确而熟练地将点画写得轻快，富有弹性，有起有伏，必须练习运笔方法，掌握动作要领。运笔的各种基本动作可归纳为以下几种：以手腕为中心，手指部上下、左右和前后的运动；拇指、食指和中指的屈伸运动；手指的弧线运动，有顺逆两个方向；上臂细微平移或转动。

各种形状的行草字的笔画均由以上四种动作联合运笔而形成。运笔动作有轻重、快慢和刚柔之分。写行草字若没有轻重、快慢和刚柔之分，便成为一堆平滑的线条，辨认起来很困难。凡在尖锐笔锋处，运笔要快而刚，甚至呈爆发势。凡平滑的笔画，一般运笔要稍慢而柔，要有一定的节奏。虽然写行草字要求轻一些，但也有轻重之分，相对要有一定的力度。

我们分析各种基本动作是学习运笔方法的基础，所以，基本笔画的书写关键在运笔方法，而运笔方法的关键在基本动作。这是很重要但却常被忽视的道理。

在实际的书写过程中，执笔和运笔是同时进行的，只有把执笔和运笔配合好，才可能提高书写速度。

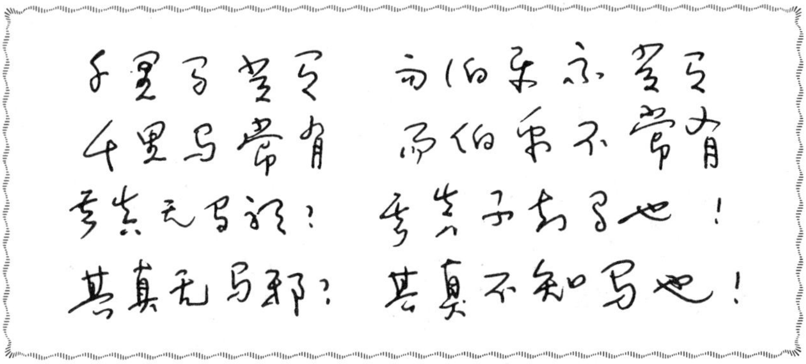

三、执笔与运笔的关系

行草字在写法上十分灵活，几乎是一字一笔，即所谓“一笔书”。有的字看上去笔画虽有中断，但也是笔断意连。练习“一笔书”，要做到“下笔要轻，运笔要快”。“执笔要紧而不死”，这是“轻”，“运笔要活而不浮”这是“快”。下笔轻重和执笔是否正确，关系密切。一般来说：写的字越小，笔杆和纸面的距离角度越大；相反，写的字越大，笔杆和纸面的距离角度越小。角度大，手腕容易发僵，下笔较重，笔杆运转不灵；角度小，不易掌握笔势，运笔发滑，写不好字。所以说，正确的执笔方法是笔杆和纸面的角度在40°～50°之间。如果执笔方法不对，要早纠正，及时地按正确的执笔方法练习写字，写过一个阶段就习惯了。唯有执笔正确，下笔才会快，书写速度才能提高。

因此，观摩、体察一下人家在书写时的姿势、动作，怎样运指、运腕、运肘和运臂以引起用笔的各种动态，将是有益的。我们掌握了正确的笔法，下一步便可进行练习写字了。在练写行草字、草字前，应当选好字帖，可以帮助我们正确地掌握行草字和草字的写法。以帖为师，反复练习，方能达到快速书写的目的。

第二节　选好字帖

一、选帖

学习行草字的写法，当然有老师的指导为好。若无老师指导，自己也能学好行草字的写法。这就需要选好行草字帖，进行反复临写。选择行草字帖的基本原则是：以书写速度快、容易辨认为根本，在实用的基础上进而要求美观。当然，选帖也要因人而异，要根据个人的基础、笔性和喜好，还要听取有识者的意见，再权衡抉择。

我们现在一般使用的书写工具都是钢笔、圆珠笔、铅笔等硬笔，其中钢笔的运用比较普遍。由于钢笔书写流利，便于携带保管，而且节省时间，经久耐用，一般人容易掌握其书写方法。所以学写钢笔行草字实用性较强。在学习钢笔行草字时，最好是临摹钢笔行草字帖，如果一时找不到理想的钢笔行草字帖，临摹毛笔行草字帖效果也较好。毛笔行草字帖种类多，风格多样，便于选择使用。

当选好一幅字帖后，便须认真地分析字形规律，掌握行草字的间架结构和特点。

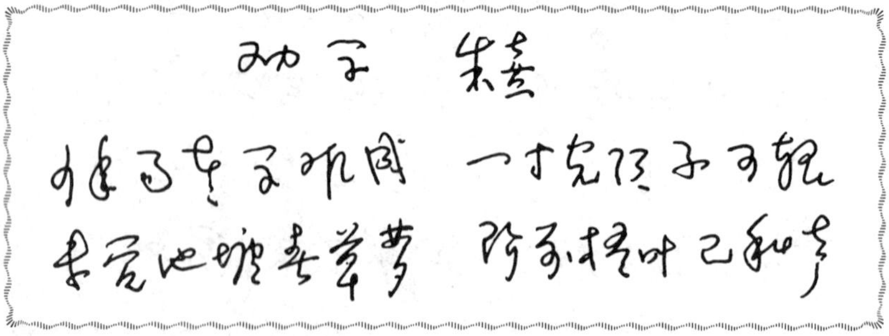

二、识字

我们在最初学习写字时，要先识字。同样，我们学习行草字的写法时，也要先认识字形规律。能够正确地认识字形规律，掌握间架结构及字形特点，则是写好行草字的关键。书法家王羲之说过：“凡书之时，贵乎沉静，令意在笔前，笔居心后。未作之始，结思成矣……”下工夫学习间架结构，掌握形象特点，以期能记住字形，这样才能在下笔之前已使字形跃然纸上。

但应当注意的是，在学习书写技巧和认识字形规律时，必须认真分析和研究其特点。只注意埋头练习，不注意分析，其结果将事倍功半，进步很慢。比如，有些人只注重字形练习，不注意分析字形、笔画和笔顺，而一味苦练，始终知其然，不知其所以然。这样，尽管刻苦练习，却收效甚微，应当引以为戒。刻苦练习固然重要，而刻苦钻研更为重要。不细心观察，掌握不了笔画的形象；不认真分析，掌握不了运笔方法；不仔细推敲，掌握不了间架结构规则。因此，也不可能提高书写速度。

那么，怎样才能正确地认识字形规律，掌握正确的临写方法呢？请看下面的临写须知以及练字的步骤和方法。

三、临写须知

1. 临写时要尽量把帖中的字写准、写像。不能只按照自己的习惯去抄帖，必须客观地按照行草字的字形规范改造自己原有的写法，真正以帖为师，去己之弊，吸其所长。

2. 临写时要三到，即眼到、手到、心到。不能只是动手，要眼手脑并用。临帖之前，必须读帖，通过仔细的分析和观察，领会其书写特点。运用自己现有知识，去认识运笔的方法，不能写一笔、看一笔地“砌字”，要掌握整体字形。

3. 初学临写要“各个击破”，不能囫囵吞枣地顺文直抄。要难者多临，易者少临。直到写得较快后，方能再继续临写下一个字。

4. 不论是初学者，还是有一定基础的人，都应循序渐进，逐步提高，不然欲速则不达。很显然，基本笔画还写不好，手不从心，笔不随意，何以谈快速书写呢？

5. 在学习中要有持之以恒和一丝不苟的精神。最好每天抽一点时间学习写字，每次不一定时间长，贵在坚持。在成绩中总是凝聚着锲而不舍的精神，那种一蹴而就的侥幸心理是要不得的。

总之，只要方法正确，就可以在较短的时间内掌握行草字的快写法，多日即可初见成效。

第三节　练字的步骤和方法

做任何一件事情都要有个顺序和层次之分，练习写字也同样有个步骤问题。这样在练习中，才会达到事半功倍的效果。

一、练字的步骤

练习行草字的步骤可分为三个学习阶段：第一阶段学习基本笔画，第二阶段学习偏旁部首，第三阶段学习间架结构。在第一阶段中主要学习书写技巧，即所谓的笔法。其中包括执笔与运笔，以及指、腕、肘、臂的动作要领和身体的姿势。在第二、三阶段中主要学习间架结构，认识字形规律，掌握形象特点。这三个阶段不能截然分开，在学习快速书写技巧时必须密切结合笔画的形象和运笔的方法；在学习间架结构的过程中也是在练习书写技巧。但是总要有一个基本程序，这样便于循序渐进，逐步提高。

二、练字的方法

练字的总原则可以用“掌握字法，勤学精进”八个字来概括。下面是临写的具体方法：

1．摹帖。就是描摹和描影，描影也称仿影。这就是把字帖放在透明纸下，一个字一个字地透描。摹帖最忌不加分析地描描画画，应分析运笔方法、笔画位置安排的要领。

2．临帖。就是照着字帖学写字。先要“对临”，就是照着帖上的各种笔画，一个笔画一个笔画、翻来覆去地临写，写熟为止。点画写好了，就为写好整个字打下了基础。

全字临写，就是照着帖上的字，整个临写。先要把帖上的字观察好，牢记于心，然后再写，力求写熟、写快，切忌看一画，写一画。临熟一部分字，就要默写这一部分字，这叫背临。“对临”是“背临”的基础。通过“背临”可熟悉行草字的写法。

3．读帖。即边读行草字帖，边反复地揣摩行草字的结体方法、运笔特点、章法布局，以求写快行草字。

4．空临。就是不用钢笔而用手指或其他工具作模拟练写，可在桌子上、腿上、地上空临，边读帖、边思索，时间久了，自然能体会到行草字的快写方法。

在练习时，可先描写，再临摹，后默写。也可不描写，只临摹和默写。学习者可根据自己的情况灵活掌握，目的是力求书写得更快些。

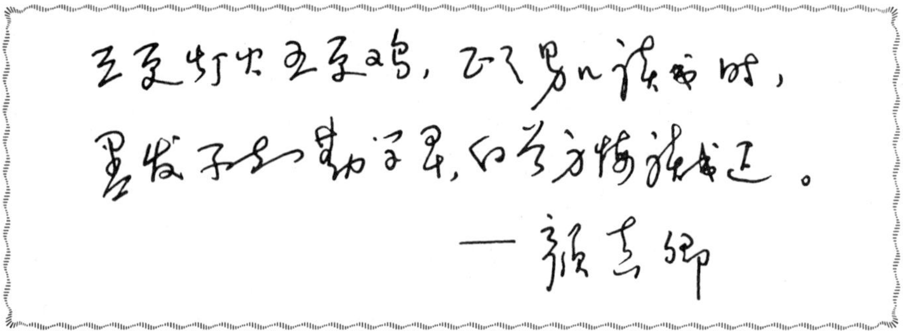

第四节　行草字的写法

一、行草字体

我们在介绍行草字之前，首先介绍一下行书体。行书的发展始于楷书出现之后，晋代已经流行，是简化楷书笔画，兼采草书连绵笔法，是介于草、楷之间的一种字体。写得稍微规矩一些、接近楷书的叫做“行楷”；写得放纵一些、接近草书的叫做“行草”。行草介于行书和草书之间，它们都是正楷的简快写法，只是简快程度不同。草书笔画简，写得快，不容易辨认；而行书笔画接近楷书，写得不够快。行草不繁不简，是在容易认别的基础上快速记录汉语的一种实用文体。在快速书写时可采用以下两种行草字：

1. 介于行书与草书之间的行草。

例如：

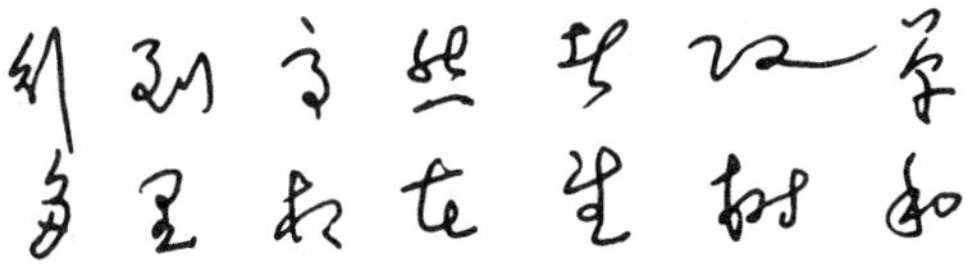

2. 与行书写法相近的草书。

例如：

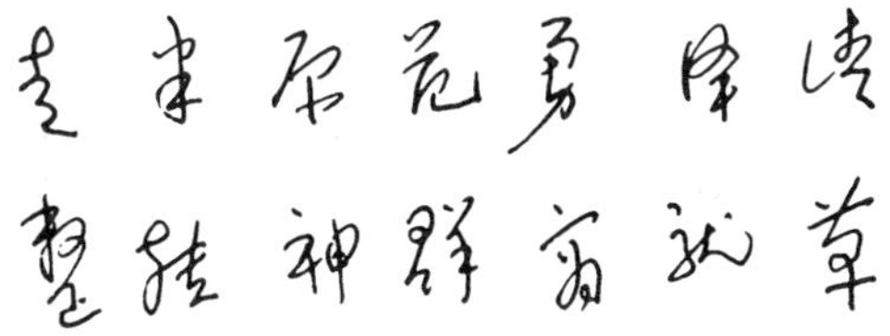

二、行草字的写法

笔画繁多的字，其基本部分一般变得简单。

例如：

有些字体的某一“零件”被省掉，有的是内部简省，只保留一个字的外廓。

例如：

有些行草字的点的作用比行楷大。

例如：

这些字是用点来代替其他点画，起着简快作用。

1. 基本部分拼写。

行草字的基本部分写法，可以代表好多行草字的基本写法，要把这些基本部分练写好。在熟悉基本部分写法之后，再互相拼合，就可以举一反三，灵活运用，提高行草字的书写速度。

例如：

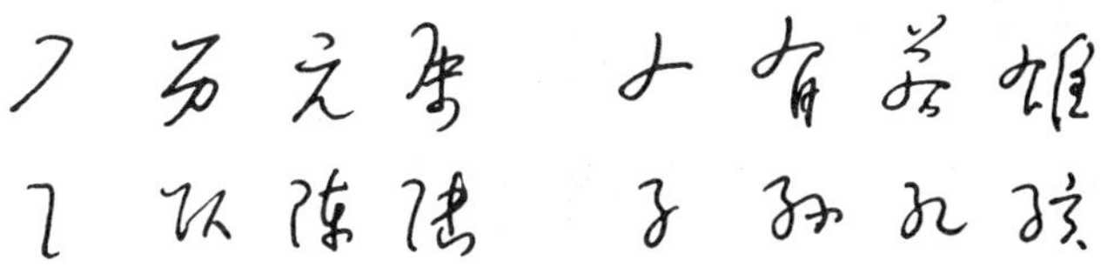

羊 养详翔　禾 和利料

王 全玫刚　可 河哥苛

车 轧转轮轻输轨轰载

讠 识说评　辶 远道迫

比 毕批昆　孚 译学择

钅 铁钞锢　扌 拟报拣

旦 诞担昼　忄 忆慎快

扌 拟把报拆括推扫技

身躬谢　条逢锋　其基箕

身躬谢　条逢锋　其基箕

官管馆　单弹阐　林麻梦

官管馆　单弹阐　林麻梦

者诸著　雨雪漏　明盟萌

者诸著　雨雪漏　明盟萌

奄淹掩　居据剧　奉捧俸

奄淹掩　居据剧　奉捧俸

角解确　果课桌　且组县

角解确　果课桌　且组县

青清静　平评苹　甚堪斟

仑论较　示标奈　非匪罪

世泄蝶　佳集难　辟僻譬

共爽业　伟围翔　贫颁扮

延道追　特栖物　室致倒

何同再　掌承拜　亭变迹

求球裘　更硬粳　离篱禽

原源冤　羊美群　尊遵樽

章障彰　出础屈　谷俗容

直真颠　言信誉　寺待等

今草

不 别 出 成 尺 设 单 定 得

而 非 府 奉 躬 冠 高 寒 将

君 景 节 谨 既 青 空 流 令

临 列 陆 律 良 满 南 纳 民

能 乡 辱 如 深 慎 事 使 神

首 身 水 说 树 谈 天 问 外

往 武 忘 贤 息 效 夏 相 新

幸 与 益 亦 疑 有 欲 意 右

雨 约 骑 章 营 初 忠 正 知

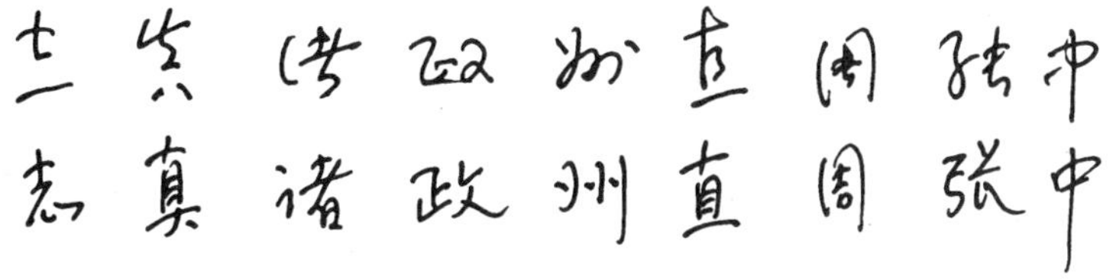

2. 独体字行草体。

独体字是合体字的组成部分。我们不妨把这些独体字进行分解练习，这样便于更快地掌握行草字。有些汉字的笔画结合得很紧密，浑然一体，不可分割。如“日”字，其本身只有一个结构单位，不能把它拆开为“口”和“一”两部分。这种字属于独体结构，叫做独体字。如：人、木、山、火、上、下、月等都属于这一类。这类字的笔画都很简单，写行草字不难，容易掌握。

下面是常用的独体字行草体：

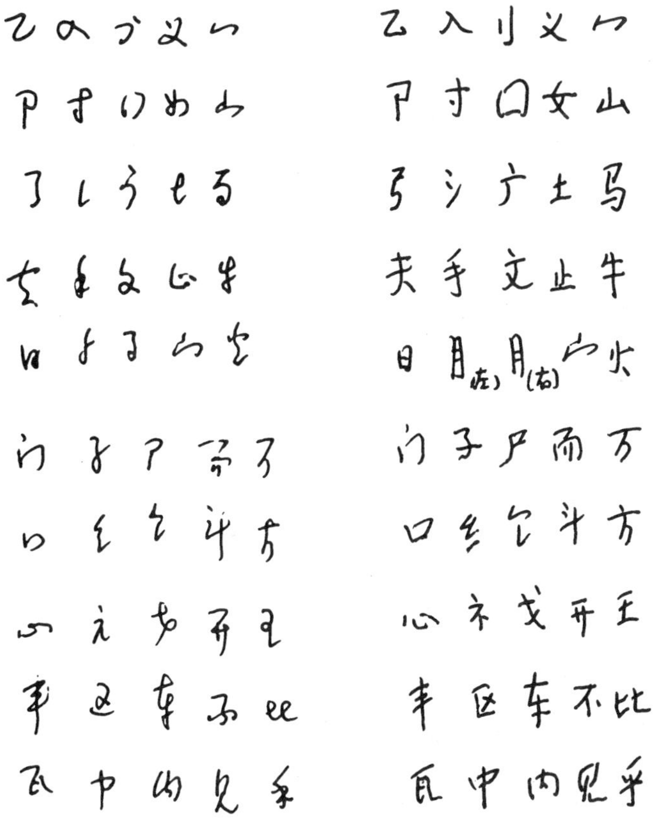

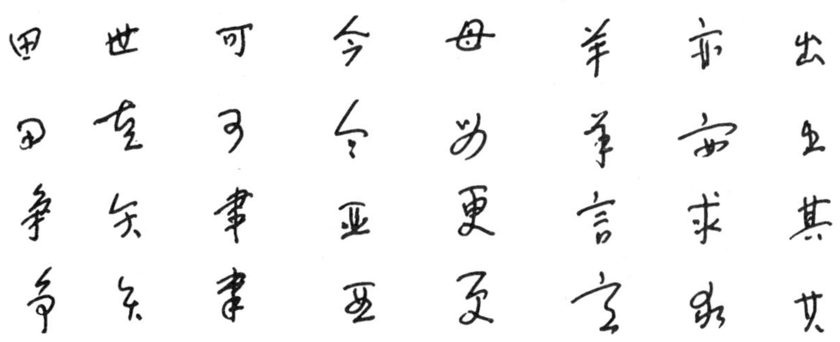

3．合体字行草体。

大多数的汉字包括两个或两个以上的结构单位。如“玻”字，是“王”和“皮”字组合而成的。明、社、陈、花、符、家、部、谢等字都属于合体结构的字，也叫做合体字。练好合体字的行草偏旁、部首及其他部位，就能快速写行草字。

下面是合体字行草的分解举例：

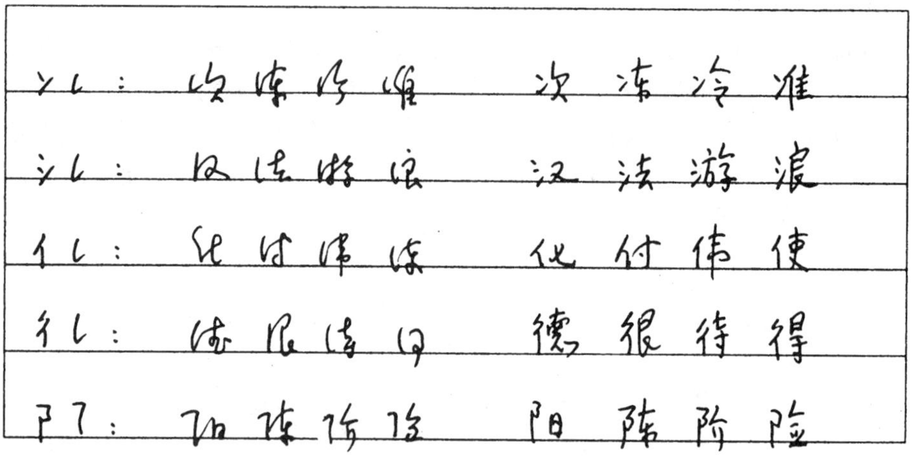

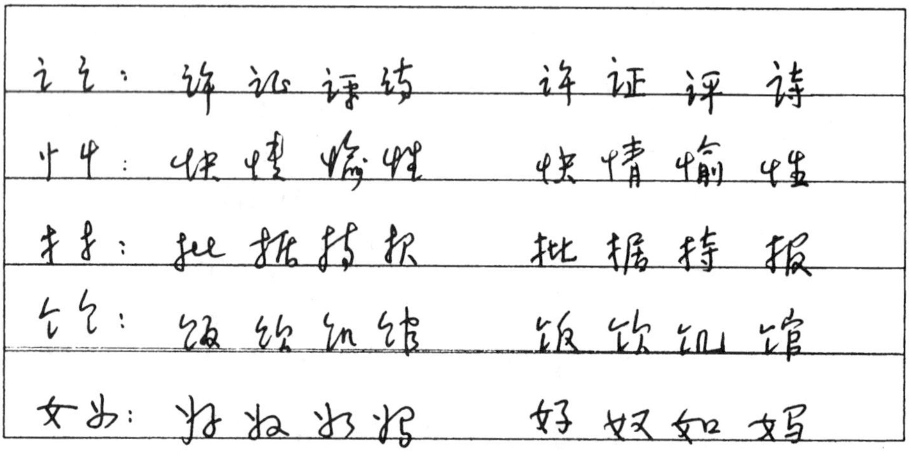

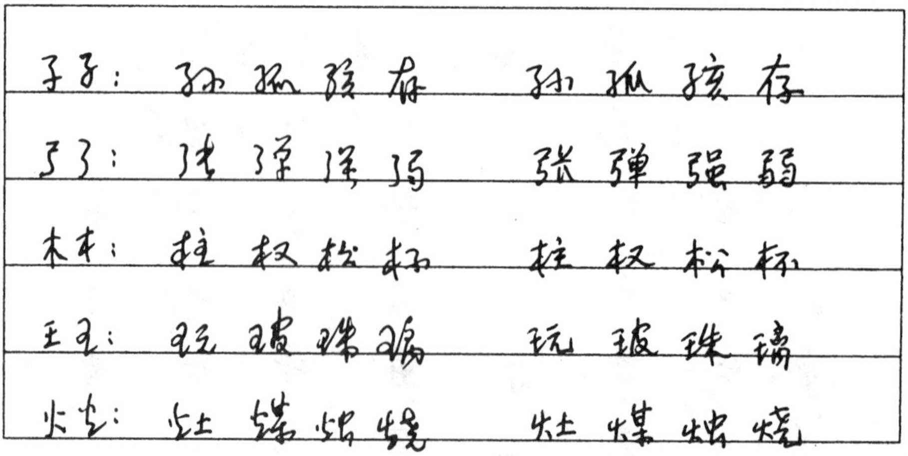

4. 相似的行草字。

行草字在写法上，有许多字的笔画和结构差不多。在书写时应注意它们相似部分的区分，这样就能在快速书写的同时避免出现错误。

例如：

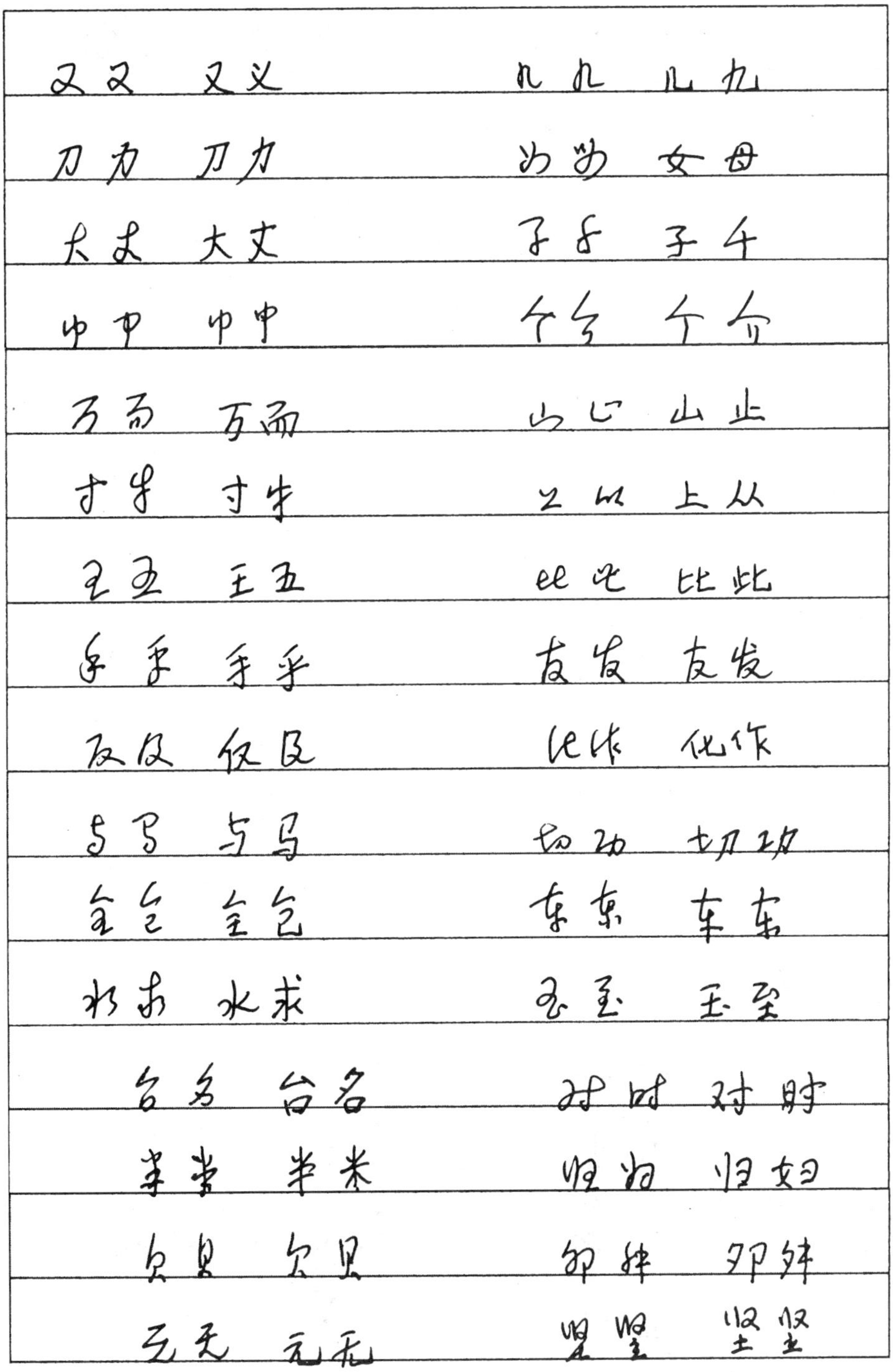

包龟 包龟	坐望 坐望
壮北 壮北	毕华 毕华
外处 外处	朵杂 朵杂
在吏 在吏	客容 客容
充竞 充竞	旦且 旦且
向闪 向闪	吓虾 吓虾
合会 合会	能解 能解
各如 各如	交亥 交亥
亚並 亚並	庄压 庄压
改政 改政	斩新 斩新
近追 近追	隶录 隶录
其甚 其甚	偶福 偶福
现规 现规	历厉 历厉
特转 特转	不石 不石
先尧 先尧	聿牵 聿牵
安每 安每	原康 原康
雨两 雨两	速建 速建

第五节 运用草字

运用草书也是汉字快速书写方法之一。草书是为了书写便捷而产生的一种字体。

一、草书

草书有三种：章草、今草和狂草。章草是从隶书演变出来的，它点画省略，变方形为圆形，有一定的笔画和笔法，笔势仍有隶书气息，现存的章草作品有《急就章》等。今草是从楷书演变而来的，它笔画连绵，比章草简约，上下牵连，体势一笔而成，往往一笔连写数字，是快速书写的一种实用方法。晋唐时期所写的草体都属于今草，著名的草书字帖有《十七贴》、《书谱》等。狂草又名大草，是在今草的基础上任意增减笔画、伸缩连写变化而成的。与今草相比，狂草更加狂放奔纵，一般不容易识别。所以，现在章草和狂草已经很少有人使用，一般使用较多的为今草。

正、行、草三体字例如下所示：

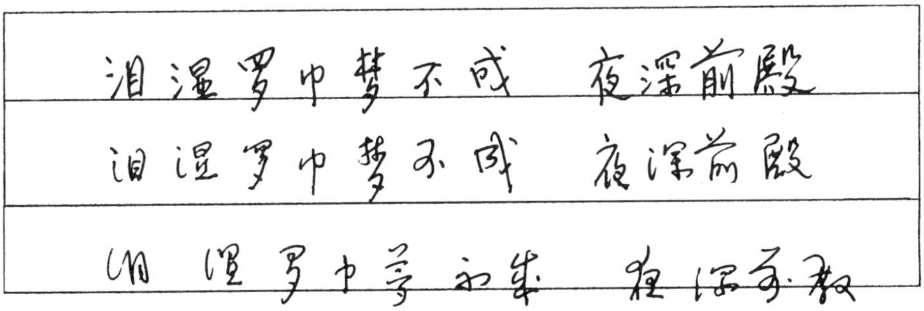

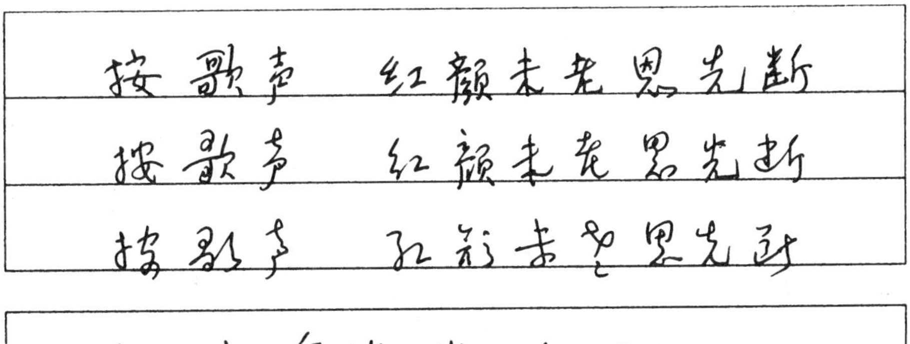

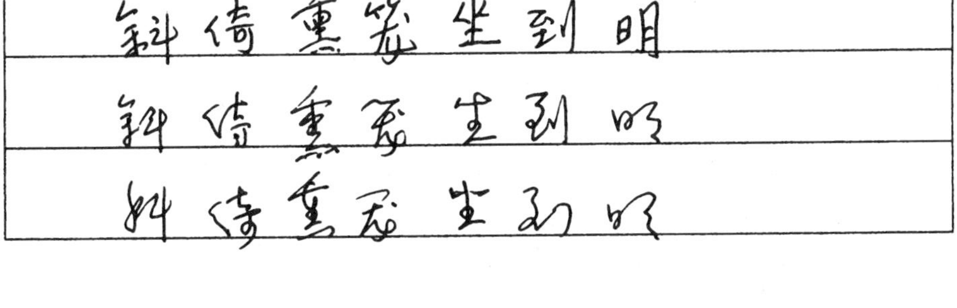

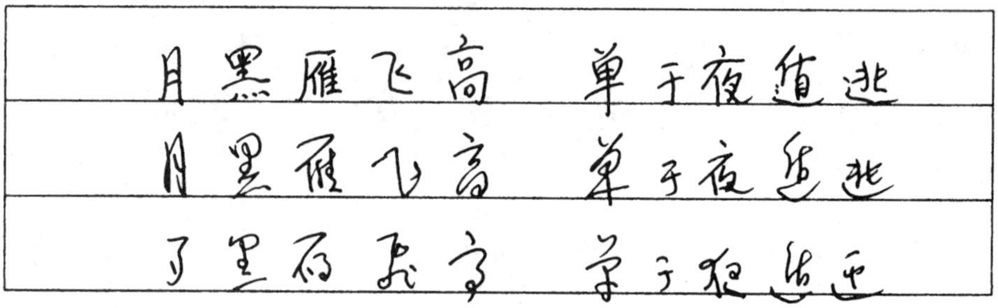

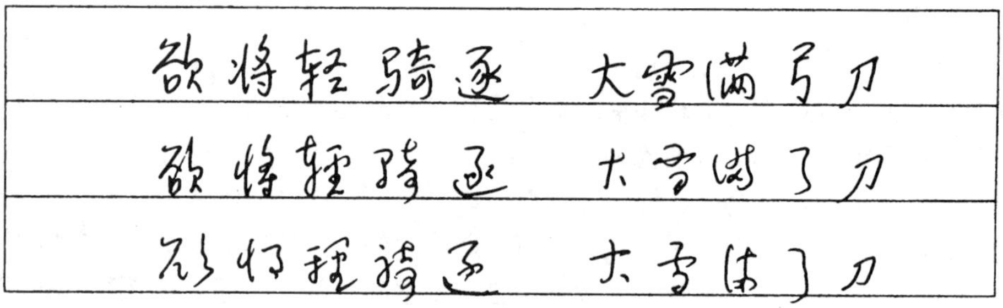

我们从以上草书的笔画结构可以看出，草书比行草更简略、写得更快。从草书中找出一些常用的和容易辨认的标准草字与行草字进行组合练习，能进一步提高书写速度。

二、草字的特点

草字的进步性，主要表现在简化正楷笔画和笔势连贯上。草字对汉字形体的简化具有很大的促进作用。它的主要特点有以下几方面。

1. 笔画简。可以把复杂的笔画缩减为三两笔，还可以把长笔画缩减为短笔画。

例如：

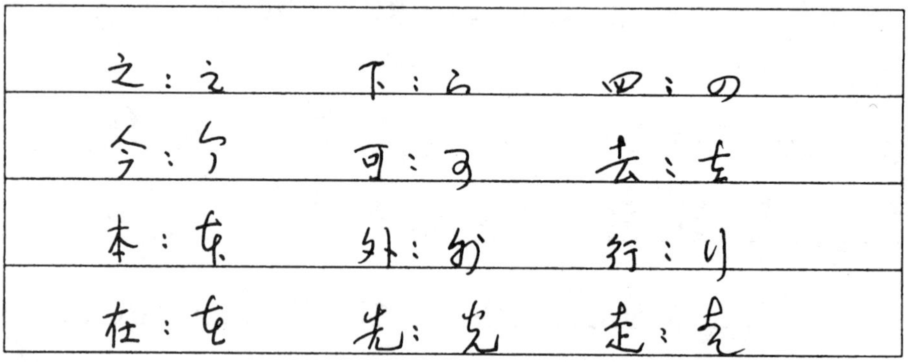

2. 方变圆。汉字是一种方块字，为提高书写速度，可将方角圆化。

例如：

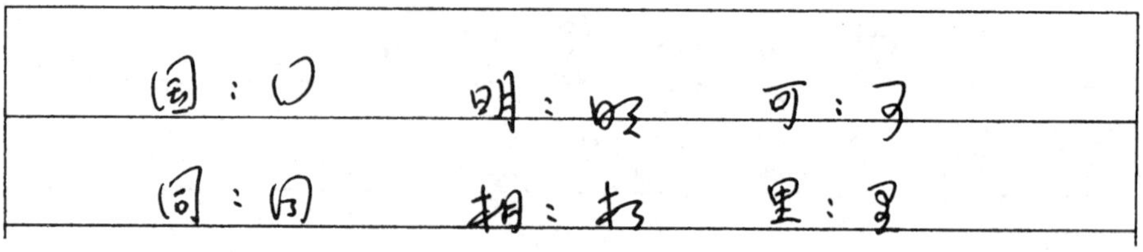

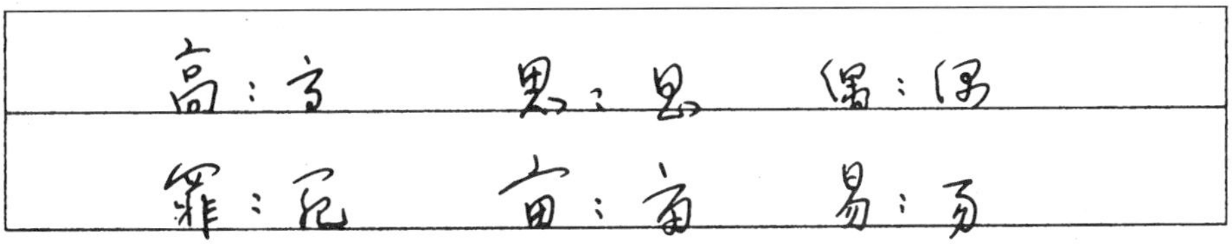

3. 并偏旁。在草书中可以将楷书的偏旁归类合并，使之用一笔代替。

例如：

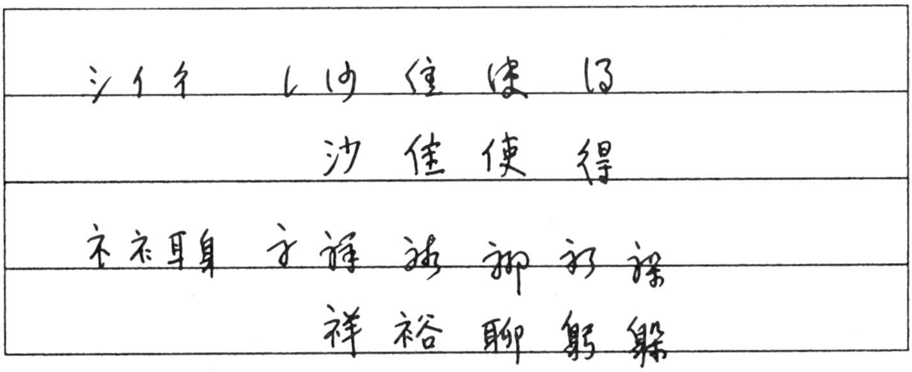

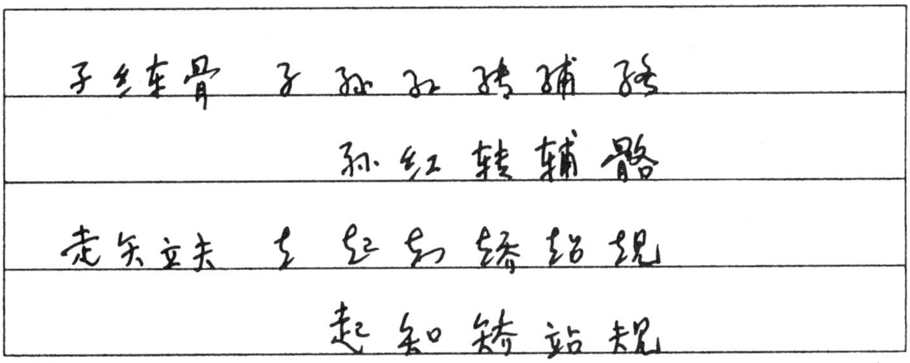

4. 快相连。笔画之间、局部之间，甚至字与字之间，都可以连绵运笔，形成相连的笔势。连笔书写也称作“一笔书”。

例如：

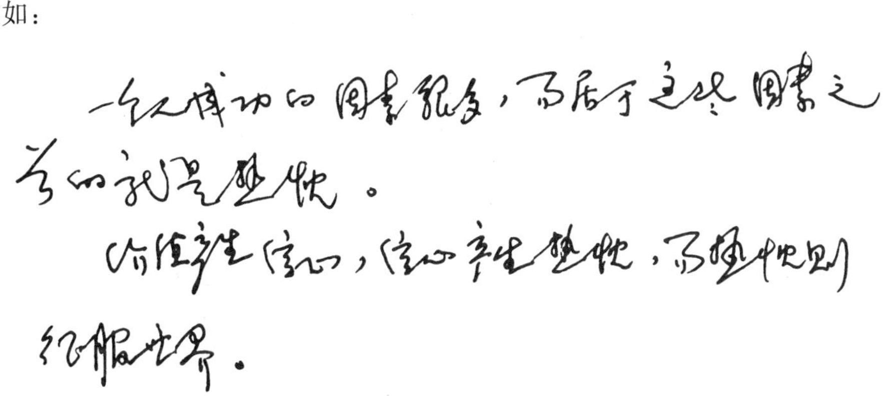

从以上四个特点可以看出：草书的书写速度比一般简化字的书写速度要快。草书写法，变化较大，有些草字可能有几种不同的写法。在练习中，我们可以进行比较并采用。

应当注意的是，草字虽然有许多偏旁部首可以合并，但不能全都由此类推，否则是会影响认读的。我们利用草书，主要的目的是利用它的缩减、圆化、连笔的特点。

三、草字的写法

草字，不能认为是随便、潦草地写出的。草化的方法一般是缩减笔画，并借偏旁和点画连接来形成草书的笔势。草书比行书笔画省略多、连笔多，甚至变了形。

例如，“行”字快写时的变化有：

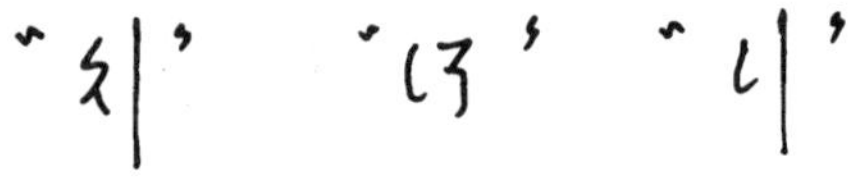

草书是简化正楷的写法，虽字形变了，可是笔顺和笔势与楷书基本上是一致的。所以学写草书，也可以先学好偏旁部首这些基本部分，再进行组合练习。有些草字变化较大、易混同的部分，一定要仔细加以注意和区别。

例如：

草书的结构比较复杂，主要是易写难辨，过去有“行书如行，草书如奔”的说法。行书看上去点画结构较为规矩；草书点画连绵，不容易辨认、识别。所以在初学草书阶段，应力求点画较为平正，并以容易辨认为目的。

1. 基本笔画的写法。

（1）点：点与其他点画接连，或断而若连。

例如：

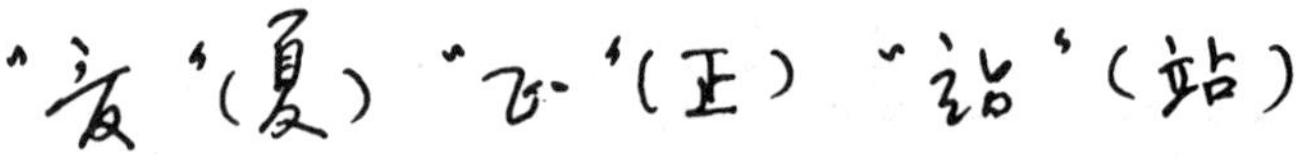

（2）横：草书有“有直无横”之说，就是横画很少单独使用，多与其他笔画相连，或变了形。

例如：

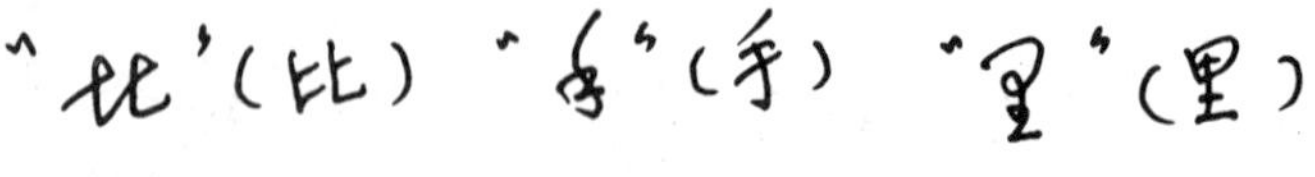

（3）竖：竖画收笔时常左右钩或挑。

例如：

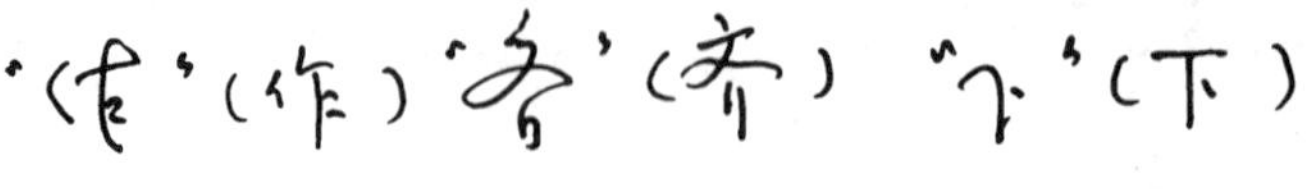

（4）撇、捺：草书撇、捺多与其他笔画相连，行笔迅速，捺的形状像点。

例如：

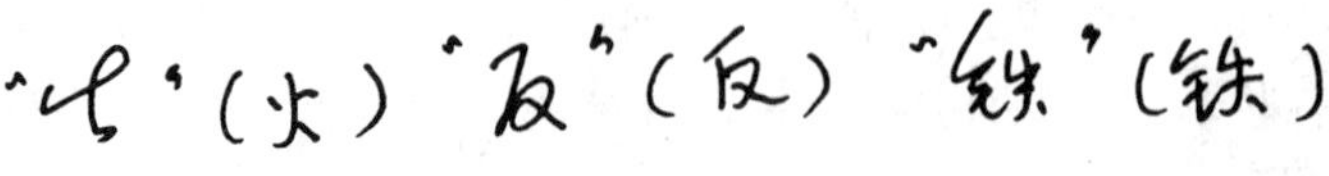

（5）挑、钩：挑和钩附在竖画的向左或向右，附在横画的向上或向下。

例如：

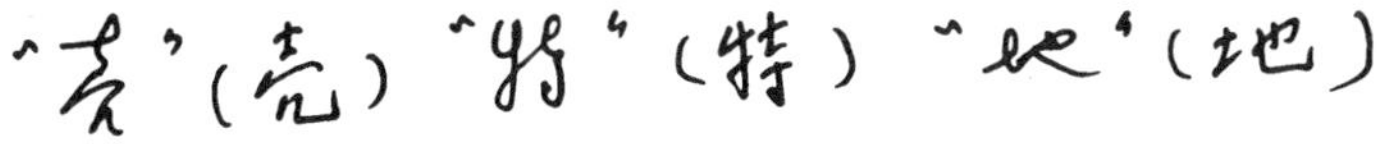

熟悉以上这些笔画之后，还要练习曲线，因为草书曲线的形状原来是千变万化的，加上改为横写和快写，更需要熟悉线的性能。这里将常用的曲线分成单曲线、复曲线和环曲线三类。单曲线是一折的曲线；复曲线是由单曲线连接而成的；环曲线是由圆环组成的。

例如：

单曲线：

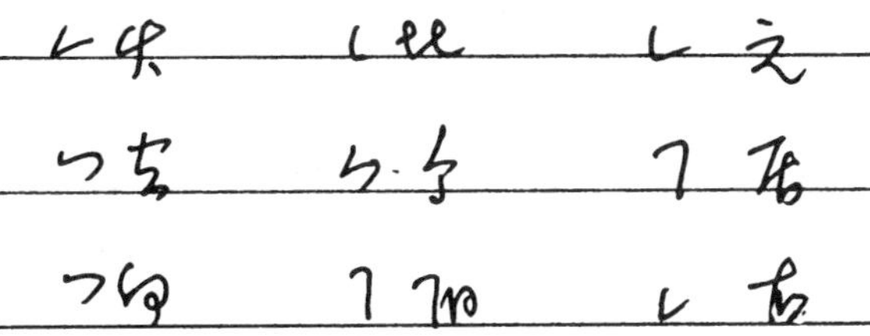

复曲线：

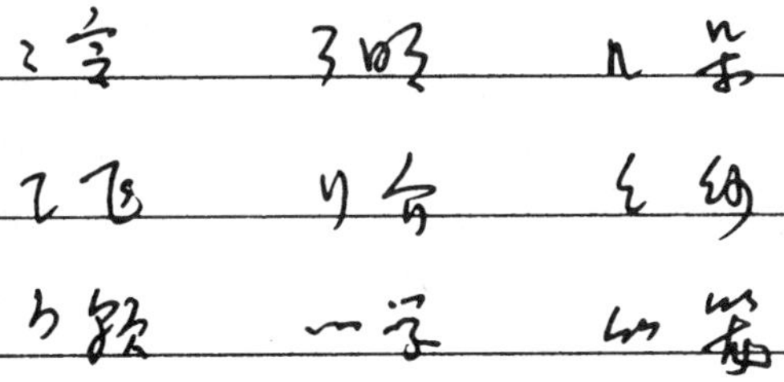

环曲线：

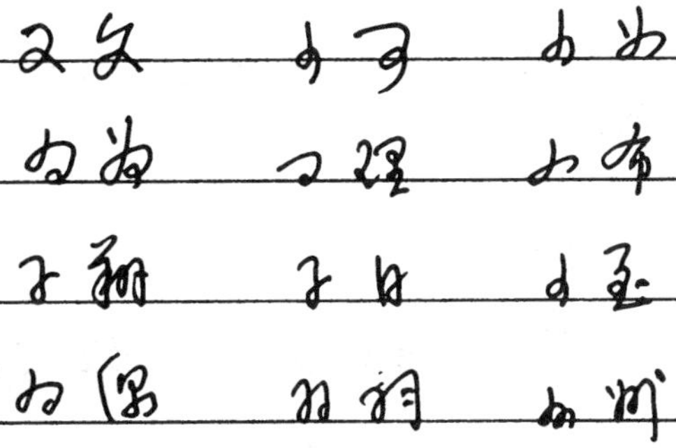

2．通用部分的拼写。

例如：

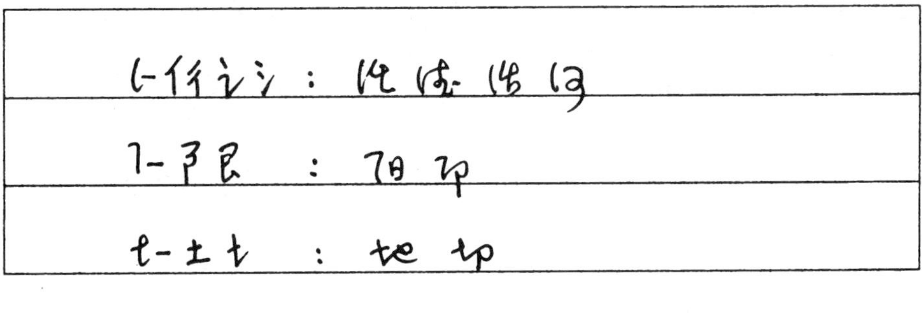

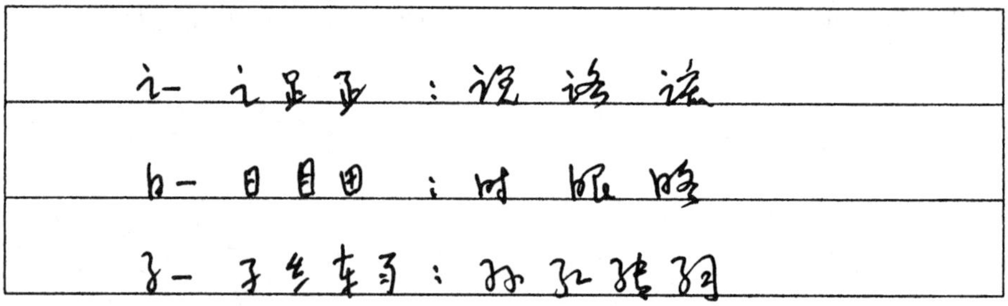

第六节　快速连写

为了提高行草字的书写速度，我们比照草书的连绵笔势，对行草字的字体笔画也可以进行连写训练。连写主要是通过双音节词和多音节词或短语简化连写。

一、行草字的连写

汉字笔画的方向是上下左右各不相同的。原来汉字书写是竖行写，现在改为由左向右的横行写，汉字的笔势就应有些变动。像拉丁字母的手写体那样，每个字母的收笔都向右斜出，跟下一个字母的起笔相连接。汉字的收笔改为向右斜出（即末笔右斜），有的需加连笔线，才便于字与字的连写；在字的各个部分之间或字与字之间虽连写，但未写出连笔线，这叫做“意连”。

汉字的连写，要以词或词组为单位，不宜连写过多的字。不便连写的笔画，不要强求连写，要趋于自然，合乎书写习惯。

连写时，字不宜过大，字过大显得空旷，连笔费时间；字过小显得拘谨，笔运不开。一般地说，字的大小要比普通稿纸的格子小一点比较合适。

1. 双音节词连写。例如：

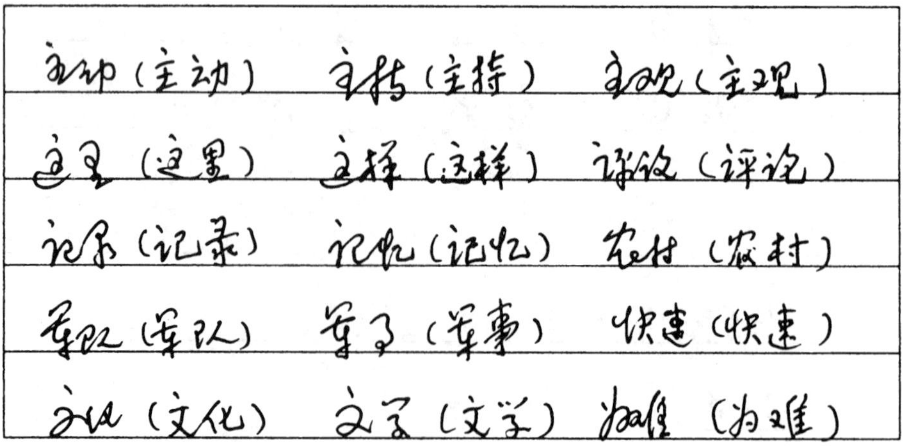

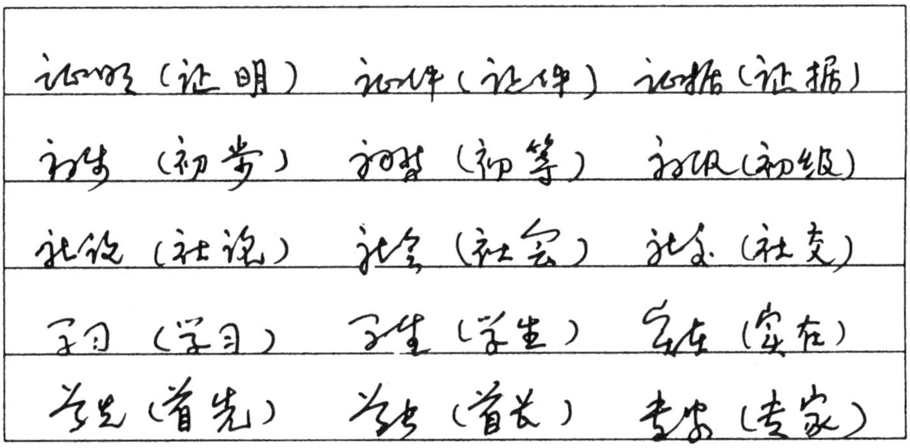

2. 三音节词连写。例如：

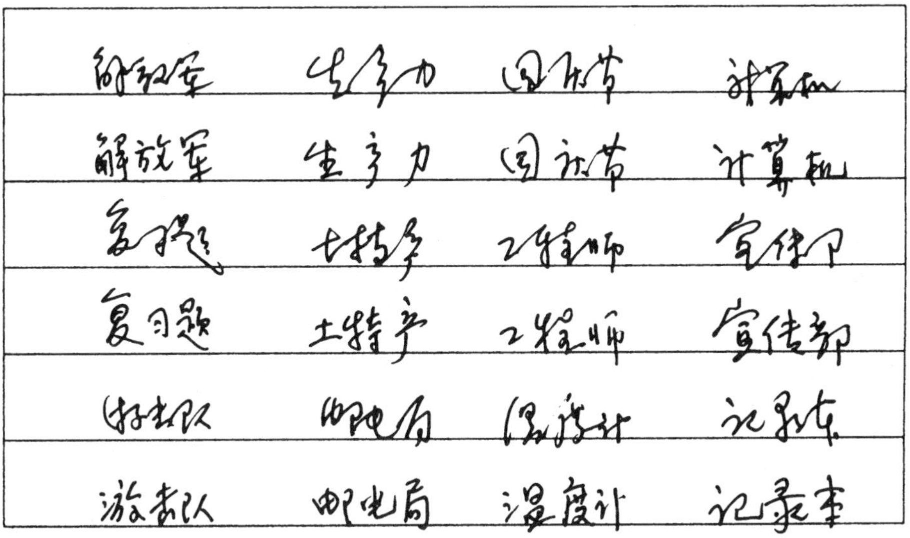

3. 四音节词连写。例如：

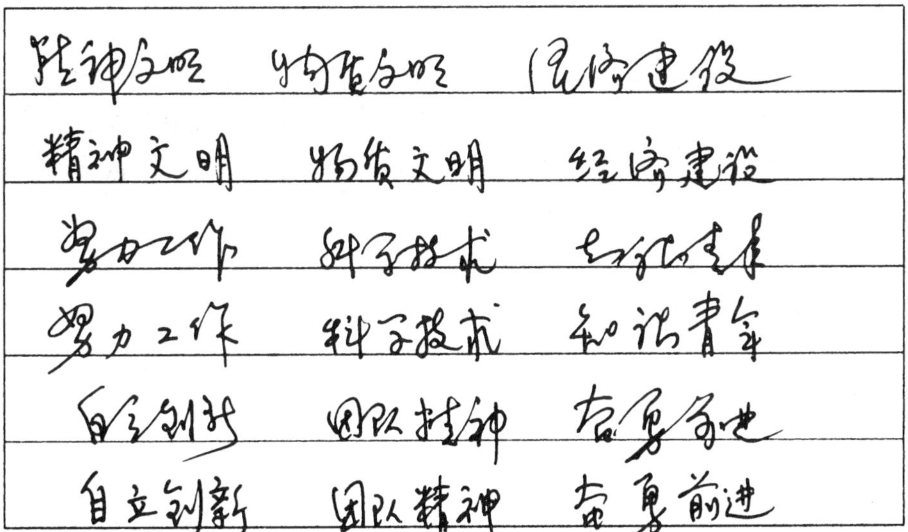

4. 多音节词组连写。例如：

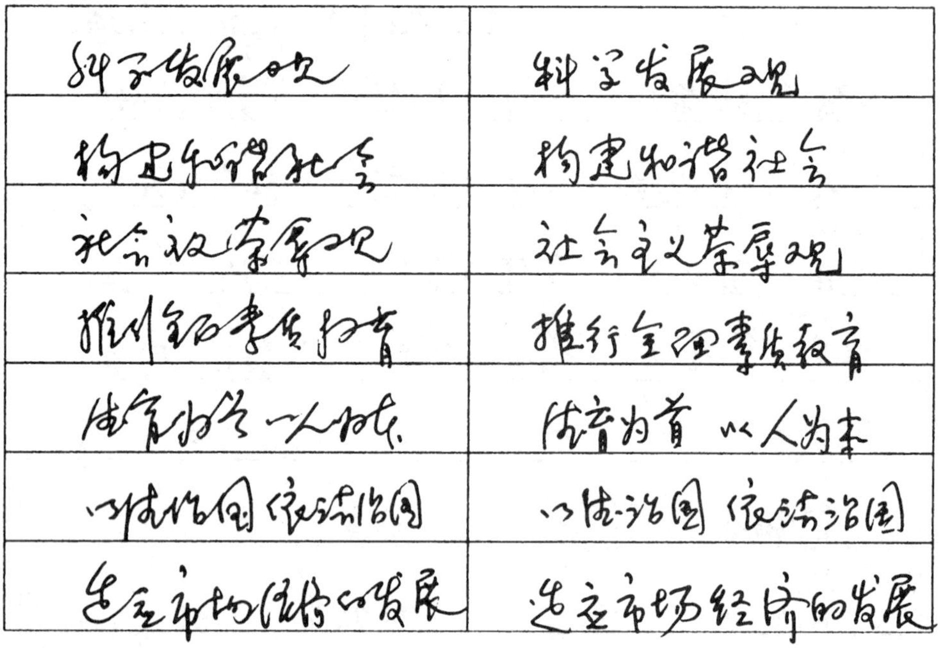

词语连写，不仅能加快记录速度，而且能提高理解和记忆能力。不过，在连写中还要注意标点符号在句、段中的应用。快速连写时，标点符号可以省略，并将句与句、段与段之间隔开间隔或分开层次。当然，标点符号的应用关系到能否正确表达文义，即正确表达思想感情的问题。因此，对于情感表达强烈的感叹句和疑问句，其标点符号可特殊处理。

例如：

> 那个时候，物质生活曾经是艰苦的、困难的吧，但是，比起无限丰富的精神来，那算得了什么呢？凭着崇高的理想、豪迈的气概、乐观的志趣，克服困难不也是一种享受吗？

这个例句之所以不写成陈述句，是因为用疑问句式更能充分传达作者的强烈感情。所以在连写过程中，问号不可省略。问号不但代表一定句式，而且还包含着一定的思想感情。若把问号在略写中省掉，将起不到这个作用，而且还可能把问句错误理解为否定句。所以，在快速连写中，还应注意特殊标点的用法。

二、连写练习

词语和句子的连写，不是随便连写和任意勾连就能够完全连写好的，而是需要经过练习，才可能写好。下面的内容，供大家在练习连写过程中参考。

1. 连写基本笔法练习。

连写笔法练习，可先从基本笔画练起。

例如：

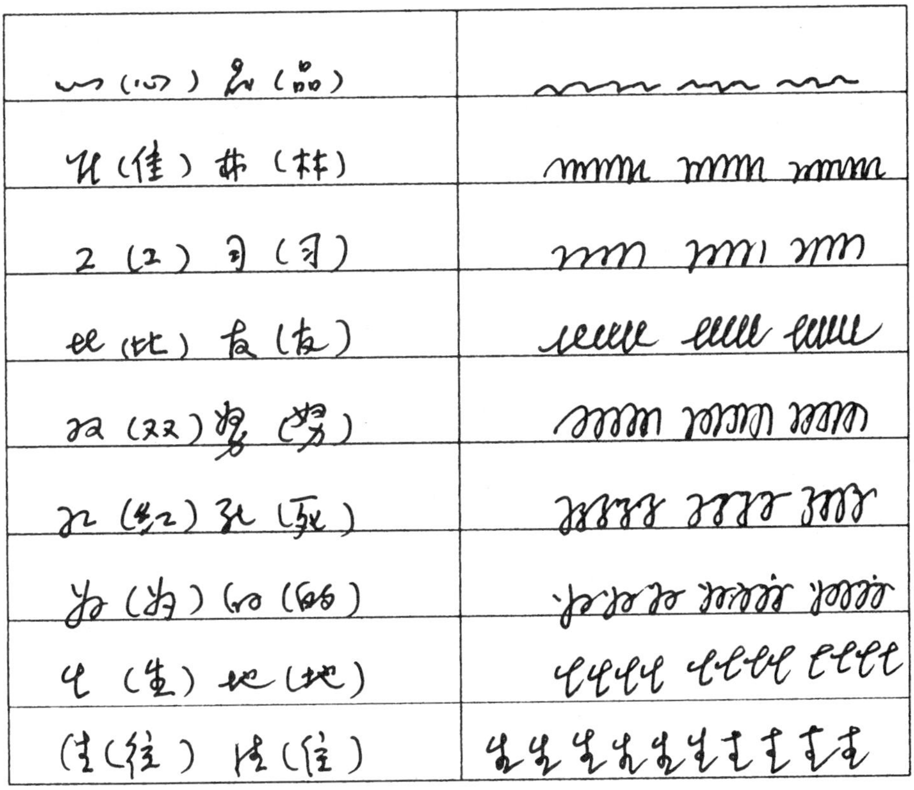

2. 词语连写练习。例如：

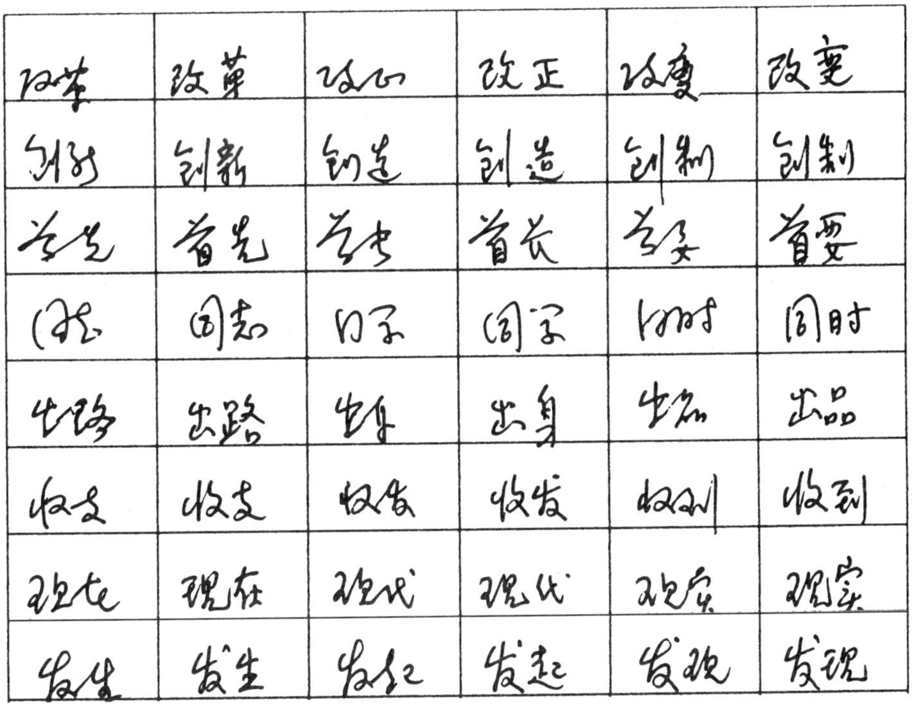

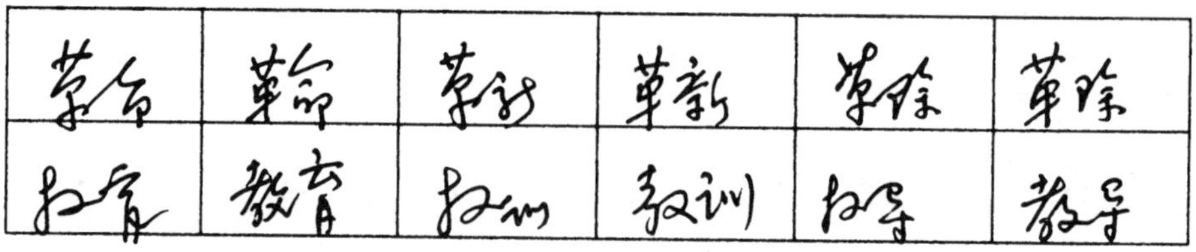

3. 连写字例。例如：

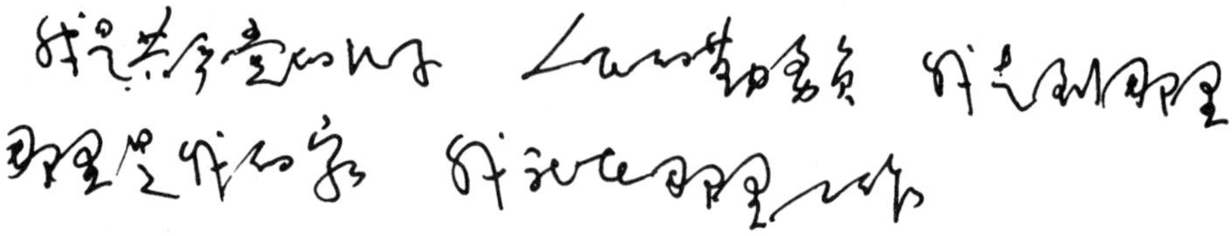

我是共产党的儿子，人民的勤务员，我走到哪里，哪里是我的家，我就在哪里工作。

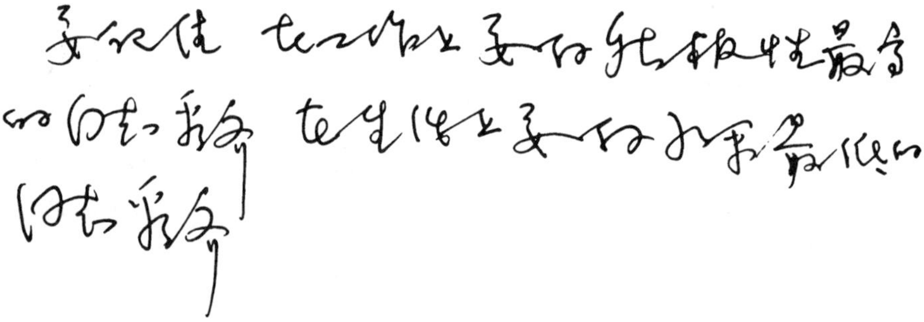

要记住，在工作上要向积极性最高的同志看齐；在生活上要向水平最低的同志看齐。

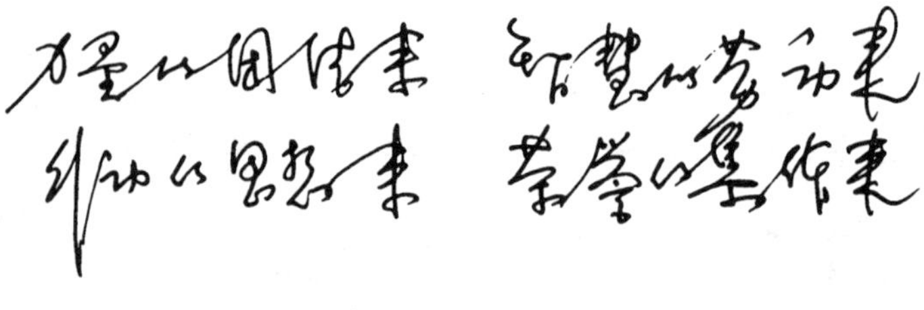

力量从团结来，智慧从劳动来，行动从思想来，荣誉从集体来。

本章中，我们对汉字快速书写的方法作了介绍，并主要以行草字的快速书写方法作为重点研究对象。笔法部分和结构部分都是提高书写速度的关键和基础，需要反复练习，熟练掌握。

思考与练习

1. 汉字快速书写的方法有哪些内容？
2. 正确的执笔方法是什么？运笔的基本动作有哪些？
3. 行草字写法有哪些特点？
4. 抄写行草字基本部分举例 5 遍。
5. 抄写词语连写练习 5 遍。
6. 请写出下列基本字表的行草字体。

基本字表

又子方人文月女手白田甲由申土干口力刀日曰大小上下贝车门马鸟专几义尤立巾木井皮心衣牙尸户正西龙央王公丈寸气乞角分中目广厂火其牛万雨耳石山水云止虫弓禾工己欠儿足入土才丸之叉戈片氏示占皿台匡米令犬金言竹食羊包也夕可内斗巴未古半占了四九丰八一二十雪主左右三五六七走爪令丁去青多少元头东亥

第二章 字词句段略写法

为了提高书写速度，不仅要正确地掌握行草字、草字的快速书写方法，同时，还应掌握各种略写方法。略写方法是把字、词、句、段的烦琐、复杂的形式转化为简单好写的省略形式。

第一节 简化繁体字

汉字笔画的繁复是快速记录中的一大难题。如果利用简化字（包括异体字），就能够提高书写速度。

一、学习简化字

简化字是我国历代劳动人民创造的文化遗产。国家语言文字工作委员会在深入调查研究、反复征求意见的基础上，先后公布了四批简化字，它使我国的文字简化工作大大地向前迈进一步。那么，要想学习简化字，必须认真学习《简化字总表》。《简化字总表》包括三个表。第一个表收录不作简化偏旁用的简化字 352 个；第二个表收录可做简化偏旁用的简化字 132 个和不能独立成字的简化偏旁 14 个；第三个表收录简化字 1 754 个，这部分简化字是用第二个表的简化字和简化偏旁类推出来的。学习《简化字总表》应以第一、二个表为主，第二个表更加重要。

在快速书写中，若来不及区分简化字的细微差别，可以不区分。

二、利用异体字

有的字有几种不同的形体，从正字法角度说，其中的一个是正体（标准体），其他的是异体。

为了便于书写，我们在日常生活中，可以不断地创造新的异体字。周恩来同志 1958 年在全国政协会议上作《当前文字改革的任务》报告中谈到：“一个人记笔记，或者写私信，他写的是什么样的字谁也无法管。但是写布告或者通知，是叫大家看的，就应该遵守统一的规范。”所以，我们在个人笔记或快速记录的草稿中，可以用不规范的简化字——异体字，来提高书写速度。

下面搜集的这些简化字，虽然不规范，但却是广大群众在书写中常用的简化字，我们在快速记录中可以采用。

例如：

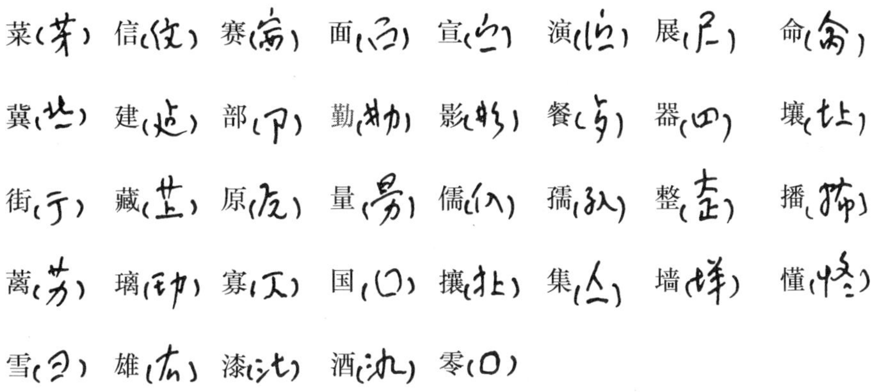

三、自创简化异体字

为了快速书写，我们不但要运用群众熟悉的异体字，还要自创一些简化异体字。

例如：

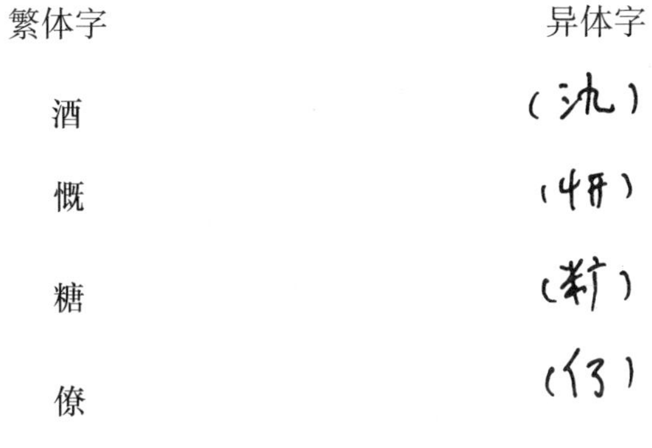

简化的方法有以下两种：

1. 简化偏旁。

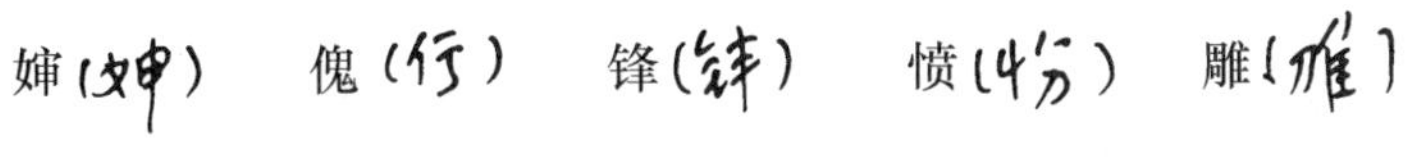

2. 草书楷化。

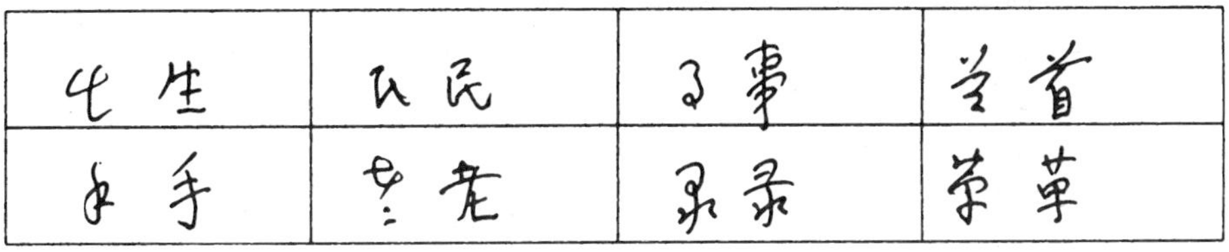

自创简化异体字绝不是胡乱地编造，而要有一定规律，要符合人们的记忆和书写习惯，是便于快速记录的一种略写方法。

第二节　语词略写法

一、双音节词略写法

在现代汉语中，实际的造句单位大多是由两个语素组成的双音节词。双音节词的大量使用，会减少同音相混的现象，使语言容易显示整齐、和谐的美感，也符合汉民族使用语言的习惯和心理。现在，无论生活用语，还是科学用语，产生的大量的新词多是双音节词。为此，掌握好双音节词的略写方法，能大大地提高书写速度。

1. 由单音节词逐渐演变而成的双音节词。在快速书写时，可将这样的双音节词略写为单音节词。

例如：

人民——民　　虽然——虽
朋友——友　　老师——师
但是——但　　相信——信
母亲——母　　祝贺——贺
湖泊——湖　　纸张——纸
河流——河　　教诲——诲
恩惠——惠　　忌讳——讳
污秽——秽　　智慧——智
旗帜——帜　　树木——树
海洋——海　　书本——书

2. 双音节的单纯词，也叫“联绵词”。联绵词是汉语所独有的，在快速书写时，写出第一个音节，第二个音节就能推知而出。

例如：

忐忑——忐　　憧憬——憧
忸怩——忸　　邂逅——邂
踌躇——踌　　叮咛——叮
朦胧——朦　　伶俐——伶
囫囵——囫　　徘徊——徘
酝酿——酝　　崎岖——崎
蹁跹——蹁　　玲珑——玲
侥幸——侥　　玻璃——玻
灿烂——灿　　辉煌——辉
蝴蝶——蝴　　蜻蜓——蜻
蝌蚪——蝌　　蜘蛛——蜘
蚯蚓——蚯　　蚂蚁——蚂

琵琶——琵　　　　馄饨——馄
玛瑙——玛　　　　彷徨——彷
峥嵘——峥　　　　澎湃——澎

3. 由两个相同的音节重叠构成的词，叫做“叠音词”。叠音词也是双音节单纯词的一种形式。快速书写时，写出第一个音节，第二个音节可打个小点来代替。

例如：

茫茫——茫·　　　　津津——津·
桩桩——桩·　　　　件件——件·
天天——天·　　　　仅仅——仅·
往往——往·　　　　听听——听·
看看——看·　　　　说说——说·
聊聊——聊·　　　　讲讲——讲·
匆匆——匆·　　　　月月——月·
家家——家·　　　　处处——处·
人人——人·　　　　年年——年·
轻轻——轻·　　　　慢慢——慢·

4. 词根加后缀构成的双音节词，在现代汉语中应用得较多。后缀的音节主要有“子”、“儿”、“头”等。在快速书写时，后缀可不写。

例如：

兔子——兔　　　　猴子——猴
旗子——旗　　　　袖子——袖
刀子——刀　　　　帘子——帘
稻子——稻　　　　柿子——柿
桃子——桃　　　　橘子——橘
错儿——错　　　　花儿——花
鸟儿——鸟　　　　尖儿——尖
木头——木　　　　石头——石
盼头——盼　　　　苦头——苦
甜头——甜　　　　看头——看

另外，“棋子”的“子”、“烟头”的“头”等字不能省略，因为它们不是后缀字。

5. 由两个意义相同或相近的语素并列组合而成的合成词。在快速书写时，只写出第一个音节，第二个音节可省略。

例如：

道路——道　　　　选择——选
波浪——波　　　　帮助——帮
声音——声　　　　语言——语
群众——群　　　　阅读——阅
脱离——脱　　　　形态——形
头颅——头　　　　离别——离
歌唱——唱　　　　处罚——罚

伤害——伤　　购买——购
打击——击　　善良——善
正直——正　　事情——事
欺负——欺　　观看——观
覆盖——覆　　准确——准

6. 由两个意义相反或相对的语素并列组合而成的合成词。在快速书写时，写出第一个音节，第二个音节可用从左上方往右下方书写的斜直线代替。

例如：

是非——是＼　　收发——收＼
长短——长＼　　利害——利＼
往来——往＼　　早晚——早＼
横竖——横＼　　反正——反＼
开关——开＼　　伸缩——伸＼
昼夜——昼＼　　天地——天＼
深浅——深＼　　东西——东＼
前后——前＼　　上下——上＼
左右——左＼　　出入——出＼
买卖——买＼　　进退——进＼
好歹——好＼　　大小——大＼
成败——成＼　　强弱——强＼

7. 注释格双音节词，即语素通过注释和被注释的关系结合起来构成的新词。在快速书写时，可省略被注释音节。

例如：

鲫鱼——鲫　　鼹鼠——鼹
鲤鱼——鲤　　鸵鸟——鸵
菠菜——菠　　牦牛——牦
鲢鱼——鲢　　鲸鱼——鲸
韭菜——韭　　癌症——癌
瘪病——瘪　　漓江——漓
岷江——岷　　骸骨——骸
芹菜——芹　　芦苇——芦
鲆鱼——鲆　　苹果——苹
疟疾——疟　　鲇鱼——鲇
鲨鱼——鲨　　蝗虫——蝗
樟树——樟

二、三音节词略写法

（一）有两个实在意义语素的三音节词

有两个实在意义的语素，加一个半虚化或者虚化了的语素（后缀）构成的三音节词，在快速书写时，可将后缀用拼音字母代替，字母附写在第一个音节的右上方，第二个音节省略。

例如：

1. 性：

组织性——组^{x}　　优越性——优^{x}

灵活性——灵^{x}　　政治性——政^{x}

系统性——系^{x}　　积极性——积^{x}

逻辑性——逻^{x}　　延展性——延^{x}

2. 化：

革命化——革^{h}　　年轻化——年^{h}

知识化——知^{h}　　专业化——专^{h}

自动化——自^{h}　　电气化——电^{h}

科学化——科^{h}　　机械化——机^{h}

正规化——正^{h}　　现代化——现^{h}

3. 家：

革命家——革^{j}　　教育家——教^{j}

思想家——思^{j}　　理论家——理^{j}

科学家——科^{j}　　艺术家——艺^{j}

数学家——数^{j}　　化学家——化^{j}

批评家——批^{j}　　哲学家——哲^{j}

4. 者：

教育者——教^{z}　　组织者——组^{z}

服务者——服^{z}　　检查者——检^{z}

改革者——改^{z}　　劳动者——劳^{z}

工作者——工^{z}　　医务者——医^{z}

胜利者——胜^{z}　　勇敢者——勇^{z}

5. 员：

服务员——服^{y}　　业务员——业^{y}

采购员——采^{y}　　战斗员——战^{y}

裁判员——裁^{y}　　勤务员——勤^{y}

列车员——列^{y}　　营业员——营^{y}

信息员——信^{y}　　资料员——资^{y}

另外，带后缀的双音节词，也可按上面介绍的写法省略。

例如：

党性——党^{x}　　韧性——韧^{x}

惯性——惯^{x}　　惰性——惰^{x}

绿化——绿^{h}　　钙化——钙^{h}

专家——专^{j}　　老化——老^{h}

编者——编^{z}　　学者——学^{z}

弱者——弱^{z}　　强者——强^{z}

学员——学^{y}
演员——演^{y}
减员——减^{y}
成员——成^{y}
党员——党^{y}
团员——团^{y}
会员——会^{y}
组员——组^{y}

（二）中间嵌有字的三音节词

1．中间嵌有“得”字的三音节词。在快速书写时，写出第一个音节，后两个音节可用“d”字母附写在第一个音节的右下方代替。

例如：

经得起——经$_{d}$
好得很——好$_{d}$
干得欢——干$_{d}$
推得动——推$_{d}$
写得快——写$_{d}$
打得好——打$_{d}$
吹得响——吹$_{d}$
起得早——起$_{d}$
看得远——看$_{d}$
做得对——做$_{d}$
走得急——走$_{d}$
放得开——放$_{d}$

注意：“做$_{d}$”也可能读成“做得好”、“做得出”，这要从句子的上下文意辨别。后面再遇到类似的问题，不再一一说明。

2．中间嵌有“不”字的三音节词。在快速书写时，写出第一个音节，后两个音节可用“b”字母附写在第一个音节的右下方代替。

例如：

办不到——办$_{b}$
差不多——差$_{b}$
看不见——看$_{b}$
瞧不起——瞧$_{b}$
经不起——经$_{b}$
抬不动——抬$_{b}$
分不开——分$_{b}$
离不开——离$_{b}$

3．中间嵌有“一”字，而前后两音节相同的三音节词。在快速书写时，写出前两个音节即可（“一”字写小点，附在第一个音节的右下方）。

例如：

比一比——比$_{-}$
做一做——做$_{-}$
听一听——听$_{-}$
讲一讲——讲$_{-}$
试一试——试$_{-}$
提一提——提$_{-}$
看一看——看$_{-}$
走一走——走$_{-}$
学一学——学$_{-}$
笑一笑——笑$_{-}$

4．中间嵌有“的”字，而前后两音节相同的三音节词。在快速书写时，写出第一个音节，后两个音节用附在第一个音节正右方的“d”字母代替（最好把字母写得小一点）。

例如：

比的比——比$_{d}$
讲的讲——讲$_{d}$
试的试——试$_{d}$
买的买——买$_{d}$
听的听——听$_{d}$
写的写——写$_{d}$
抢的抢——抢$_{d}$
走的走——走$_{d}$
玩的玩——玩$_{d}$
拿的拿——拿$_{d}$

5. 后面有两个音节相叠的词缀的三音节词。在快速书写时，写出前两个音节，后一个音节由一个小点代替。

例如：

红彤彤——红彤.	笑嘻嘻——笑嘻.
绿油油——绿油.	水灵灵——水灵.
兴冲冲——兴冲.	白茫茫——白茫.
香喷喷——香喷.	金灿灿——金灿.
文绉绉——文绉.	暖融融——暖融.

6. 外来三音节词。在快速书写时，可写出第一个音节，后两个音节可画一小横线代替。

例如：

（1）音译的外来词：

巧克力——巧-	凡士林——凡-
尼古丁——尼-	雷米封——雷-
布拉吉——布-	托拉斯——托-
白兰地——白-	康泰克——康-

（2）音译加汉语语素的外来词：

吉普车——吉-	华尔街——华-
酒吧间——酒-	沙丁鱼——沙-
摩托车——摩-	卡宾枪——卡-
香槟酒——香-	冰激凌——冰-

另外，多音节的外来词，可写出前两个音节，后面的音节画一小横线代替。

例如：

歇斯底里——歇斯-	罗曼蒂克——罗曼-

在快速书写时，不管遇到那种类型的三音节词，只要根据句子的上下文意能够辨认出来的，就可写出第一个音节，后两个音节均可自制代号代替，或画小横线代替。

例如：

博物馆——博-	生产力——生-
辩证法——辩-	解放军——解-
出版社——出-	新局面——新-
资格证——资-	电视机——电-
教育部——教-	专利权——专-

三、词组略写法

词组是词和词按照一定的方式组合起来，表示比较复杂的意义，但还不构成句子的语言单位。现代汉语的词组丰富多彩，但却不是杂乱无章的堆积，它的构成是有规律性的。词组的略写方法，就是根据词组构成的规律而制定的。

（一）相叠式四音节结构词组

1. 一二音节、三四音节相重叠的词组。在快速书写时，写出一三音节即可。

例如：

切切实实——切实　　高高兴兴——高兴
大大方方——大方　　干干净净——干净
清清楚楚——清楚　　实实在在——实在
吞吞吐吐——吞吐　　整整齐齐——整齐
马马虎虎——马虎　　日日夜夜——日夜

2. 一二音节相重叠的词组。在快速书写时，写出一三音节，中间加一点。

例如：

源源而来——源. 而　　谆谆告诫——谆. 告
滔滔不绝——滔. 不　　人人皆知——人. 皆
草草了事——草. 了　　井井有条——井. 有
斤斤计较——斤. 计　　历历在目——历. 在
比比皆是——比. 皆　　多多益善——多. 益

3. 三四音节相重叠的词组。在快速书写时，写出一三音节，后面加一点。

例如：

千里迢迢——千迢.　　威风凛凛——威凛.
得意洋洋——得洋.　　来势汹汹——来汹.
文质彬彬——文彬.　　众目睽睽——众睽.
生气勃勃——生勃.　　风尘仆仆——风仆.
无所事事——无事.　　议论纷纷——议纷.

4. 一三音节、二四音节相重叠的词组。在快速书写时，写出第一个词，第二个重叠词可用“ㄑ”代替。

例如：

研究研究——研究ㄑ　　调查调查——调查ㄑ
讨论讨论——讨论ㄑ　　斟酌斟酌——斟酌ㄑ
整理整理——整理ㄑ　　思考思考——思考ㄑ
活动活动——活动ㄑ　　掂量掂量——掂量ㄑ
考虑考虑——考虑ㄑ　　宣传宣传——宣传ㄑ

5. 一三音节相重叠的词组。在快速书写时，写出一二音节，后两个音节可用“¬”代替。

例如：

大手大脚——大手¬　　不屈不挠——不屈¬
可有可无——可有¬　　百战百胜——百战¬
谁是谁非——谁是¬　　可歌可泣——可歌¬
同心同德——同心¬　　公事公办——公事¬
自给自足——自给¬　　大是大非——大是¬

6. 二四音节相重叠词组。在快速书写时，写出一二音节，后两个音节可用“ㄴ”代替。

例如：

说干就干——说干ㄴ　　应有尽有——应有ㄴ
心服口服——心服ㄴ　　将计就计——将计ㄴ

就事论事——就事└　　　　讨价还价——讨价└

买空卖空——买空└　　　　当断不断——当断└

以德报德——以德└　　　　以讹传讹——以讹└

7. 一四音节相重叠词组。在快速书写时，写出一二音节，后两个音节可用“〉”代替。

例如：

话里有话——话里〉　　　　智者见智——智者〉

痛定思痛——痛定〉　　　　仁者见仁——仁者〉

（二）并列式结构词组

词与词并列构成的联合词组，在快速书写时，写出前面的词，后面的词用数字附在前面的词的右上方代替。

1. 三音节并列词组。

例如：

真善美——真^{3}　　　　大中小——大^{3}

产供销——产^{3}　　　　责权利——责^{3}

农轻重——农^{3}　　　　老中青——老^{3}

2. 四音节以上的并列词组。

例如：

党政工团——党政^{4}　　　　轻重缓急——轻重^{4}

多快好省——多快^{4}　　　　青红皂白——青红^{4}

农林牧副渔——农林^{5}　　　　工农商学兵——工农^{5}

3. 复音词并列词组。

例如：

立场、观点、方法——立场^{3}

路线、方针、政策——路线^{3}

有理想、有道德、有文化、有纪律——有理想^{4}

革命化、年轻化、知识化、专业化——革命化^{4}

（三）几组关联词略写法

1. “越……越……”略写法。

例如：

（1）越来越：

越来越好——y 好　　　　越来越进步——y 进步

越来越快——y 快　　　　越来越清楚——y 清楚

越来越多——y 多　　　　越来越深刻——y 深刻

（2）越……越……：

越想越多——想 y 多　　　　越多越好——多 y 好

越写越快——写 y 快　　　　越练越熟——练 y 熟

越干越有劲——干 y 有劲　　　　越学越爱学——学 y 爱学

2. 四音节关联词略写法。

所有这些——所 y 些
总而言之——总 r 之
尽管如此——尽 g 此
无论如何——无 l 何
恰恰相反——恰 q 反
与此同时——与 c 时
显而易见——显 r 见
既然如此——既 r 此
正因如此——正 y 此
诸如此类——诸 r 类
虽然如此——虽 r 此
由此可见——由 c 见
如上所述——如 s 述
固然如此——固 r 此
与此相反——与 c 反
因为如此——因 w 此

（四）常用复音词组成的词组

常用复音词组成的词组，在快速书写时，可写出前一个复音词第一个音节，后一个复音词的第一个音节或相关音节，附离在前面第一个音节的右下方，要写小一些。

例如：

1. 主义：

社会主义——社义
资本主义——资义
实用主义——实义
幻想主义——幻义
共产主义——共义
主观主义——主义
人本主义——人义
唯心主义——唯义

2. 国家：

社会主义国家——社国
非洲国家——非国
工业国家——工国
发展中国家——发国
资本主义国家——资国
西方国家——西国
农业国家——农国
科学发达国家——科国

3. 制度：

规章制度——规制
门卫制度——门制
社会主义制度——社制
遵守制度——遵制
监守制度——监制
资本主义制度——资制

4. 人民：

中国人民——中人
苏联人民——苏人
各族人民——各人
日本人民——日人
美国人民——美人
世界人民——世人

5. 部门：

教育部门——教部
生产部门——生部
机要部门——机部
工业部门——工部
管理部门——管部
房管部门——房部

6. 观点：

阶级观点——阶观
政治观点——政观
哲学观点——哲观
科学观点——科观
群众观点——群观
领导观点——领观

7. 改革：

经济改革——经改　　体制改革——体改
教育改革——教改　　工厂改革——工改
制度改革——制改　　民主改革——民改

8. 证明：

经验证明——经证　　事实证明——事证
实践证明——实证　　科学证明——科证
理论证明——理证　　人民证明——人证

9. 作风：

干部作风——干作　　工作作风——工作
思想作风——思作　　领导作风——领作
散漫作风——散作　　廉洁作风——廉作

10. 交流：

科学交流——科交　　信息交流——信交
经验交流——经交　　学术交流——学交
技术交流——技交　　贸易交流——贸交

凡是常用词组，均可用上面举例的附离法进行省略。

例如：

科学水平——科水　　普及科学——普科
获取信息——获信　　自主创新——自创
工业产值——工产　　科学实验——科实
微型电脑——微电　　建筑材料——建材
技术革命——技革　　加强法制——加法
核反应堆——核应　　通讯卫星——通卫
和谐社会——和社　　天气预报——天预

四、简称略写法

各种语言都使用简称或略语，因为其可以缩短说话或书写的时间，使语言精简、明快，有利于提高交际的效率。我们在快速书写时，要注意写“简称”。

1. 取每一个词的前一个语素。

例如：

劳动模范——劳模　　科学技术——科技
旅行游览——旅游　　知识青年——知青
基本建设——基建　　科学普及——科普
网络办公——网办　　达到标准——达标
公共交通——公交　　纪律检查——纪检

2. 取前一个词的前一个语素和后一个词的后一个语素。

例如：

外交部长——外长　　军人家属——军属

整顿作风——整风
职业学校——职校
超额生产——超产
断绝外交——断交
选用良种——选种
报纸期刊——报刊
产妇医院——产院
独立投资——独资

3. 省略两个词中的一个相同的语素。

例如：

工业、农业——工农业
病害、虫害——病虫害
房产、地产——房地产
军属、烈属——军烈属
寒假、暑假——寒暑假
理科、工科——理工科
教员、职员——教职员
农业、牧业——农牧业
冠军、亚军——冠亚军
零件、部件——零部件

4. 选取名称中有代表性的语素或词。

例如：

中国共产党中央委员——中共中央
中国人民政治协商会议——政协
人民代表大会——人大
安全理事会——安理会
中国作家协会——作协

5. 用数字概括几种具有共同性质的事物或行为，也称数词缩语。

例如：

身体好、学习好、工作好——三好
秋收、秋耕、秋播——三秋
春季、夏季、秋季、冬季——四季
有理想、有道德、有文化、有纪律——四有
爱祖国、爱人民、爱劳动、爱科学、爱社会主义——五爱

根据以上介绍，在快速书写时，可自行创制简称写法，但仅供自己用，不能做交际用，要维护祖国语言的纯洁。下面是自创的简称写法词例：

科学预测——科预
旋转运动——旋运
科技时代——科时
科学研究——科研
遗传信息——遗息
科学探索——科探
素质教育——素教
科学知识——科知
政治思想——政思
实际出发——实发

五、专门术语和行业用语的略写法

（一）专门术语略写法

专门术语是科学技术上应用的术语。作为科学研究和讨论的重要工具，各门科学都有一些特别应用的术语。在快速书写时，可用《汉语拼音方案》字母代替。

1. 天文学上的术语。

例如：

行星——x—x

光年——g—n

回归线——h—g—x

2. 地理学、气象学上的术语。

例如：

海拔——h—b

盆地——p—d

纬度——w—d

雨量——y—l

气压——q—y

气温——q—w

3. 数学、物理学上的术语。

例如：

微积分——w—j—f

短波——d—b

共鸣——g—m

原子能——y—z—n

4. 化学上的术语。

例如：

氧化——y—h

饱和——b—h

元素——y—s

游离——y—l

5. 生物学上的术语。

例如：

宿主——s—z

温床——w—c

变种——b—z

年轮——n—l

6. 医学、生理学上的术语。

例如：

抗生素——k—s—s

血型——x—x

网膜——w—m

7. 哲学和各种社会科学上的术语。

例如：

政体——z—t

通货——t—h

仲裁——z—c

照会——z—h

通史——t—s

元音——y—y

乐府——y—f

传奇——c—q

素描——s—m

旋律——x—l

（二）行业用语略写法

行业用语是各种行业上应用的词语，是各种职业和某些特殊生活的专门术语。

1. 工业上的用语。

例如：

成品——c—p

废品——f—p

加工——j—g

成本——c—b

2. 农业上的用语。

例如：

轮作——l—z

保墒——b—s

蔬株——s—z　　追肥——z—f

3. 商业、银行业上的用语。

例如：

市场——s—c　　销路——x—l

破关——p—g　　回笼——h—l

4. 铁路、邮政业上的用语。

例如：

车皮——c—p　　正点——z—d

投递——t—d　　电报——d—b

5. 军事上的用语。

例如：

射程——s—c　　反潜——f—q

登陆场——d—l—c　　分列式——f—l—s

随着现代社会的发展，科学文化知识的普及，人们的知识面扩大了，许多专门术语也为全民所使用，为全面语汇所吸收，成为一般通用词了。如"飞船"、"录像"、"能源"等，逐渐为大家所熟知、所运用。这类专业性逐渐减低的词汇，也可用"汉语拼音字母"来书写。

六、惯用语略写法

惯用语是口语中短小定型的习惯用语。简明生动、通俗有趣、多含贬义是惯用语的主要特征。惯用语与成语有一定的相似性，但是惯用语一般是三音节，口语色彩浓，而成语一般是四音节，书面色彩浓；惯用语大多可以拆开用，如："钻空子"可以说成"钻了一个大空子"，成语一般不可拆开用。

1. 三音节惯用语可写成双音节词。

例如：

吹牛皮——吹牛　　拍马屁——拍马

装洋蒜——装蒜　　耍滑头——耍滑

扯后腿——扯腿　　踢皮球——踢球

吹冷风——吹风　　打折扣——打扣

靠边站——靠边　　和稀泥——和泥

2. 含贬义的成语一般可写成惯用语。

例如：

有机可乘——钻空子　　装腔作势——装洋相

趋炎附势——抱粗腿　　阿谀奉承——拍马屁

3. 四音节以上的惯用语，中间的音节可用"e"字母代替。

例如：

打马虎眼——打 e 眼　　打退堂鼓——打 e 鼓

唱对台戏——唱 e 戏　　穿连裆裤——穿 e 裤

灌迷魂汤——灌 e 汤　　攀高枝儿——攀 e 枝

酸甜苦辣——酸 e 辣　　家常便饭——家 e 饭
秋后算账——秋 e 账　　挑大拇指——挑 e 指

4. 扩展式惯用语略写法。

例如：

碰了个大钉子——碰钉子
栽了个大跟头——栽跟头

5. 三音节惯用语采用熟知三音节词写法。

例如：

敲竹杠——敲-　　破天荒——破-
开后门——开-　　穿小鞋——穿-
顺竿爬——顺-　　放空炮——放-
唱高调——唱-　　泼冷水——泼-
磨洋工——磨-　　马后炮——马-
拆墙脚——拆-　　闭门羹——闭-
背黑锅——背-　　赶潮流——赶-
乱弹琴——乱-　　抹稀泥——抹-

七、成语、谚语、歇后语、格言的略写法

（一）成语

人们长期以来习惯用的、形式简洁而意思精辟的、定型的词组或短句，叫做“成语”。成语大多数是由四个音节组成的，不是四个音节的较少。在快速书写时，四个音节的成语，可写出前两个音节，后两个音节用小横线代替。

1. 两两对仗的。

例如：

日新月异——日新-　　同甘共苦——同甘-
乘风破浪——乘风-　　排山倒海——排山-
推陈出新——推陈-　　丰功伟绩——丰功-
大刀阔斧——大刀-　　千丝万缕——千丝-
天翻地覆——天翻-　　归根结底——归根-

2. 第一、二两个音节相同的。

例如：

井井有条——井井-　　欣欣向荣——欣欣-
蒸蒸日上——蒸蒸-　　循循善诱——循循-
孜孜不倦——孜孜-　　息息相关——息息-
夸夸其谈——夸夸-　　比比皆是——比比-
多多益善——多多-　　默默无闻——默默-

3. 第一、三两个音节相同的。

例如：

同心同德——同心-　　大破大立——大破-

群策群力——群策-　　任劳任怨——任劳-
相辅相成——相辅-　　百战百胜——百战-
忧国忧民——忧国-　　尽善尽美——尽善-
杂七杂八——杂七-　　自高自大——自高-

4. 第二、四两个音节相同的。

例如：

应有尽有——应有-　　将计就计——将计-
就事论事——就事-　　一错再错——一错-
心服口服——心服-　　讨价还价——讨价-
以血还血——以血-　　买空卖空——买空-
当断不断——当断-　　以讹传讹——以讹-

5. 其他四音节的成语。

例如：

人定胜天——人定-　　出类拔萃——出类-
势如破竹——势如-　　中流砥柱——中流-
实事求是——实事-　　脍炙人口——脍炙-
异曲同工——异曲-　　各抒己见——各抒-
自惭形秽——自惭-　　弄巧成拙——弄巧-

6. 五个音节以上的成语，可写出前几个音节，后面的音节用较长点的横线或一短一长的横线代替。

例如：

尺有所短，寸有所长——尺有- ——
城门失火，殃及池鱼——城门- ——
不入虎穴，焉得虎子——不入- ——
先天下之忧而忧，后天下之乐而乐——先天下- ——
当局者迷，旁观者清——当局- ——
青山遮不住，毕竟东流去——青山遮- ——

(二) 谚语

人民群众口头流传的通俗、简练、含义深刻的现成话，叫做“谚语”。谚语大部分反映的是劳动人民的思想意识。对熟知的谚语，快速书写时，可用“～”进行省略。

1. 农业谚语。

例如：

锄下三分水——锄下～
春雨贵如油——春雨～
瑞雪兆丰年——瑞雪～
人勤地不懒——人勤～
庄稼要好，水肥要饱——庄稼要好～

2. 气象谚语。

例如：

早看东南，晚看西北——早看东南～

东虹轰隆，西虹雨——东虹轰隆～

雷公先唱歌，有雨也不多——雷公先唱歌～

朝霞不出门，晚霞行千里——朝霞不出门～

3. 社会生活谚语。

例如：

火要虚，人要实——火要虚～

人往高处走，水往低处流——人往高处走～

任凭风浪起，稳坐钓鱼台——任凭风浪起～

饭后百步走，能活九十九——饭后百步走～

好言劝人三冬暖，恶语伤人六月寒——好言劝人三冬暖～

（三）歇后语

歇后语也是流传在人民群众口头上的一种固定的语句。歇后语由两部分组成，前一部分是个比喻或隐语，后一部分是意义的解释。快速书写时，只写前一部分，后一部分用“～”代替。

1. 喻义的歇后语。

例如：

芝麻开花——节节高⟶芝麻开花～

八仙过海——各显神通⟶八仙过海～

水中捞月——一场空⟶水中捞月～

吃了秤砣——铁了心⟶吃了秤砣～

猫哭老鼠——假慈悲⟶猫哭老鼠～

2. 谐音的歇后语。

例如：

和尚打伞——无法（发）无天⟶和尚打伞～

小葱拌豆腐——一青（清）二白⟶小葱拌豆腐～

绱鞋不用锥子——针（真）好⟶绱鞋不用锥子～

孔夫子搬家——尽是书（输）⟶孔夫子搬家～

裁缝掉了剪子——只剩尺（吃）了⟶裁缝掉了剪子～

（四）格言

格言，能够独立成句，并富有深刻的教育意义，一般是出于名人之手，而在群众中广泛流传的语句。格言也叫做“警句”。在快速书写时，可用横直线或一短一长的横线代替句子的后半部分。

例如：

知识就是力量——知识——

满招损，谦受益——满招损——

己所不欲，勿施于人——己所不欲——

学如逆水行舟，不进则退——学如逆水行舟——

智者千虑必有一失，愚者千虑必有一得——智者千虑- ——

八、同义词和近义词略写法

人们常会碰到这样的情况：两个词声音不同而意义却相同或大体相同，或者声音不同而意义相接近。这两个词就是一般所说的同义词或近义词。在快速书写时，对这类词可选用其音节少的、笔画少的、好写的同义或近义词写。如“马铃薯”可写成“土豆”，这就少写了十几笔。

1. 可选用一个音节的。

例如：

桥梁——桥　　休息——歇
空洞——空　　安静——静
母亲——娘　　凭靠——凭
思考——想　　追赶——追
参观——看　　学习——学

2. 可选用笔画少的。

例如：

糯米——江米　　竭力——努力
诞辰——生日　　鄙视——轻视
过错——过失　　聪慧——伶俐
胆怯——胆小　　畏惧——害怕
充裕——充分　　措施——办法

3. 回避难写的、选用好写的。

例如：

慎重——小心　　斟酌——掂量
目睹——目击　　苍穹——天空
憧憬——向往　　空隙——空当
匮乏——缺乏　　商榷——商议
稀疏——稀落　　虚脱——休克

上面介绍的同义词快速写法，仅供快速书写使用。要将自己的笔记整理成书面材料，就要注意辨别同义词的用法，并用好同义词，发挥它的特殊表达作用。是口语用的词，就不能用在书面语言上。一定要注意词义的褒贬、轻重、态度色彩等。

九、反义词略写法

成对的意义相反的词叫反义词，如：大——小、好——坏、胜利——失败、批评——表扬。反义词的存在，是客观事物矛盾对立的反映。但是反义词是一种语言现象，并非一切矛盾对立的事物、概念都能通过反义词表现出来。因此，在快速书写时，我们还应区别一些并非是反义词的情况。

第一，词和词组不能构成反义词。如：“乱”和“井井有条”、“好”和“不好”、“强”和“不强”等，不能算做反义词，因为后者是词组。

第二，反义词必须词性相同，词性不同不能构成反义词。如：“聪明”和“傻子”就不是一组反义词，因为“聪明”是形容词，“傻子”是名词。“聪明”的反义词是“愚蠢”。

此外，反义词也不一定是一对一的。如：“开”的反义词有“关”、“合”、“闭”等，“进步”的反义词有“落后”、“退步”等。

弄清楚什么是反义词，在快速书写时，就可以用代号（从左上方往右下方书写的斜直线）代替。

1. 单音节反义词。

例如：

长短——长\
出入——出\
前后——前\
深浅——深\
黑白——黑\
粗细——粗\
好坏——好\
新旧——新\
浓淡——浓\
老幼——老\

2. 双音节反义词。

例如：

胜利、失败——胜利\
热情、冷淡——热情\
真理、谬误——真理\
同意、反对——同意\
乐观、悲观——乐观\
积极、消极——积极\
正确、错误——正确\
诚实、虚伪——诚实\
颓废、振作——颓废\
改革、保守——改革\

3. 反义词中间加连词“和”、“与”、“跟”等的词组。

例如：

节约和浪费——节约\
现象与本质——现象\
先进跟落后——先进\
创新与守旧——创新\

4. 多音节反义词。

例如：

真善美，假恶丑——真^{3}\
自私自利，大公无私——自私-\
要光明正大，不要鬼鬼祟祟——要光明正大\

请看下面的例文：

笑，也是一种运动，不断变化发展。笑的声音有大有小；有远有近；有高有低；有粗有细；有快有慢；有真有假；有聪明的，有愚蠢的；有柔和的，有粗暴的；有爽朗的，有含蓄的；有现实的，有浪漫的；有阴冷的，有热情的。如此等等，不一而足，这是笑的辩证法。

上文可略写为：

……笑的声音有大\；远\；高\；粗\；快\；真\；聪明\；柔和\；爽朗\；

现实 \ ；阴冷 \ ……

第三节　语句略写法

一、单句略写法

单句的略写方法，实际上就是句子的成分略写法。汉语句子有六个一般成分，即主语、谓语、宾语、定语、状语、补语。在快速书写时，可保留句子的基本成分（主、谓、宾），略去附加成分（定、状、补），也就是变长句为短句。同时，句中常用的双音节词第二个音节可以不写，用“/”（斜直线号）代替。书写时，因为已听到或看到此句是什么意思，所以认读时，对代号一般不会发生歧义。例如：

1. 一位穿中山装的科学家在台上作报告。

略写：

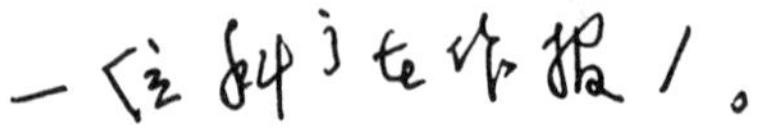

2. 一轮红日从东方冉冉升起来了。

略写：

3. 中学生兴致勃勃地参观了在中国科技馆举办的现代科学技术成就展览。

略写：

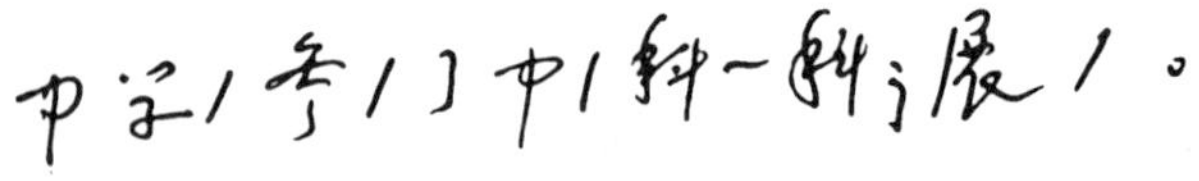

4. 我们人民的团结，社会的安定，民主的发展，国家的统一，都要靠党的领导。

略写：

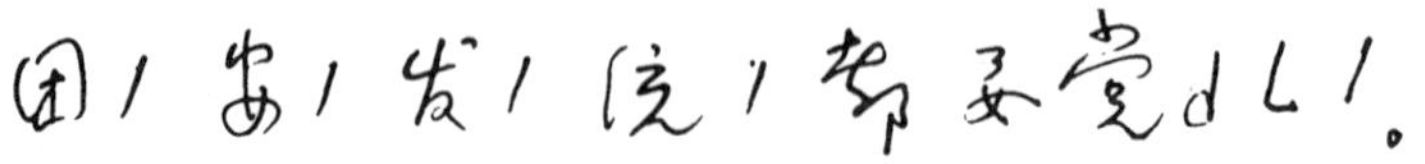

使用这种省略写法，要照顾句子意义的完整。

二、复句略写法

复句有两种组合方式：一种是借助关联词把各个分句组成复句的关联组合，也叫“形合法”；一种是依靠语序和内在的意义关系把各个分句组成复句的直接组合，也叫“意合法”。由于不同的复句使用不同的关联词语（或“意合法”），因此可以将这些关联词语制成代号，以此简化复句写法。

（一）并列复句

并列复句常常不用关联词语，如果用关联词语，可用“也”、“还”、“又……又……”、“既……又（也）”、“一方面……（另）一方面”、“不是……而是”等。在快速书写时，可用“‖”代替关联词语。例如：

小兴安岭既是一座巨大的宝库，也是一座美丽的大花园。

略写：

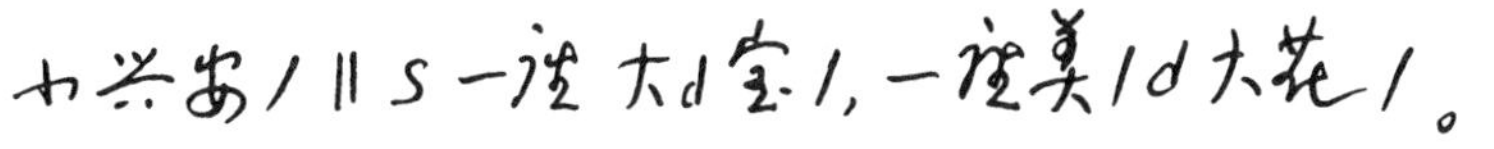

（二）递进复句

递进复句常用的关联词语有“不但（不仅、不只、不光、不单）……而且（并且）……”、“不但……还（也）……”、“不但……甚至（甚至于）……”等。在快速书写时，可用“d”代替关联词语。例如：

哥白尼发表了地动学说，不但带来了天文学上的革命，而且开辟了各门科学向前迈进的新时代。

略写：

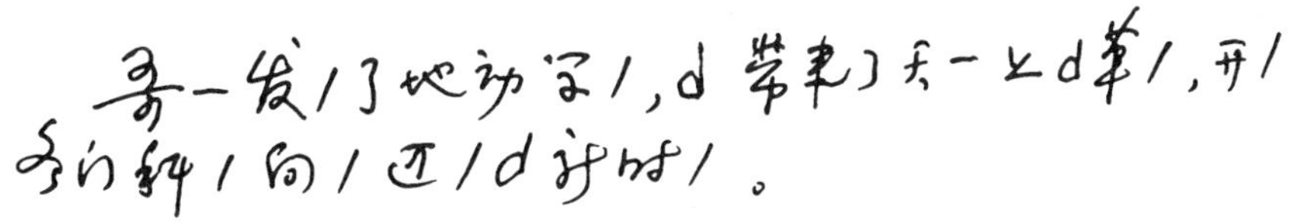

（三）选择复句

选择复句常用的关联词语有“或者（或是）”、“也许”、“是……还是……”、“不是……就是……”、“要么……要么……”、“与其……不如……”、“宁可……决不……”等。在快速书写时，可用“×”代替关联词语。例如：

与其碌碌无为地混这一世，不如壮烈地死去。

略写：

（四）转折复句

转折复句常用的关联词语是“虽然……但是（却）……”、“尽管……可是（然而）……”，或者在后一个分句里单用“却、可、可是、但是、然而、而、不过、只是”等。在快速书写时，可用“z”代替关联词语。例如：

花木灿烂的春光固然可爱，然而，瓜果遍地的秋色却更加使人欣喜。

略写：

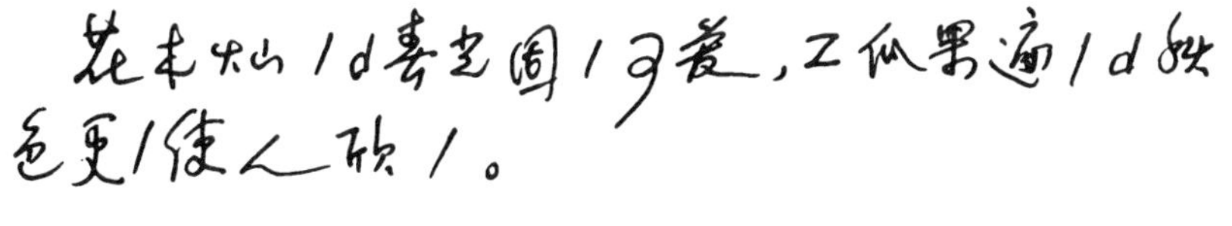

（五）假设复句

假设复句使用的关联词语有“如果（假如、假使、倘若、要是、要不是）……就（那么）……”、“即使（尽管、纵然、就是、就算、就说、哪怕）……也（也是）……”等。在快速书写时，可用“j”代替关联词语。例如：

如果真理只是纯粹主观的思想形式，那么一切谎言、谬论、迷信和妄想都有资格成为真理了。

略写：

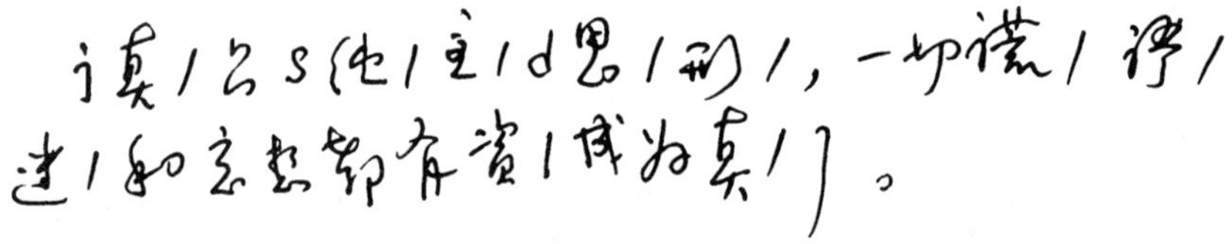

（六）条件复句

条件复句使用的关联词语有“只有……才……”、“除了（除非）……才……”、“只要……就……”、“无论（不管、不论）……都（总）……”、“任凭……也……”等。在快速书写时，可用“t”代替关联词语。例如：

缺乏艺术性的作品，无论政治上怎样进步，都是没有力量的。

略写：

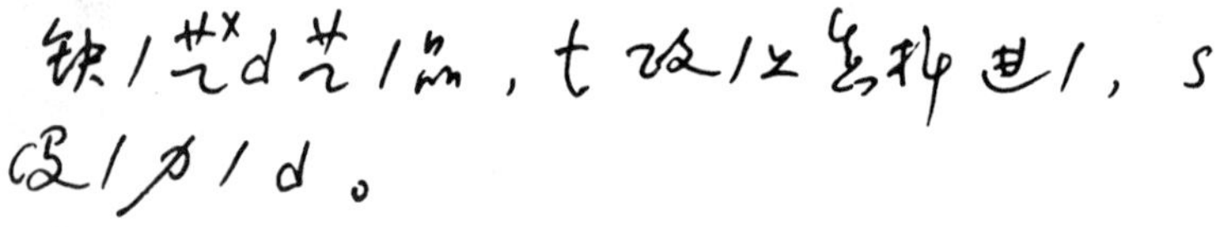

（七）因果关系

因果复句使用的关联词语有“因为……所以……”、“因为”、“所以”、“因而”、“出于”、“因此”、“即……就”、“之所以……是因为”、“所以……是因为”等。在快速书写时，可用“y”代替关联词语。例如：

我喜欢这绚丽灿烂的秋色，因为它表示成熟、昌盛和繁荣。

略写：

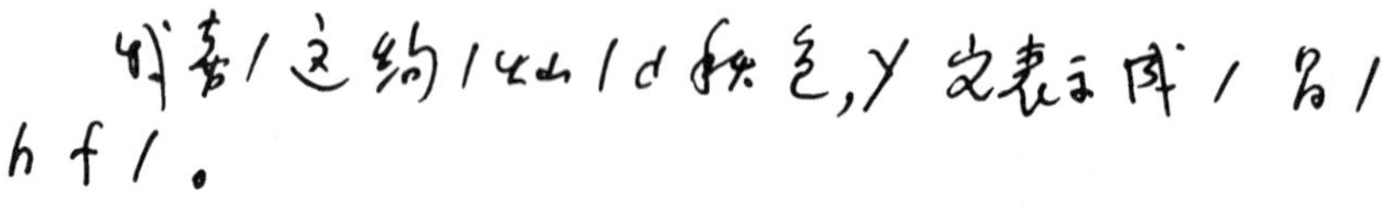

（八）复句紧缩

紧缩句是用类似单句的形式表示复句的内容。例如：

如果你让我去，那我就去。

略写：

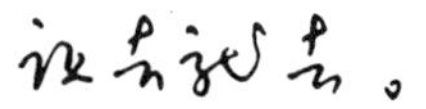

三、提纲略写法

提纲略写法简称“纲略法”。运用纲略法快速书写时，要记主要的语句，一些不必要的、重复的、杂乱的语句可以不记。同时，运用纲略法可略去句以上的语言单位，必要时，仍可以复原。例如：

建设创新型大学的动力靠改革。创新就意味着我们要走一些前人没有走过的路，要做一些别人没做过的事，要思考一些我们过去没有思考过的问题。建设创新型大学的动力靠改革，这就意味着我们面临着一场深刻的变革。

略写：

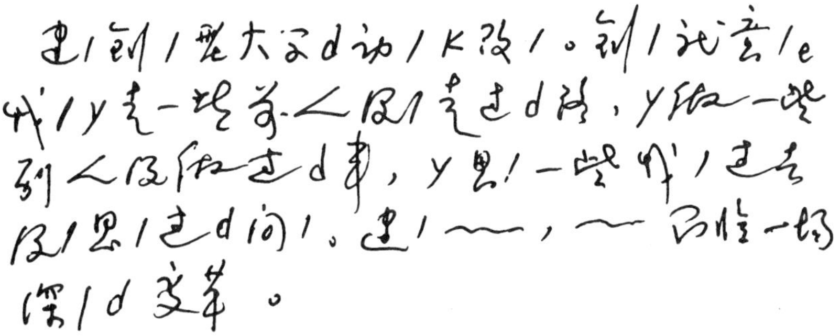

下面介绍其他几种可以略写的情况：

1. 从讲题本身完全可以推知，而且在下文中还将具体地加以说明的部分，可以略去。如果讲题是关于精神文明建设的问题，便可以推知，讲话中“精神文明建设”一词会多次出现，为提高书写速度，可用“精”字代替“精神文明建设”。

2. 从他处记载中可以查阅的部分，可以略去。例如：

提高高等教育的质量，除了需要深化高等教育体制和管理机制的改革外，还需要做三件具体的事情，即贯彻启发式教育方针、教授名师要上课堂和教书育人。

略写：

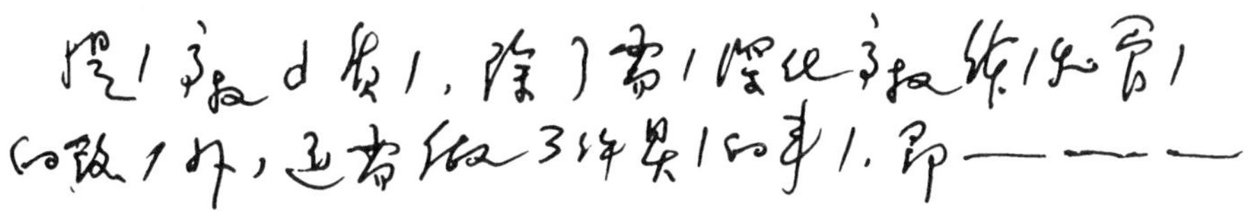

很明显，略去的部分是可以通过查阅原书补充上去的，故在记录时可以略去。

3. 凭当时记忆可以记住的，可略去。

4. 讲话者为说明问题举的例子或讲的带有故事性强的事，均可以略去。

5. 从语法、修辞上可以补充、修饰的，可略去。还可以省略一般非重要的虚字、虚词及修饰语。例如：“很白的雪”、“很多的群众”、“很快地跑”等，讲话中很容易出现这类词。快速书写时，只记下“雪”、“群众”、“跑”即可。

6. 将口头语言整理成书面材料时，可以删掉的，略去。

思考与练习

1. 举出5个不同类型的三音节词略写法。

2. 举出5个不同类型的复句略写法。

3. 用汉字快写法抄写下面短文：

任何一种工具都具有自己的特点、功能与应用范围，不可能是万能的。打字机发明以后，当时便有人预言，“人类的书写劳动已进入半机械化程度，铅笔和钢笔快进博物馆了”。可是世界上第一台打字机问世到现在已有一百多年了，而今天人类最普通的书写工具仍然离不开铅笔或钢笔。速记是人类社会文化不断向前发展的必然产物，在文字产生之后，它长期作为文字的辅助工具，在解决文字的书写速度与语言表现速率的矛盾方面为人类社会作出了可贵的贡献。今天，手写速记面临那些先进的机械化、电子化的快速书写与记录工具挑战的时刻，人们往往会把希望寄托在现代化工具的研制和利用上，而忽视了手写速记有许多无法替代的优势。再灵巧的机械化、电子化，也灵巧不过人们的一双手。

第三章 替代法

在快速记录中，还有一种简便易学的方法——替代法。它是用一些简单的图形、符号、合体字和语音相似的简字等来替代字、词、句的快写方法。替代法具有三个特点：第一，方法简便，灵活多样。在替代法中，不仅可以用图形符号替代词语，还可以自创合体字、同音字替代词语或句子。第二，形象生动，概括力强。利用象形和会意符号替代词语，具有生动形象、过目不忘的特点，同时，象形、会意符号的语义内容概括力强。第三，快速记忆，一笔成章。在运用合体字替代词语时，只用一两笔，便将词句浓缩在一两个字词里边，所以，它更适合快速记忆的特点。

因此，在实际应用替代法时，要多创造、积累替代的图形、符号。这样做不但有助于提高书写速度，而且有助于发展智力，促进思维敏捷，同时，也有助于在生活和工作中建立起速度和时间的观念。

第一节 合体字替代法

所谓“合体”，就是把两个以上的汉字合写在一个字体里，略去部分偏旁部首。这样形成的字古时称为“合文”，现在称为“合体字”。人们常用这种以词为单位合写的合体字来提高书写速度。不过要注意，这种字只能供自己快速书写时用，不能用于社会交际场合，要维护汉字的规范化。

一、双音节词合体字

方针—— 

互助—— 

农村—— 

精神—— 

改革—— 

市场—— 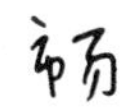

社会—— 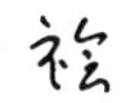

文物—— 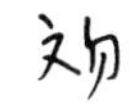

旗帜—— 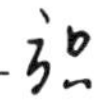

工作—— 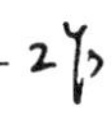

城市—— 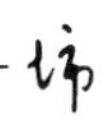

群众—— 

工程—— 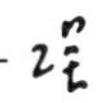

预报—— 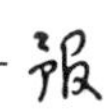

鼓励—— 

归纳—— 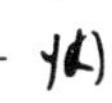

培训——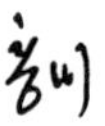

招聘——

正确——

希望——

制作——

举办——

服务——

年龄——

电影——

树立——

永远——

学习——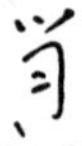

立即——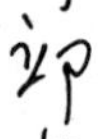

时间——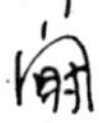

潮流——

资格——

二、三音节词合体字

图书馆——

人民币——

划时代——

奥运会——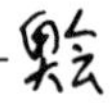

计算机——

联合国——

辩证法——

发展史——

三、四音节词或词组合体字

自主创业——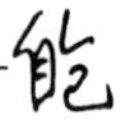

资格证书——

科学技术——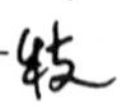

实现四化——

团队精神——

社会主义——

奋半目标——

精神文明——

第二节　象形、会意、数字替代法

象形、会意替代法是用简单的图形、符号、数字等来表示词语所含的意义的一种略写法。这种略写法比较形象，好写易懂。

一、象形

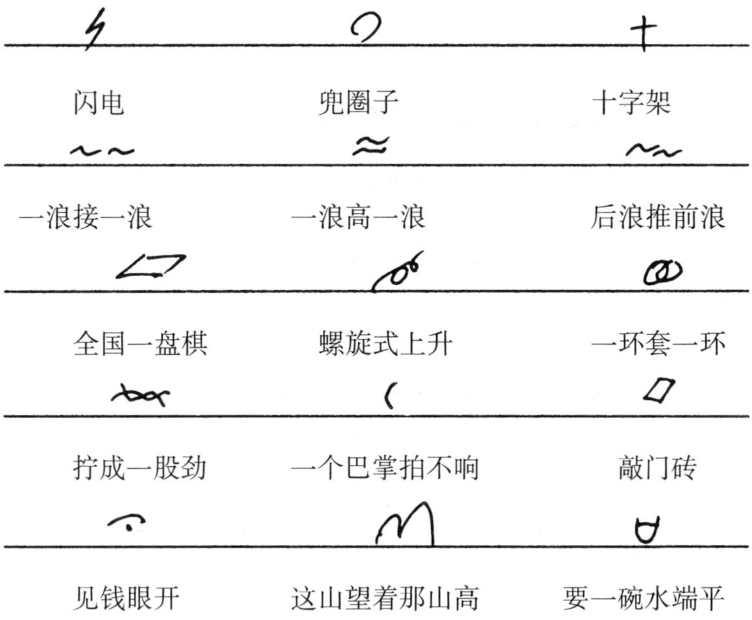
闪电
兜圈子
十字架
一浪接一浪
一浪高一浪
后浪推前浪
全国一盘棋
螺旋式上升
一环套一环
拧成一股劲
一个巴掌拍不响
敲门砖
见钱眼开
这山望着那山高
要一碗水端平

二、会意

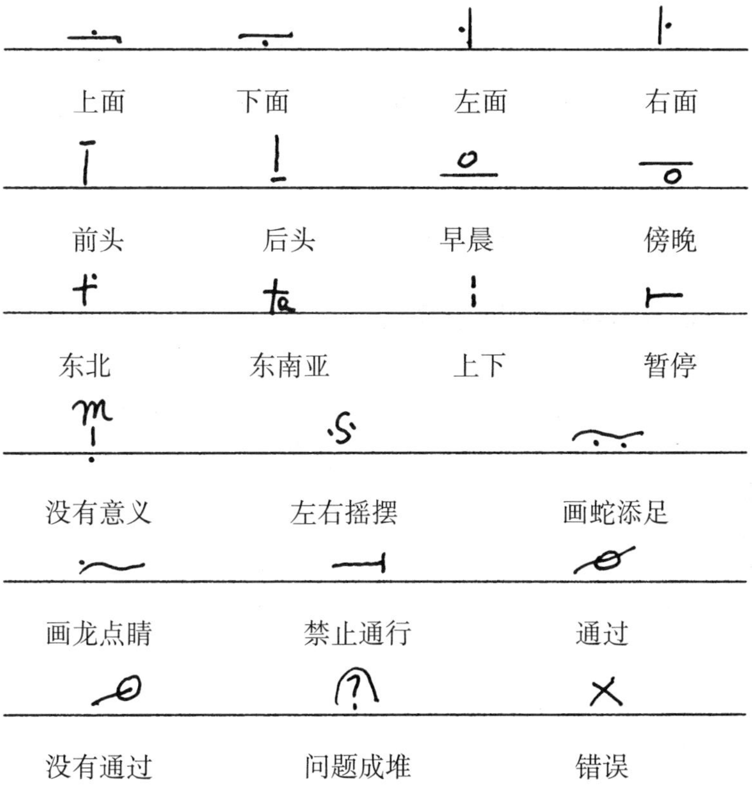
上面
下面
左面
右面
前头
后头
早晨
傍晚
东北
东南亚
上下
暂停
没有意义
左右摇摆
画蛇添足
画龙点睛
禁止通行
通过
没有通过
问题成堆
错误

象形、会意符号，有的可以一符多用，即在不同的语言环境中可以表示不完全相同的意义。如“十”可以表示“医院”，还可以表示“红十字会”、“十字路口”、“天主教”等。

三、数字

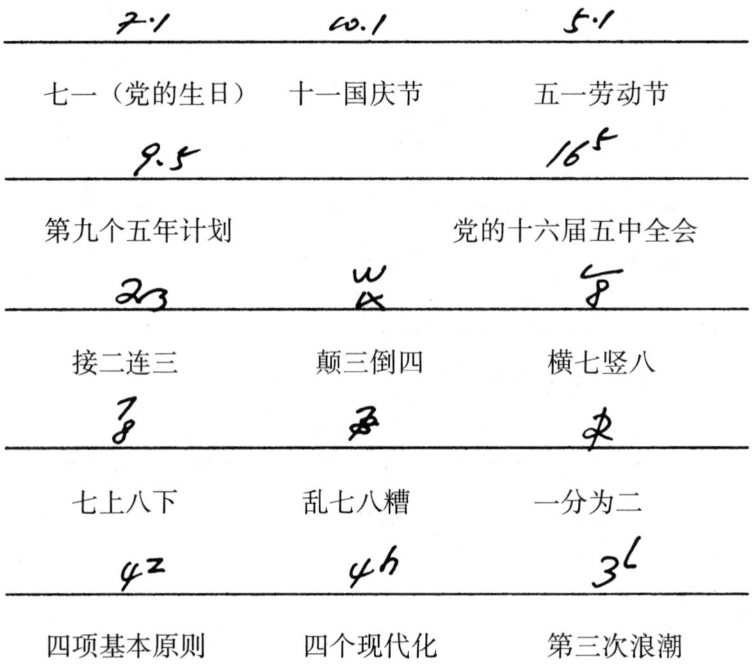

第三节 借用各学科符号替代法

为了提高书写速度，可借用各学科中通用符号代表词语。

一、利用英语中的缩写字母替代

东方——E
南方——S
千克——kg
胜利——V
参考——ref
工会——TU
电视——TV
女士——Ms
公元——AD
急救站——FAP
世界科学工作者协会——WFDW
西方——W
北方——N
公里——km
编辑——Ed
邮局——Po
公司——Co
先生——Mr.
电话——Tel
发货单——D/O

外交部——FO
中国共产党——C. P
中华人民共和国——PRC
奥林匹克运动会——OG
出纳簿——BB
滴滴涕——DDT
联合国——U. N
中央委员会——C. C

二、利用学科中符号替代

1. 利用数学中的符号替代。

例如：

等于——＝
三角形——△
正、负——＋、－
大于——＞
全等——≌
近似于——≈
因为——∵
平行——//
相似——∽
百分比——％
小于——＜
恒等于——≡
未知数——x
所以——∴

2. 利用物理学中的符号替代。

例如：

时间——t　速度——v　长度——l
质量——m　效率——η　密度——ρ
面积——S　周期——T　功率——p
频率——f　高度——h　电压——V
电容——C　电阻——R　压强——P

3. 利用标点符号替代。

例如：

问题　大问题　小问题

问题成堆　问题十分严重

解决问题　问题没有解决

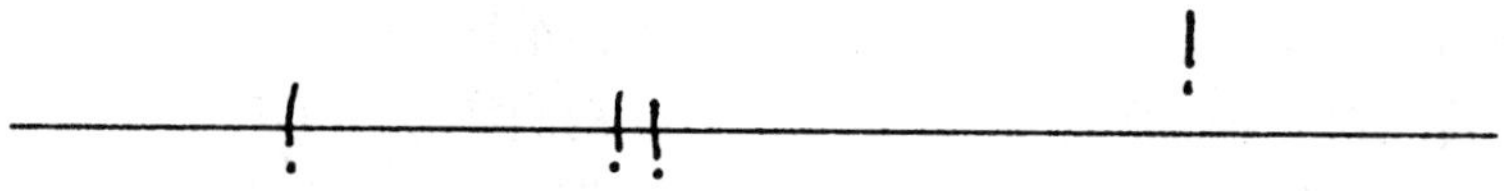

4. 借用专业术语符号替代。

例如：

（1）医疗专业：

体温——T　　　血压——B. P

饭店——P. C

（2）建筑专业：

预制板——YB　　　门——M　　　窗——C

（3）金融专业：

人民币——￥　　　美元——＄

5. 利用社会上流行的符号替代。

例如：

“＋”号代表“学习”　　　“!”号代表“时间”

“－”号代表“休息”　　　“?”号代表“成绩”

“×”号代表“工作”　　　“()”号代表“创作”

“÷”号代表“专业”　　　“…”号代表“事业”

“,”号代表“委屈”　　　“＝”号代表“群众”

在这里，不可能列出各门学科的全部符号、各国文字缩写，以及其他各种专用符号。只不过是通过以上举例，说明一种快速书写的替代方法，供读者快速书写时参考。读者完全可以根据自己的知识覆盖面，在各学科、专业中自由地选用好写的符号代替汉语中的词语，能用多少，就用多少，兼收并蓄，以最节约的方式记录语言。

第四节　拼音字母替代法

在我国的文化教育和人民生活的许多方面，《汉语拼音方案》起了重要作用，并且在国际上得到了广泛的承认。在我国社会主义现代化建设的发展中，它必将发挥出越来越大的作用。

汉语拼音文字有 26 个字母。这种字母普遍叫做“拉丁字母”或“罗马字母”，因为是古代罗马人用过这些字母，而古罗马人的语言叫拉丁语。拉丁字母在世界上通行地区最广，有 60 多个国家用它，如英国、美国、法国、意大利、波兰、捷克、匈牙利、罗马尼亚等国。拉丁字母是国际上通用的字母，容易为一般知识分子所接受。因为这种字母笔画简单、构形明确、便于书写，适合与汉字混合运用。实际上，在我国有不少人已经用拉丁字母与汉字混合在一起记录讲话，效果较好。

一、一般常用词可用拼音字母缩写表示

示例见表 2—3—1。

表 2—3—1

汉字	拼音	缩写	汉字	拼音	缩写
政治	zhèng zhì	zz	经济	jīng jì	jj
生产	shēng chǎn	sc	建设	jiàn shè	js
物质	wù zhì	wz	精神	jīng shén	js
文明	wén míng	wm	民主	mín zhǔ	mz
劳动	láo dòng	ld	群众	qún zhòng	qz
社会	shè huì	sh	信息	xìn xī	xx
理想	lí xiǎng	lx	道德	dào dé	dd
主义	zhǔ yì	zy	政策	zhèng cè	zc
知识	zhī shi	zs	文化	wén huà	wh
工业	gōng yè	gy	农业	nóng yè	ny
商业	shāng yè	sy	科学	kē xué	kx
教育	jiào yù	jy	改革	gǎi gé	gg
创新	chuàng xīn	cx	客观	kè guān	kg
发展	fā zhǎn	fz	前进	qián jìn	qj

如有相同的写法，可在其中一个缩写字母的右下方打一小点，以示区别，如：经济 jj、积极——jj.。常用的单音节词，也可用拼音字母代替，如：我——o、你——n、他——t、是——s 等。

二、汉字与拼音字母合用

1. 双音节词。

例如：

祖国——祖 g　　首都——首 d
北京——北 j　　服务——服 w
人民——人 m　　宗旨——宗 z
秘书——秘 s　　参谋——参 m
信息——信 x　　法律——法 l
遵守——遵 s　　道德——道 d
努力——努 l　　学习——学 x
党史——党 s　　我们——我 m

2. 三音节词。

例如：

(1) 相叠音节在后：

甜丝丝——甜 s.　　亮堂堂——亮 t.

热乎乎——热 h.
水汪汪——水 w.
眼巴巴——眼 b.
湿漉漉——湿 l.
喜洋洋——喜 y.
红彤彤——红 t.

（2）相叠音节在前：

团团转——团．z
担担面——担．m
窝窝头——窝．t
拉拉队——拉．d
蹦蹦戏——蹦．x
毛毛虫——毛．c
呱呱叫——呱．j
娃娃鱼——娃．y

（3）中间嵌有“一”或“的”字，前后汉字相同：

比一比——比^{y}
看一看——看^{y}
比的比——比^{d}
看的看——看^{d}

（4）中间嵌有“得”字或“不”字：

经得起——经/
对得起——对/
经不起——经\
对不起——对\
来得及——来/
做得好——做/
来不及——来\
做不好——做\

（5）其他三音节词：

天安门——天 am
解放军——解 fj
工程师——工 cs
生产力——生 cl
电冰箱——电 bx
先锋队——先 fd
邮电局——邮 dj
辩证法——辩 zf

3. 词组和成语。

（1）前后两音节重叠的形容词词组：

踏踏实实——踏，s
干干净净——干，j
大大方方——大，f
整整齐齐——整，q
兢兢业业——兢，y
前前后后——前，h
高高兴兴——高，x
来来往往——来，w

（2）前后词重叠的动词词组：

讨论讨论——讨 l^{2}
考虑考虑——考 l^{2}
调查调查——调 c^{2}
琢磨琢磨——琢 m^{2}
学习学习——学 x^{2}
商量商量——商 l^{2}
研究研究——研 j^{2}
调整调整——调 z^{2}

（3）常用词组（只写出其首尾字母）：

社会主义——s——y
转变观念——z——n
共产主义——g——y
解放思想——j——x
物质文明——w——m
精神文明——j——m
团结起来——t——l
顾全大局——g——j

（4）并列词组：

立场、观点、方法——立 c^{3}
路线、方针、政策——路 x^{3}

德育、智育、体育、美德——德 y4

革命化、年轻化、知识化、专业化——革 h4

（5）成语：

百花齐放——百 h_

人定胜天——人 d_

康庄大道——康 z_

光明磊落——光 m_

推陈出新——推 c_

势如破竹——势 r_

丰功伟绩——丰 g_

独立自主——独 l_

第五节　运用同音字替代法

汉字字数太多，所以快速记录时，减少字数是许多人关心的问题。新中国成立以来，通过对汉字的整理和简化，减少了一部分汉字，但这远远不能适应汉字快速书写的要求，还需要运用同音字替代的方法。

“同音字”替代法是同音假借的一种简化方法，就是用一些笔画少而好写的字，代替一些笔画多而难写的同音字或在快速书写时瞬间想不起来的汉字。例如：

元——原、源、沅、园、圆、袁

占——战、站、暂、颤

肖——萧、箫、销、硝、削、霄、逍、嚣

交——郊、蛟、茭、跤、姣、胶、鲛

江——姜、豇、疆、僵、缰、将

千——牵、签、迁、谦、阡

干——杆、竿、肝、尴

以上这些同音字，如果单个使用，会有混淆，若和其他的字组成词句，就不容易混淆了。例如：

元来（原来）

占时（暂时）

交区（郊区）

肖遥（逍遥）

肖息（消息）

肖张（嚣张）

元因（原因）

占争（战争）

短占（短暂）

供肖（供销）

肖条（萧条）

肖酸（硝酸）

在快速书写时，对一些联绵词除可采用只写一个字的方法外，还可以采用去掉其偏旁的方法。例如：

孚由（蜉蝣）

青廷（蜻蜓）

知朱（蜘蛛）

夫容（芙蓉）

悉率（蟋蟀）

婴武（鹦鹉）

吴公（蜈蚣）

巴焦（芭蕉）

第六节　相似字形替代法

相似字形替代，主要是利用草书的简单偏旁或部件，概括和代表楷书的偏旁和部件。例如：

替代　　字例

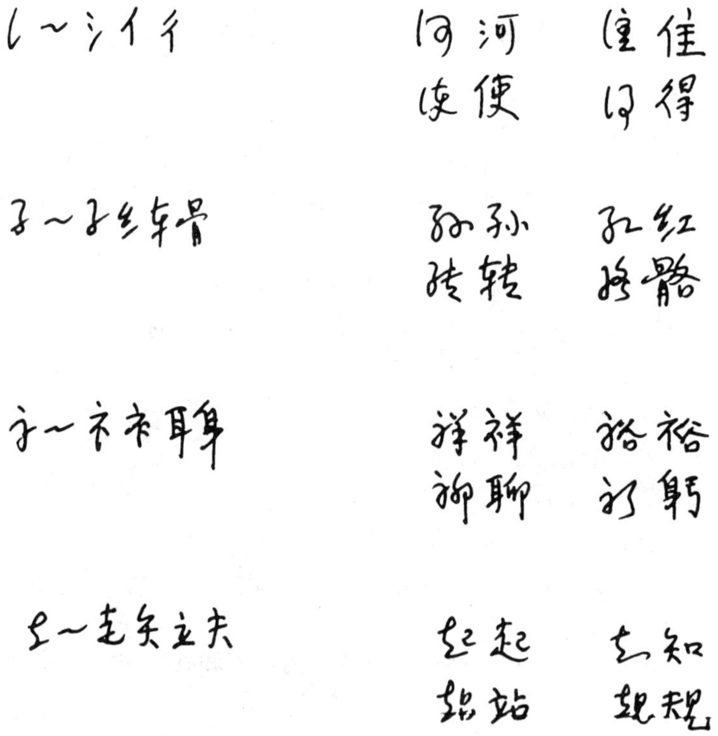

在相似字形的替代中，还可以采用简化字形替代。这种替代形体差别小，连写时可以不必区分。例如：“庆庄”、“压厌”等组字，在连写时有是否有点的差别。“临监坚紧”、“师帅”、“旧归”等组字，有竖和撇的差别。“径轻劲泾”、“圣柽蛏”中有“工”与“土”的差别。“栋冻胨”、“炼练”中，有“东”与“东”的差别。在快速连写记录中都可不考虑细微差别，在不影响认读的前提下，以最简快为目的。

思考与练习

用学过的快写方法，练写下面句子。

◇ 在垦荒者的心田里，永远没有荒芜的土地。

◇ 有时一扇门虽然关上了，其余的门却是敞开的。

◇ 懂得兜圈子、绕道而行的人，往往是第一个登上山峰的人。

◇ 天才的主要标记不是完美而是创造，天才能开创新的局面。

◇ 自己把自己说服了，是一种理智的胜利；自己被自己感动了，是一种心灵的升华；自己把自己征服了，是一种人生的成功。

◇ 要走好明天的路，必须记住昨天走过的路，思索今天正在走着的路。

◇ 智者支配环境，无能者受制于环境；智慧的花朵，常常开放在痛苦思索的枝头上。

◇ 生活本身既不是祸，也不是福，它是祸福的容器，就看人自己把它变成什么。

◇ 日出东海落西山，愁也一天，喜也一天；遇事不钻牛角尖，人也舒坦，心也舒坦。

拼音速记法

◇ 所谓成功，就是为了你渴望实现的目标竭尽一切力量。

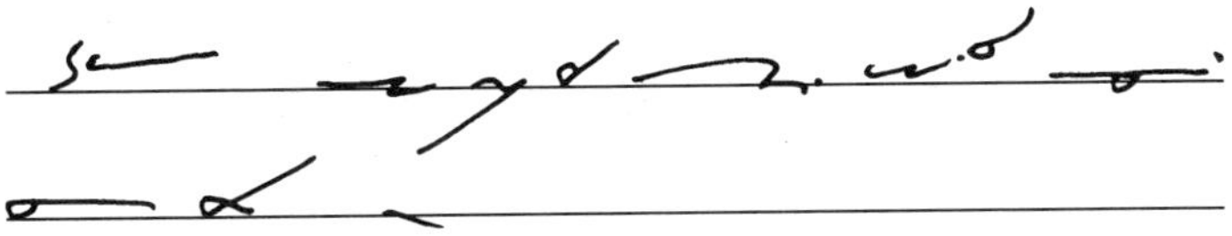

◇ 唯一的真正幸福来自坚持不懈地朝着目标奋进。

拼音速记法的原理就是《汉语拼音方案》的原理。《汉语拼音方案》的字母分为“声母”、“韵母”两大类。拼音速记符号分为“声符”、“韵符”两大类。速记的声符与韵符拼写在一起，就成为“音节符号”(简称“音符”)。用这些音符加上一些省略方法，就可记录全部汉语了。拼音速记法简单易学，不会“汉语拼音”者同样能学好拼音速记。

速记符号的选择、组合不是任意的，而是有其科学根据和实践基础的。这套速记符号在世界上流行很广，称流线体符号。流线体符号的特点是：符形简便、书写流利、形式美观，符合手写的生理运动规律。

1. 曲线形符号。

2. 直线形符号。

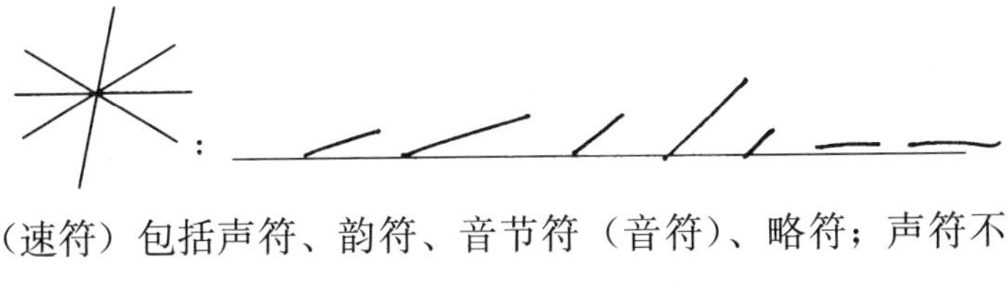

速记符号（速符）包括声符、韵符、音节符（音符）、略符；声符不与韵符拼写时，可自成音符。

第四章 速记声符

第一节 速记声符读音

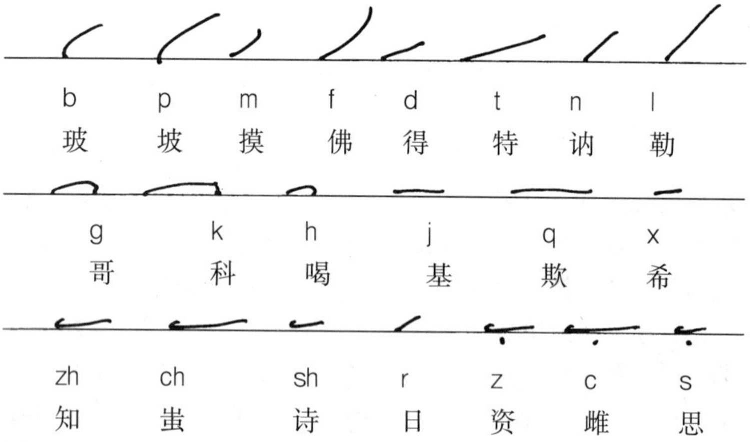

学习速记声符读音时，应注意以下几方面：

1. 要按照声符下面所注的汉语拼音或汉字的读音学习。声符单独使用时，自成音节（略去尾韵符），代表所注汉字的音。

2. “b，p，f”三个声符又代表“不、扑、夫”三个音；“r”符又代表“儿”音，它是多音符，如同汉字的多音字（会——开会、会计；便——便利、便宜）。

3. 可按自己的方言学习速记。速符下面注的汉字，读者的方言读什么音，这个速符就读什么音。

4. 为了书写迅速，速记中凡同音字的汉字都用一个速符表示，并且不标声调。认读时，根据上下文的意思，是不会读错的。何况，速符代表的常用词都有便于认读的固定写法。

第二节 速记声符写法

一、声符的分类及写法的五个规则

（一）速记声符分曲线声符和直线声符

1. 曲线声符（13 个）。

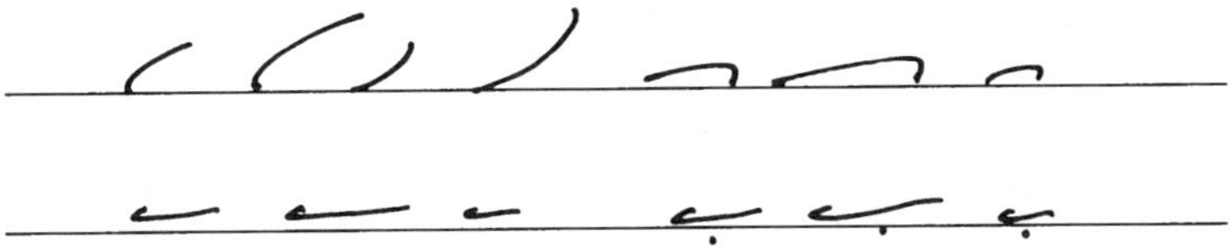

2. 直线声符（8 个）。

（二）声符写法的五个规则

初学速记时，看速记符号好像都是一样的，当掌握其写法的五个规则后，就懂得其区别了。

1. 基线（即练习本上的横格线）。

21 个速记声符都要靠写在基线上，如果离开了基线，该符就读别的音了。

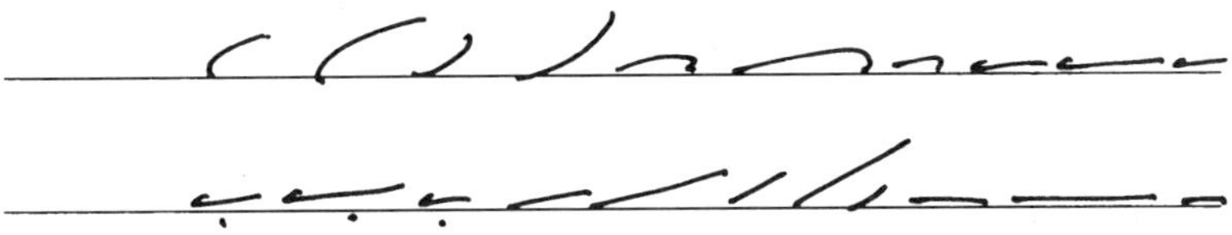

2. 笔顺。

（1）由右上方往左下方书写的声符有 7 个，其收笔处靠写在基线上。

（2）由左下方往右上方书写的声符有 2 个，其起笔处靠写在基线上。

（3）由左方往右方书写的声符有 12 个，前 3 个是起笔处和收笔处靠写在基线上，后 9 个速符的底部靠基线或与基线平行。

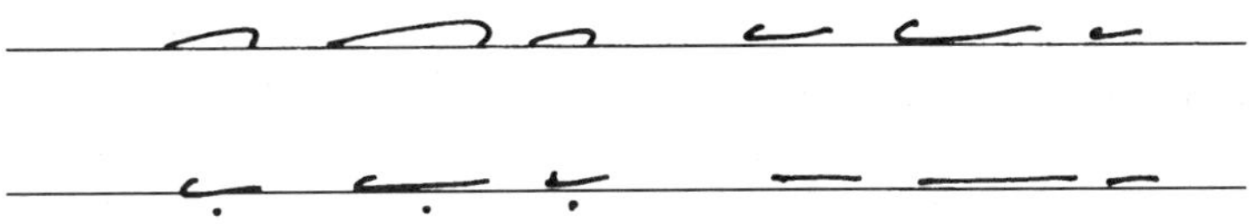

3. 比例。

为快速书写，速符须是单线形符，而单线形符有限，故将同一个单线形符分为三个等级，以增加速符的数量。

（1）大型符（8 个）。

（2）中型符（8 个）。

（3）小型符（5 个）。

练写速符时，以本书上的符形大小为标准较好。为便于区别，大型符可适当写大些，至少要比中型符大三分之一，最好大一倍；中型符要比小型符大一倍，小型符可适当写小些。书写速符，如分不清速符的大、中、小比例，就无法认读。所以，要掌握好速符的比例关系，力求把速符写准确。声符大中小比例如下所示：

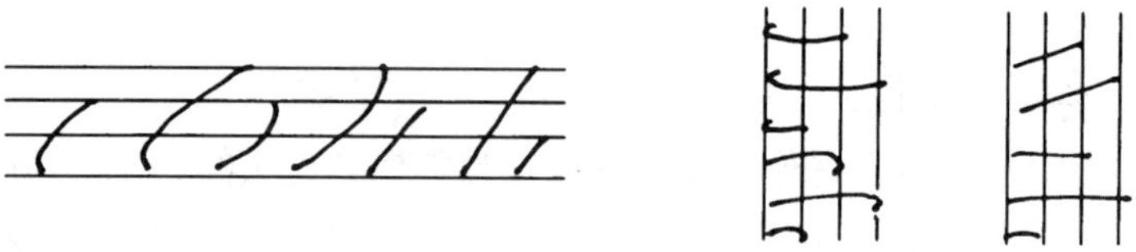

4. 斜度。

（1）与基线成 45°到 70°的声符有 7 个。

（2）与基线成 15°到 25°的声符有 2 个。

（3）与基线平行的声符有 12 个。

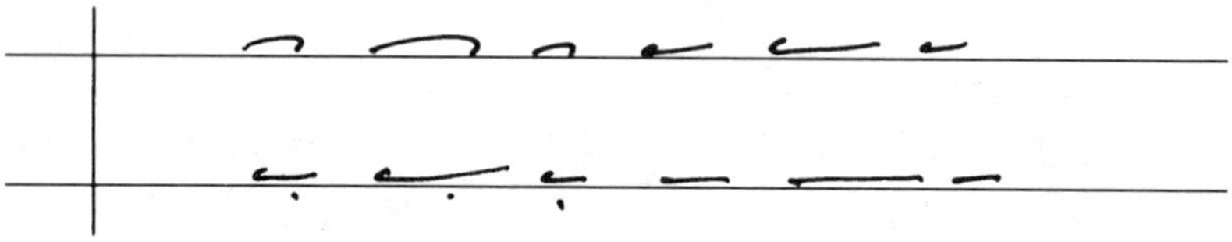

5. 曲势。

（1）起笔处曲势较大的曲线声符有 8 个。

（2）收笔处曲势较大的曲线声符有 5 个。

以上是速记声符写法的 5 个规则，也是所有速记符号写法的规则。这 5 个规则指明了各种速符的特征，使速符之间有着明显的区别。这 5 个规则的重点是要区分好大、中、小型速符。

请将下面速符间的空白写满，要注意其比例的大、中、小。

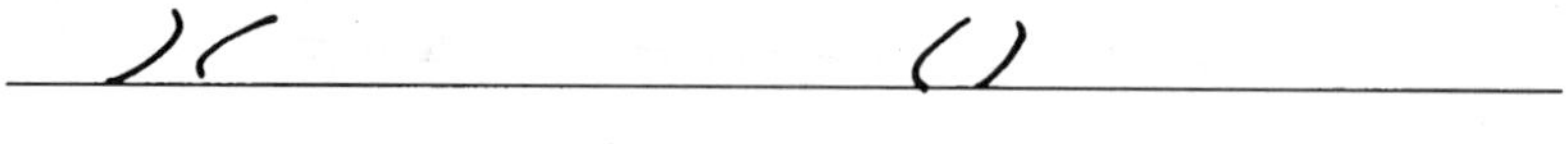

二、速符连写规则

速符连写一般是以两个音节或三个音节的词为单位进行连写的。两个音节的词组可以连写，三个音节的词组不能连写，四个音节以上的词或词组要分开连写。

速符连写总则为：前符的收笔处和后符的起笔处相连，前符按原位置书写，后符随笔顺连，不受基线约束。连写时笔不离纸，一笔写成。

本章主要介绍声符连写规则。声符均是线形符号，线形符号在连写时应注意以下几个方面：

1. 不同方向的直线符连写时（简称“直＋直”），连接处要构成角形。

例如：

日记　记得　特技　得了

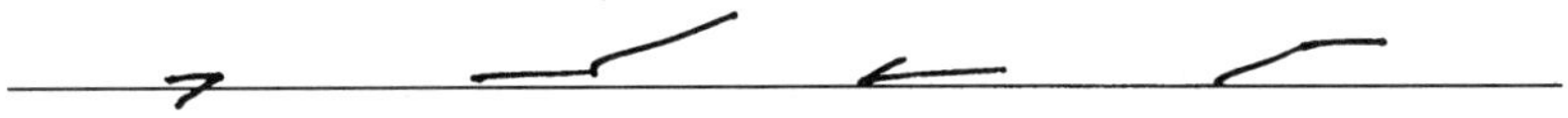

昔日　奇特　日期　得计

2. 同方向的“直＋直”符号连写时，连接处稍稍错笔。横向连写向下错笔，竖向连写向右错笔。

例如：

积极　机器　乐乐　日日

奇迹　稀奇　特得　奇袭

3. 不能一笔贯通连写的曲线符相互连写时（简称“曲＋曲”），连写处要构成角形。

例如：

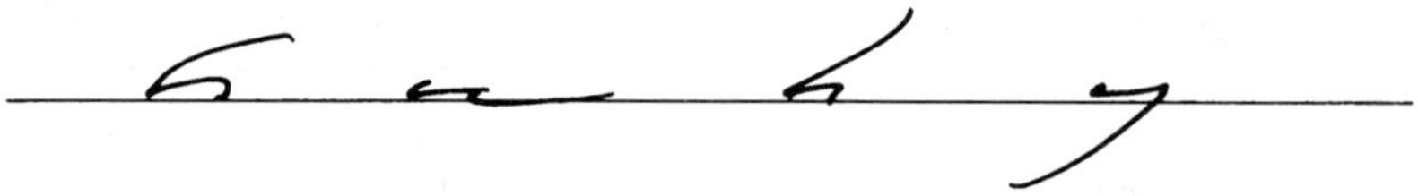

破格　　支持　　符合　　制服

合格　　伯伯　　夫妇　　此致

4. 能够一笔贯通的“曲＋曲”、“直＋曲”符号连写时，连接处不明显的要稍错笔。

例如：

资格　　纸盒　　此刻　　制革

5. 不能贯通的“曲＋直”、“直＋曲”符号连写时，连接处要构成角形。

例如：

值日　　复习　　客气　　特制

机智　　和气　　气魄　　其次

6. 能够一笔贯通的“曲＋直”、“直＋曲”符号连写时，连接处要稍错笔。

例如：

值得　　得个

7. 能够一笔贯通的“曲＋曲”符号连写时，只要连写后不影响认读，就可以不再错笔书写。

例如：

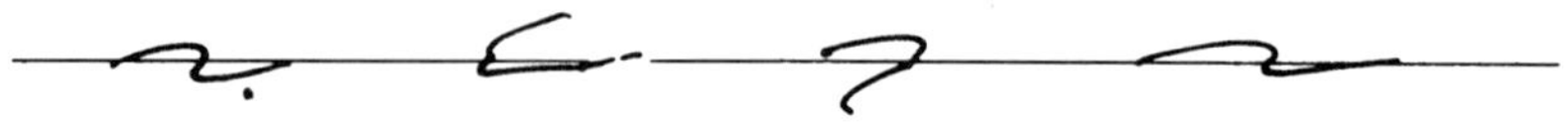

各自　　驳斥　　胳膊　　可耻

歌词　　伯父　　克制　　薄膜

师傅　　是个　　合格的　　司机　　。

夫妻　　的　　事迹　是　　可歌可泣　　　　的　。

注意：基线下面向右下方书写的小斜画是速记中的句号。

第三节　略符、略法

略符、略法对提高书写速度和认读能力十分重要。本节先介绍音符独用略符和成语略写法。

一、音符独用略符

凡是在一个速符收笔处的右下方或正右方附一个小竖画，即代表一个常用的复音词。这种略符叫做音符独用略符。例如：

没有　革命　可以　合作　持久

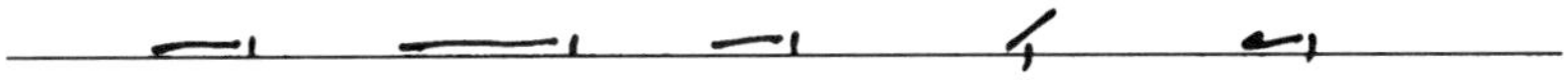

基本　其他　系统　而且　实在

二、成语略写法

常用的四字成语或熟语，可写出前两个字的速符，后面附离一个“xi”符，即附在第二个音节速符收笔处的正右方，代表成语后面的两个字。例如：

实事求是　克己奉公　破釜沉舟

适可而止　自知之明　洗耳恭听

速记中略符、略法均不代表同音词，以求便于认读。学习者可根据书上略符、略法的举例，结合自己学习或工作的需要，自行创制略符、略法。书上的略符、略法的举例最好能记住并会用。

思考与练习

1. 区分中、大、小型速符（照写下面的中型、大型、小型速符，要将空白处写满，边读边写。开始练写速符，不宜快写，力求把速符写准确）。

（1）中型速符：

（2）大型速符：

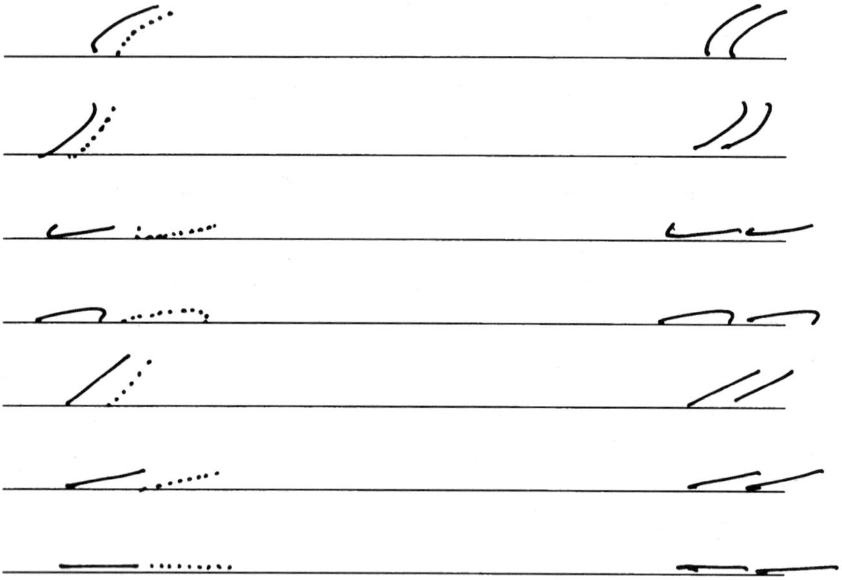

（3）小型速符：

2. 速符连写练习。

（1）双音节词：

日记　积极　支持　破格　日日

制服　合格　值得　资格　合适

机器　奇迹　纸盒　适合　袭击

机智　诗歌　师傅　普及　特制

时刻　仔细　旗帜　气魄　实际

（2）词组：

符合实际　克制自己　科技知识

客客气气　积极支持　诗词歌赋

3. 将汉字写成速符，将速符写成汉字。

旗帜	朴实	志气	事实	制服
实际	适合	夫妇	此致	机智
客气	知识	刺激	自己	实习

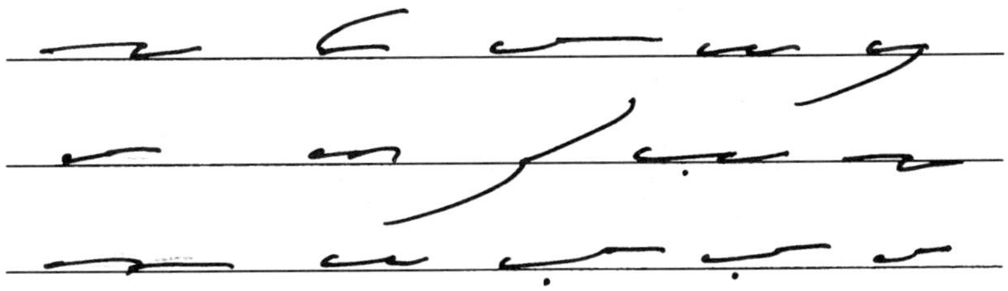

4. 将下面的速符词语至少各抄写 5 遍。

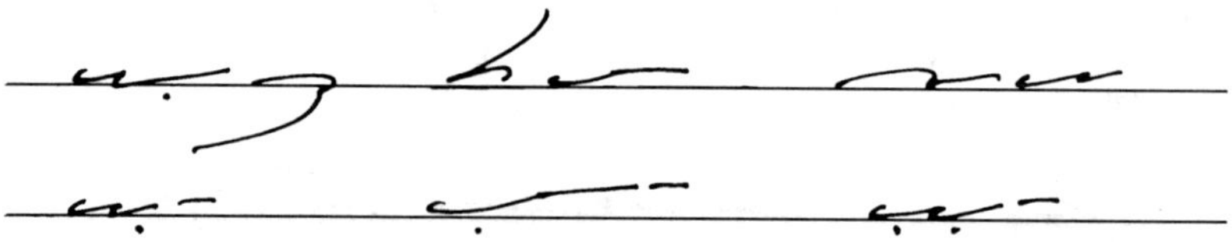

实习合格	积极支持	克制自己
诗词歌赋	符合实际	科技知识
视死如归	此起彼伏	孜孜不倦

第五章 “i，u，ü”韵符及其音符

21 个声符学完了，下面几章会分别介绍速记韵符及其音符。本章先介绍“i，u，ü”三个韵符及其音符。“i，u，ü”三个韵符均是小圈形符号，要熟练掌握其连写规则。要在学中用、用中学，学以致用，学而不厌。

第一节 “i”韵符及其音符

衣 i　笔 bi　匹 pi　眯 mi　低 di　踢 ti　你 ni　里 li

一、写法

1. 声符与韵符相拼写，产生音节符号（即“音符”）。21 个声符不能都与韵符“i”拼写，汉语中没有这个音节，就没有必要拼写。下面各组韵符还有类似情况，不再一一说明。

2. “ji”、“qi”、“xi”三个声符本身已带“i”韵，是声符，也是音节符，所以本组不再列出。

3. “i”韵符，不与声符拼写时，自成音节符，它像一个句号，单写时顺时针方向写或逆时针方向写均可。

4. 连写后的速符，如果与音符相同时，要区别开。区别的方法是：在连写符连接处的正左方或左上方打一点，以表示此符不是音符，而是连写符。该点叫做分读点，属于区别音符和连写符方法的一种点。例如：

提（音符）　特意（连写符）　里（音符）　乐意（连写符）

5. “i”符出现在词首（为第一个音符）时，顺时针方向或逆时针方向写均可。“i”符出现在词尾（为第二个音符）时，要连写在曲线符的内方（曲线符凹处）、竖写直线符的左方、横写直线符的下方、前边圈形符的下方，简称“内、左、下”方。例如：

（1）词首：

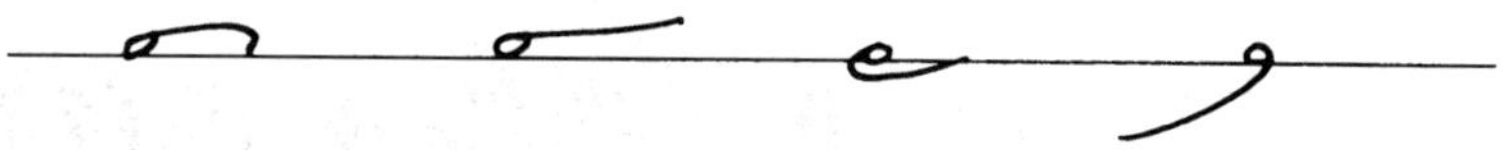

一个　一起　一只　衣服

（2）词尾（曲线声符的内方）：

服役　破衣　可以　致意

（3）词尾（竖写直线符的左方）：

乐意　日益

（4）词尾（横写直线符的下方）：

得意　记忆　西医

（5）词尾（前圈符的下方）：

意义　提议　笔译　利益

二、词语连写

一日　意义　一起　笔记　体制

比例　地理　一刻　批示　秘密

个体　笔直　智力　利弊　体力

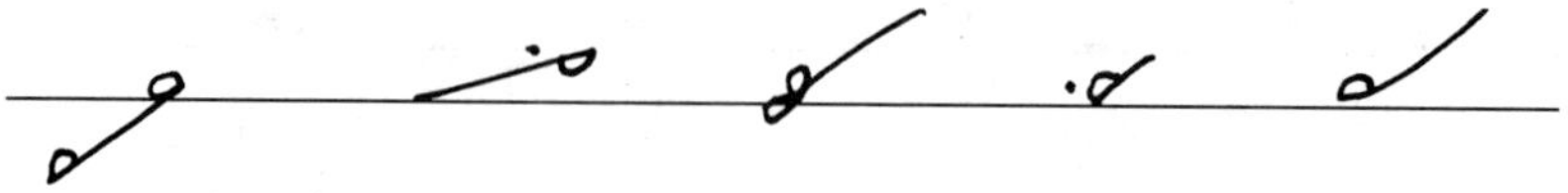

毅力　特意　利益　日益　服役

三、速符应用

1. 成语（盖住汉字，边读速符，边抄写）。

借用成语练习记忆速符，实践证明效果比较好。不管采用什么记忆方法，都离不开多读、多写、多应用。

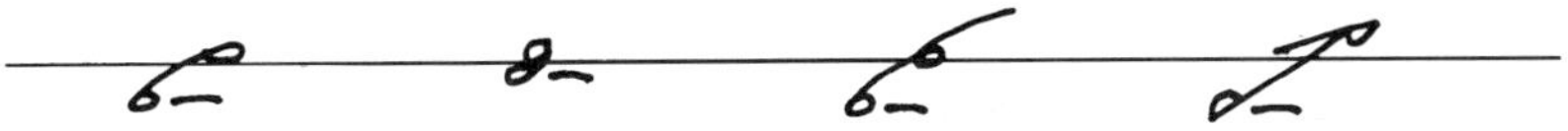

一笔勾销　　一衣带水　　比比皆是　　地利人和

逆耳之言　　匹夫有责　　秘而不宣　　离题万里

2. 短文。

运用已学过的汉字速记和拼音速记符号混合应用练写。要灵活运用，只要写得快、认得出就好。

◇ 决定你幸福不幸福的，不在于你有什么，或你是谁，或你在什么地方，或你正在做什么，而在于你是怎么选择的。

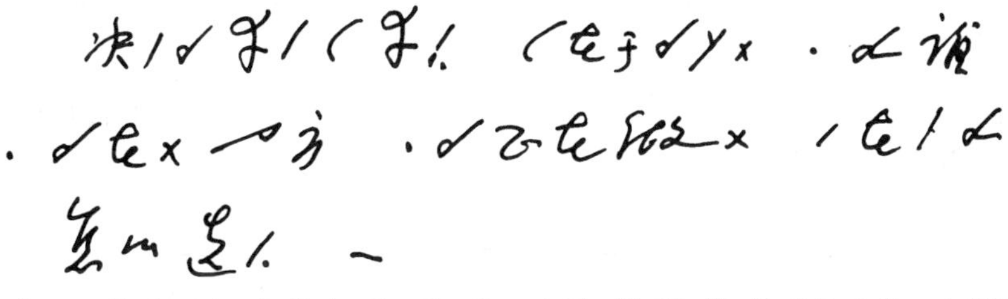

注意："bo"符在速记中代表"bu"音；小叉"×"代表"什么"；小斜画代表"句号"。

◇ 人生只有一事算得是成功的，那就是能够依照你自己选择的方式去生活。

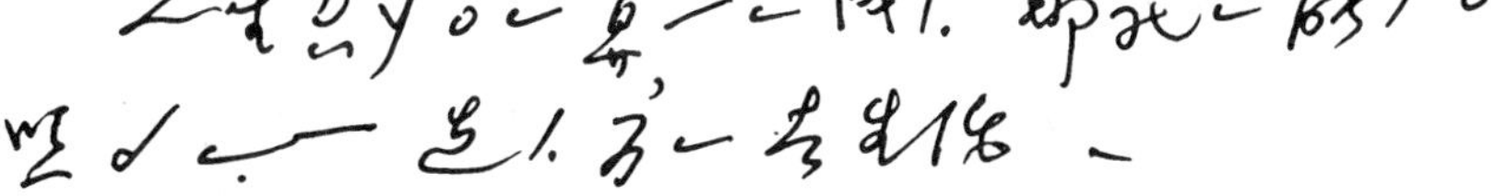

注意：速记是"为我所用"，即自己写的速符自己能认读出来。

第二节 “u”韵符及其音符

乌 u 不 bu 扑 pu 母 mu 夫 fu 姑 gu 哭 ku

乎 hu 朱 zhu 出 chu 书 shu 租 zu 粗 cu 苏 su

都 du 突 tu 努 nu 卢 lu 如 ru

一、写法

1. “u”韵符是一个露头的小圈形符。韵符“u”与声符拼写时，为了快速书写，可将露头尾线略去。

2. “bu”、“pu”、“fu”三符均是略去了韵符“u”的简化符号，通用于同音字。应用时，看上下文意能与“bo”、“po”、“fo”三符区别开。例如：

博士 普及 科技 知识 。

3. “u”韵符单写时，在基线上先向右上方写出小曲线，再逆时针方向写出小圈形符。例如：

乌

4. 为连写方便，凡在圈形符下面打一点，即可代表“u”音，此点叫做“u”音点。属略写方法。例如：

义务 笔误 鼓舞 读物

5. 连写时，“u”符出现在词首，按原样写；出现在词尾，略去尾线，连写在曲线符的外方、竖写直线符的右方、横写直线符的上方、前边圈形符的右方，或打“u”点，简称“外、右、上”方。例如：

（1）词首：

武器 物质 物理 无故 务必

（2）词尾（曲线符的外方）：

事物 植物 歌舞 破屋 服务

（3）词尾（竖写直线符的右方）：

日午 那物

注意：“n”符可代表“那”字，是不能通用同音字的。

（4）词尾（横写直线符的上方）：

特务 机务 西屋

（5）词尾（前圈符的右方或打“u”点）：

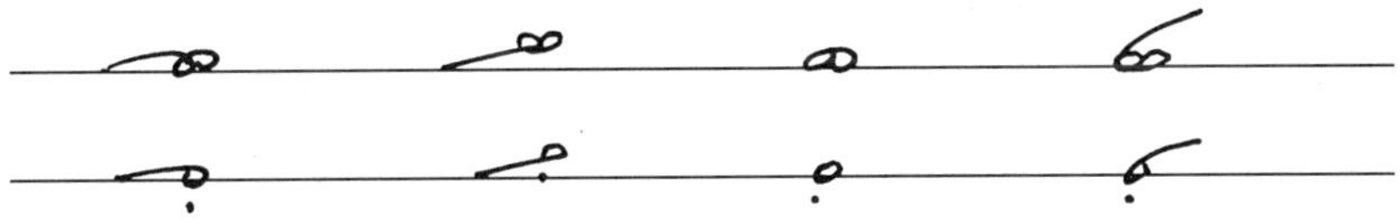

鼓舞 读物 义务 笔误

注意：各组音符的写法是固定的，不分“内、左、下”方或“外、右、上”方。圈形速符连写时是有规则的，不带尾线的圈形符出现在词尾时，连写在前符的“内、左、下”方；带尾线的圈形符出现在词尾时，连写在前符的“外、右、上”方，并略去尾线。

二、词语连写

物体 处理 估计 组织 熟悉

技术 独立 束缚 土地 地理

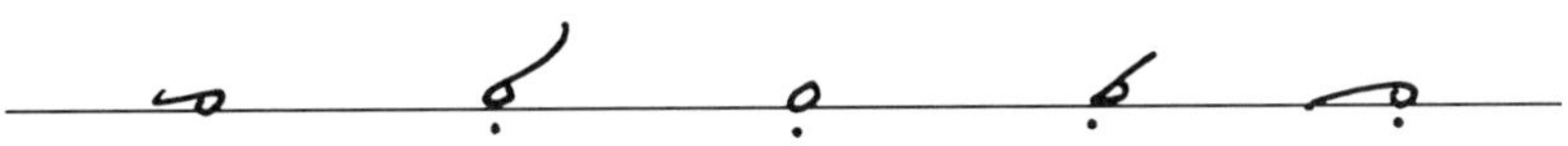

事物 木屋 义务 入伍 鼓舞

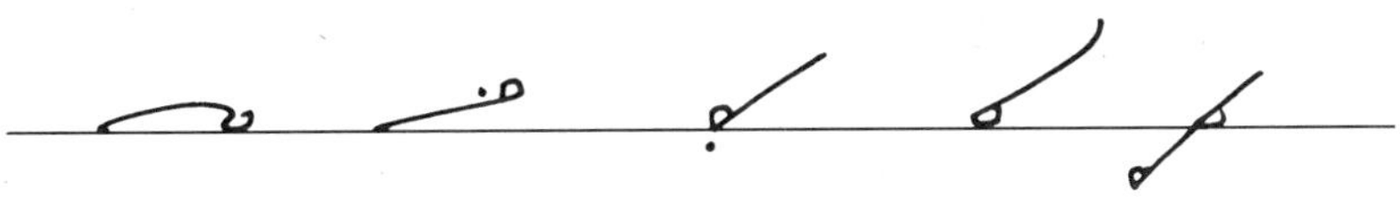

可恶 特务 礼物 服务 努力

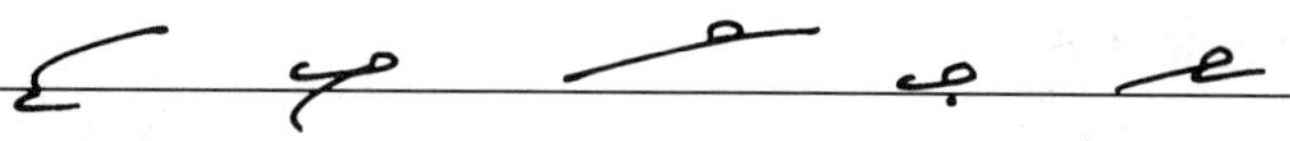

朴实　　逐步　　突击　　书屋　　都市

三、速符应用

1. 成语（盖住汉字，边读速符，边抄写）。

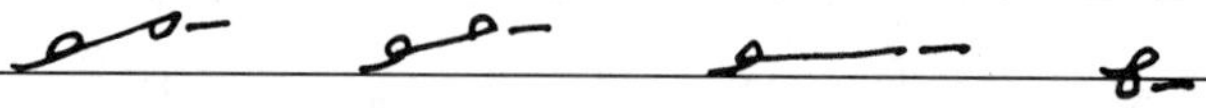

无的放矢　　无独有偶　　无奇不有　　物以类聚

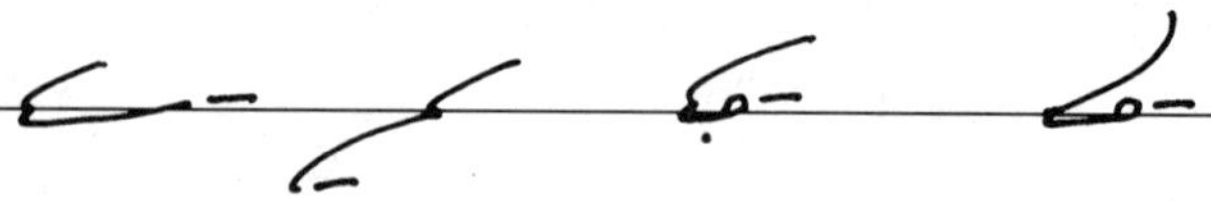

不耻下问　　不破不立　　朴素无华　　付诸东流

2. 短文。

◇ 在这世界上，我们身在何处并不重要，重要的是我们朝着什么方向前进。

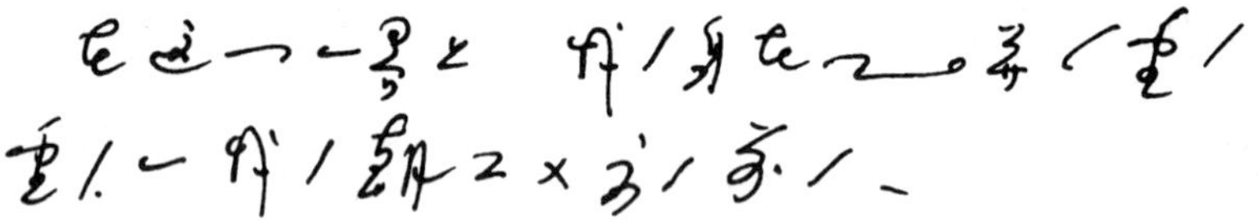

◇ 一个人如果知道自己前进的方向，那么整个世界都会为他让步。

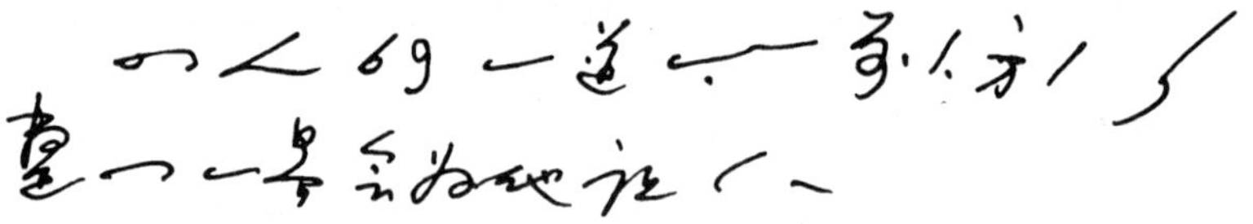

第三节　“ü”韵符及其音符

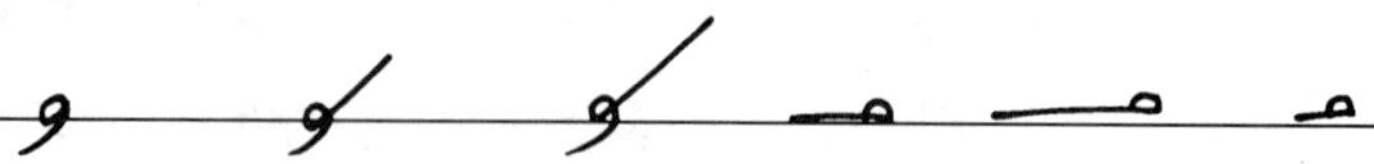

迂 ü　　女 nü　　律 lü　　居 ju　　区 qu　　虚 xu

一、写法

1. 写“ü”韵符时，小圈写在基线上，尾线写在基线下。
2. 连写时，“ü”符出现在词首照写；出现在词尾时，一律用一个小短画附在前符收笔处的正下方。小短画的长度是“ri”符的 2/3。例如：

雨季　于是　德育　智育　体育

呼吁　区域　比喻　其余　富裕

3. 在速符收笔外正右方附一点，此点叫做“de”点，代表“的、地、得”结构助词。例如：

律师的书　努力地复习　读得仔细

秘书的笔记　积极地支持　记得仔细

二、词语连写

娱乐　须臾　局势　具体　一律

女士　纪律　距离　曲艺　秩序

时局　顾虑　叙述　预支　逾期

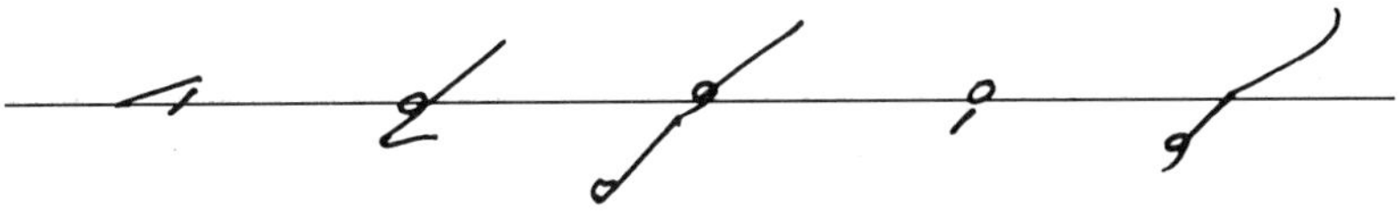

德育　律师　履历　抑郁　妇女

三、速符应用

1. 成语（盖住汉字，边读速符，边抄写）。

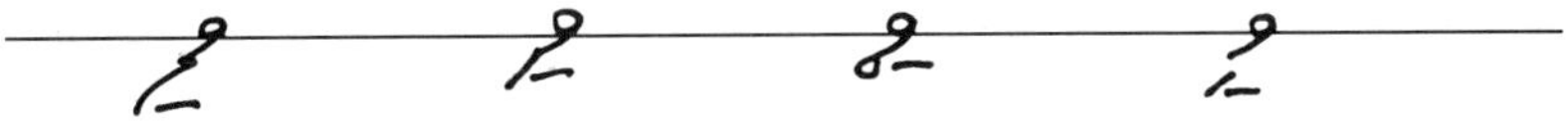

瑜不掩瑕　与日俱进　语无伦次　郁郁寡欢

屡次三番　局促不安　举足轻重　栩栩如生

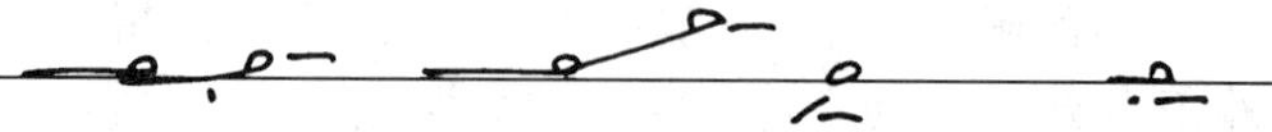

去粗取精　曲突徙薪　一隅之见　虚无缥缈

2．短文。

古人常说，谋定而后动，多谋善断。这些都强调了战略决策的重要性。其中，战略就是谋略，决策就是判断，有了谋略还要能够拍板正案，这就是战略决策。管理界有句名言，“首先做正确的事，其次正确地做事”。不仅管理如此，人生亦如此，有了方向就不怕路途遥远，但方向错误便事倍功半。

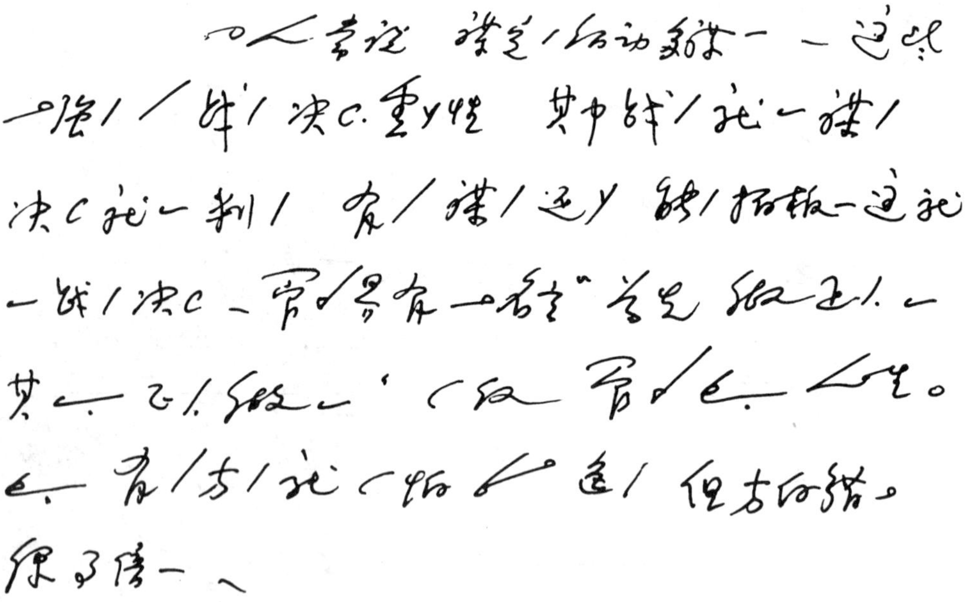

第四节　略符、略法

一、音符独用略符

已经　批评　的确　提高　理论

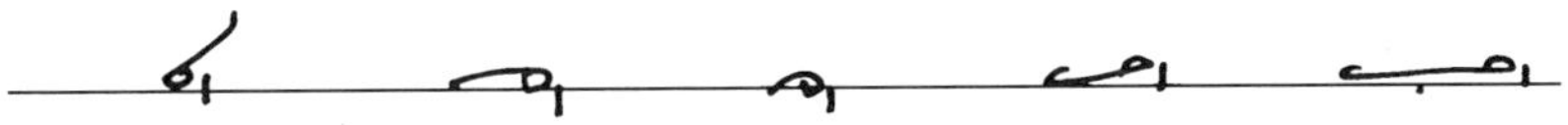

目的　鼓励　互助　主动　促进

秘密　都是　突出　具体　取得

二、多音节成语略法

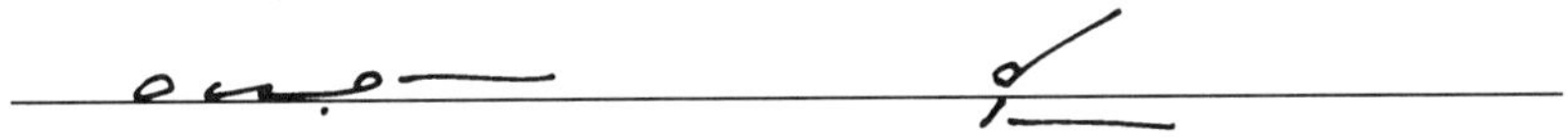

一失足成千古恨　立于不败之地

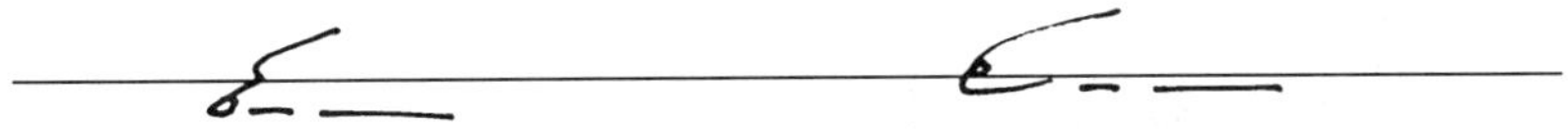

不入虎穴，焉得虎子　皮之不存，毛将焉附

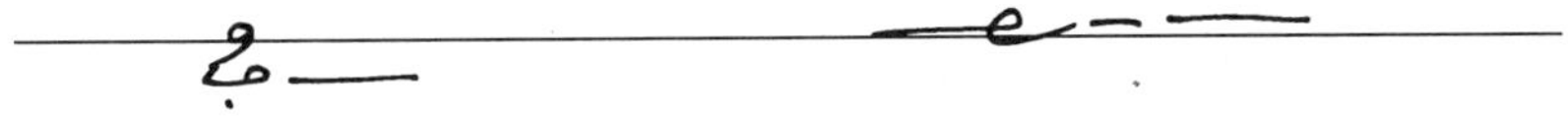

欲速则不达　取之不尽，用之不竭

注意：多音节成语略写时，可写出前面两三个音节速符，后面附离“xi”、“ji”符或“qi”符。此法是中附离略法。

思考与练习

1. 速读下面的速符。

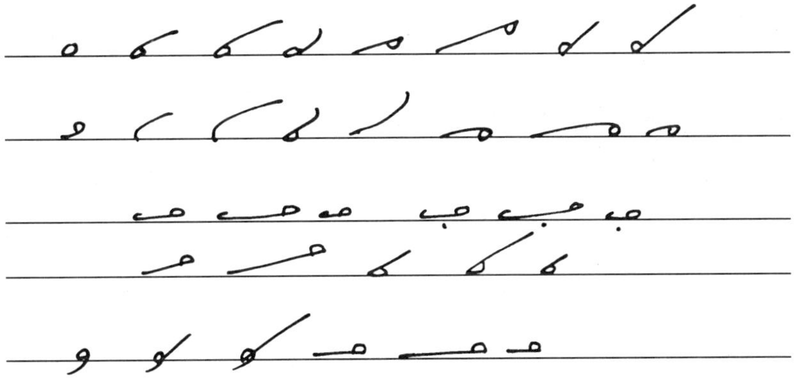

2. 区分中、大、小型速符（边读、边抄写）。

（1）中型速符：

（2）大型速符：

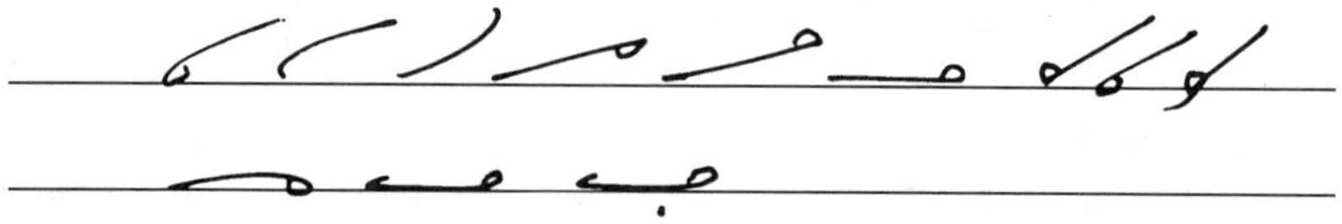

（3）小型速符：

3. 应用练习。

（1）将下文带点的汉字写成速符。

人是社会性的动物，只有在组织中才能找到认同感。而组织文化就是人与人之间所建立的规则。管理出效益，就是要管出一个良好的规则，让组织发挥 1+1>2 的效力。著名管理学大师德鲁克有句名言：“管理不只是一门学问，还应是一种‘文化’，它有自己的价值观、信仰、符号和语言。”

（2）用“双式速记法”抄写上文，答案参考如下。

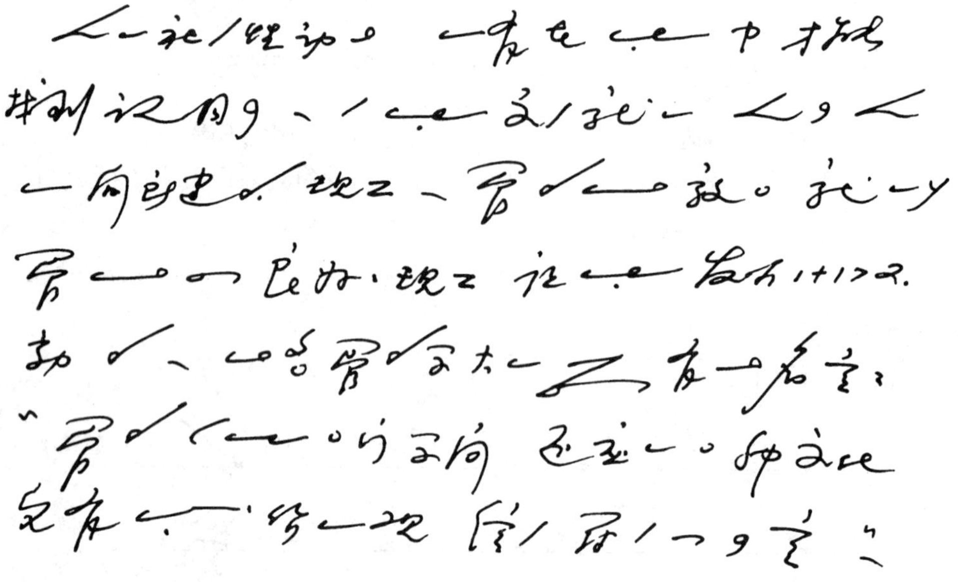

第六章

“a，uo(o)，ai” 韵符及其音符

上一章学的是小圈形韵符及其音符，本章学习大圈形韵符及其音符。速记中的圈形符号只分两级比例，小圈形韵符和大圈形韵符。大圈形韵符比小圈形韵符大一倍。

第一节　“a”韵符及其音符

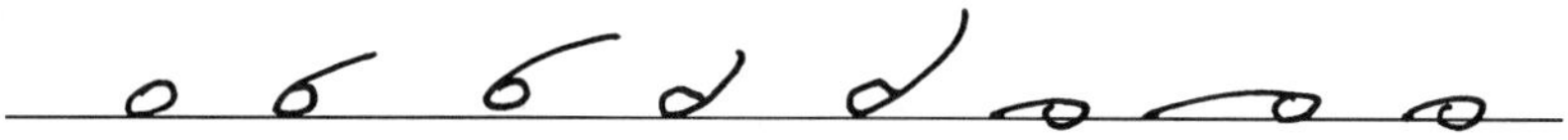

阿 a　巴 ba　趴 pa　妈 ma　发 fa　嘎 ga　卡 ka　哈 ha

扎 zha　插 cha　杀 sha　匝 za　擦 ca　撒 sa

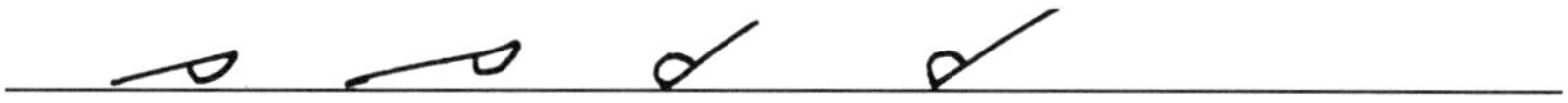

大 da　他 ta　拿 na　拉 la

一、写法

1. “a”韵符是一个圆圈，比“i”符大一倍；单写时，顺时针方向或逆时针方向写均可，连写规则同“i”符连写规则。

2. “da”、“ta”两符较常用，可省略韵符“a”，用“de”、“te”符代替，这是简化符号，通用于同音字。例如：

发达　大意　其他　踏实

3. “ga”、“ka”、“ha”三符不常用，可代表“gua”、“kua”、“hua”三音，这是多音符。例如：

瓜葛　夸大　礼花　夸夸其谈

4. 在大圈内打一点，可代表“i”音，此点叫做“圈内点”。属略写方法。例如：

阿姨　诧异　法医　华裔

二、词语连写

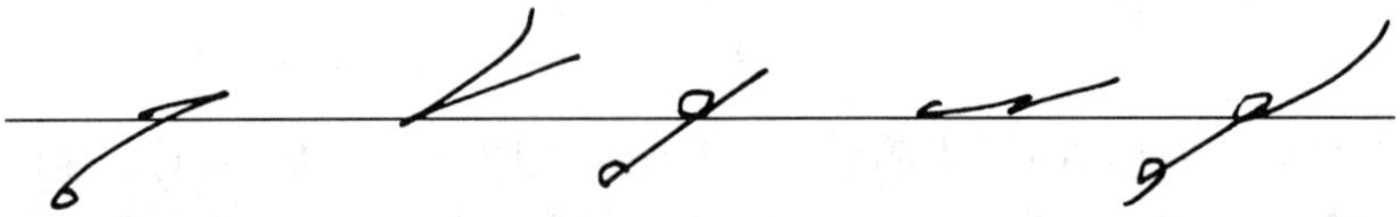

大批　佛塔　哪里　直达　法律

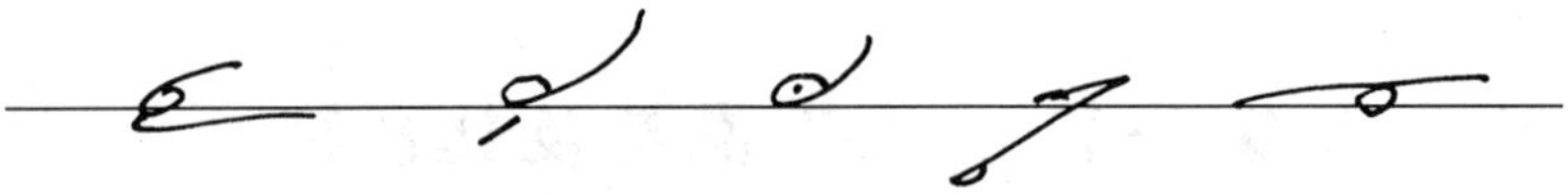

把持　发育　蚂蚁　大路　咔叽

打字　诧异　出纳　法治　扎实

大巴　挂失　化石　闸盒　沙土

三、速符应用

1. 成语（盖住汉字，边读速符，边抄写）。

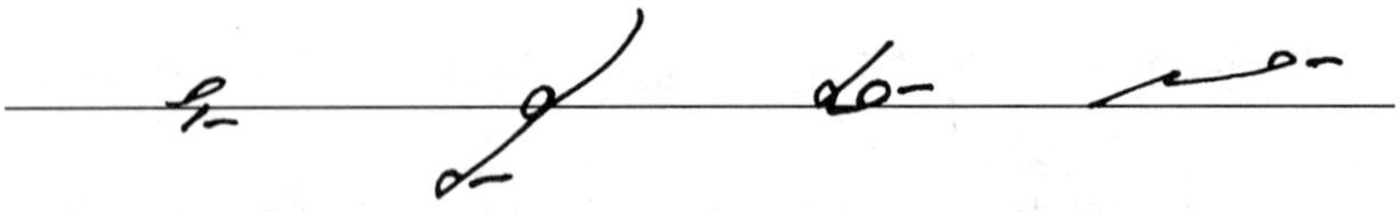

阿谀奉承　法力无边　泥沙俱下　大处落墨

大吉大利　一马当先　插翅难飞　麻木不仁

打破砂锅问到底　　踏破铁鞋无觅处，得来全不费工夫

2. 短文。

少了一个铁钉，丢了一只马掌，
少了一只马掌，丢了一匹战马。
少了一匹战马，败了一场战役，
败了一场战役，失了一个国家。

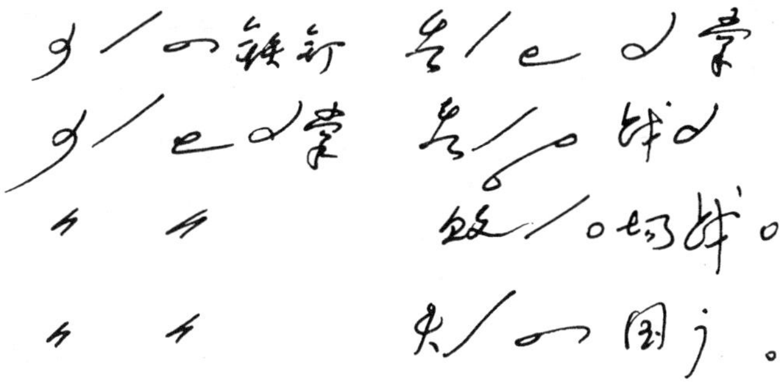

第二节　“uo(o)”韵符及其音符

窝（喔）uo(o)　锅 guo　扩 kuo　活 huo

桌 zhuo　绰 chuo　说 shuo　作 zuo　搓 cuo　梭 suo

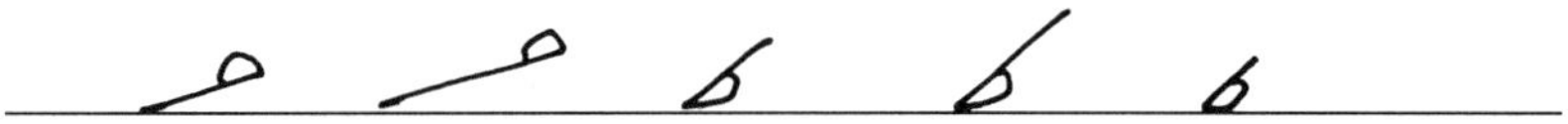

多 duo　拖 tuo　挪 nuo　罗 luo　若 ruo

一、写法

1. “窝”符又代表“喔”音，其写法同“u”符写法，是带尾线的大圆圈。

2. “bo”、“po”、“mo”、“fo”四个声符已含有“o”韵，是声符，也是音节符，所以本组未列出。

3. “guo”、“kuo”、“huo”、“zuo”四符是简化符号，代表同音字。

4. “窝”符的连写规则同“u”符的连写规则。连写时，“窝”符出现在词首可照写；出现在词尾，应连写在前符的“外、右、上”方、圈形符的右方，也可直接连写。例如：

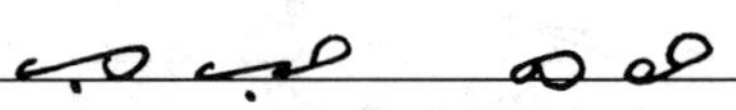

自我　一窝　你我

5. “或”、“或者”选择连词，可用打在基线上的“点”代替，以求与“和”字有区别。“点”前后要间隔一个横写的中型符长度的距离。例如：

你 或者 是 他 或者 是 我 去拿 桌子 。

二、词语连写

我国　过火　扩大　做主　说话

错过　堕落　琢磨　多疑　合作

国都　货物　桌椅　逻辑　脱离

三、速符应用

1. 成语（盖住汉字，边读速符，边抄写）。

左顾右盼　座无虚席　坐而论道　作壁上观

国富民安　国计民生　豁达大度　火树银花

多多益善　拖泥带水　自我陶醉　卓尔不群

2. 短文。

我进了教室，在白板上点了一个黑点。我问学生说："这是什么?"大家都异口同声地说："一个黑点。"

我说："只有一个黑点吗?"

我们看人的时候也一样，第一眼所见的总是这个人的缺点和不足，而对他的许多优点却视而不见。

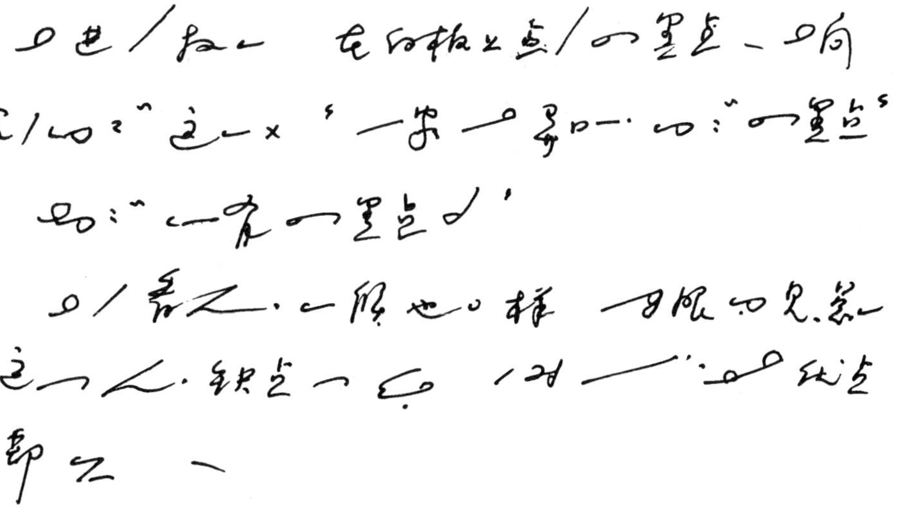

第三节 "ai"韵符及其音符

一、写法

1. "ai"符是一个大破圈，其大小同"a"符。连写时，"ai"符出现在词首顺连；出现在词尾最好连写在前符的"内、左、下"方，如果连写在"外、右、上"方亦可。例如：

（1）词首：

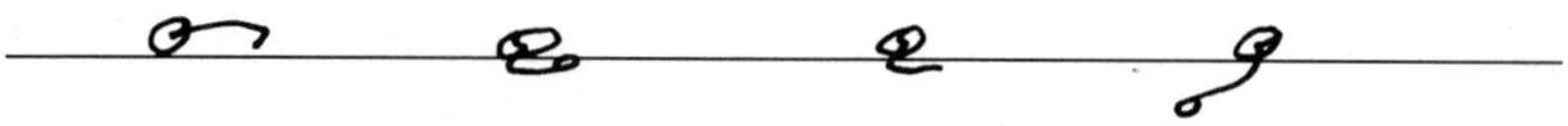

爱国　矮树　碍事　爱慕

（2）词尾：

可爱　慈爱

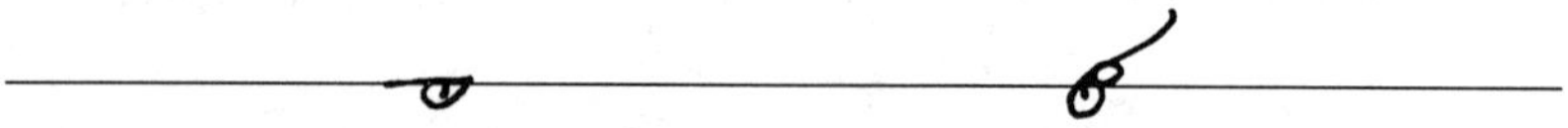

喜爱　母爱

2．“买、”“卖”二字，字音相同，但字义完全相反，为避免混淆，两符的区别是：“买”符的“ɑi”韵符连写在声符的内方，通用于同音字；“卖”符的“ɑi”韵符连写在声符的外方，只代表一个“卖”字。例如：

埋没　买屋　麦子　脉搏　买卖

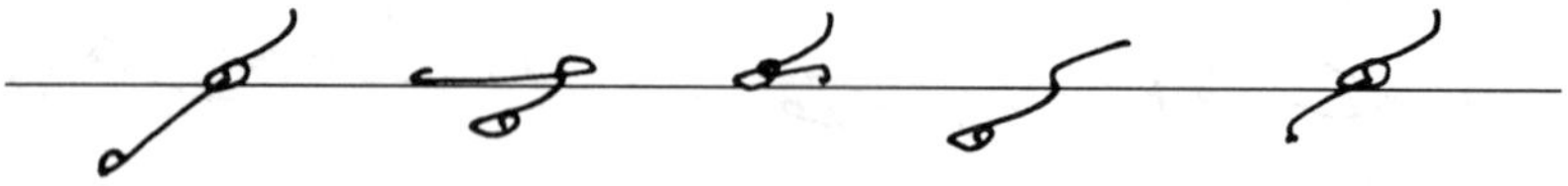

卖力　出卖　卖货　不卖　卖布

二、词语连写

爱护　摆布　和蔼　排除　卖地

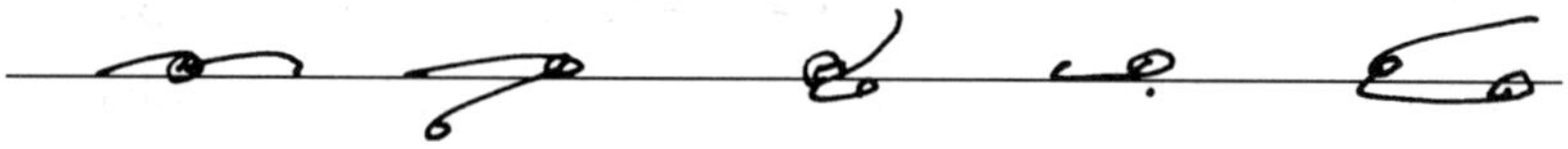

改革　开辟　买书　债务　劈柴

爱国　改组　概括　开发　采纳

三、速符应用

1．成语（盖住汉字，边读速符，边抄写）。

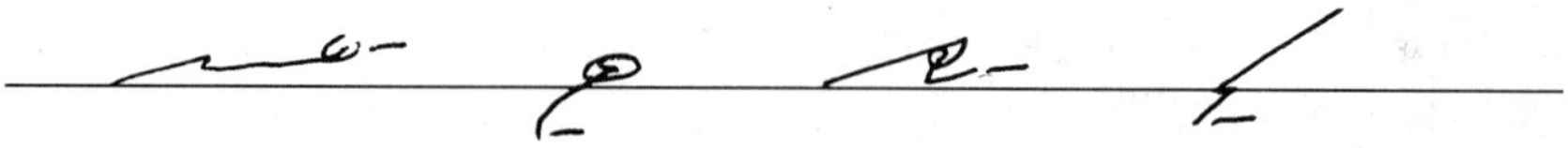

德才兼备　爱不释手　待时而动　来日方长

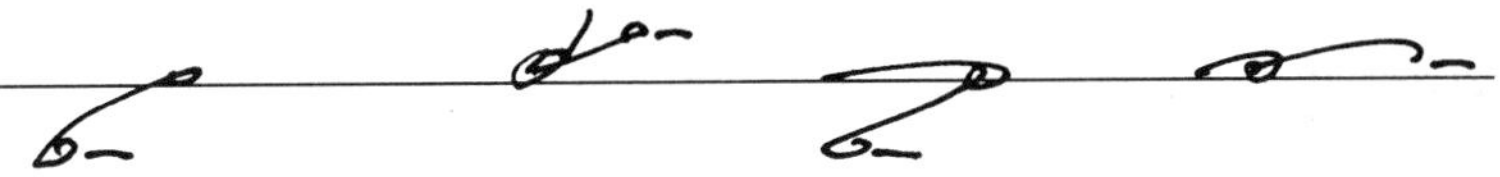

一拍即合　　买椟还珠　　开路先锋　　海阔天空

哀莫大于心死　　百花齐放、百家争鸣

2. 短文。

在一般人看来，财产就是一个人或一个企业所拥有的财富，其实非也。财富包括金钱财富、知识财富，以及人才；而金钱财富是容易得到，同时也很容易失去的；知识财富是很难获得，但是也很难失去的；人才是更宝贵的。

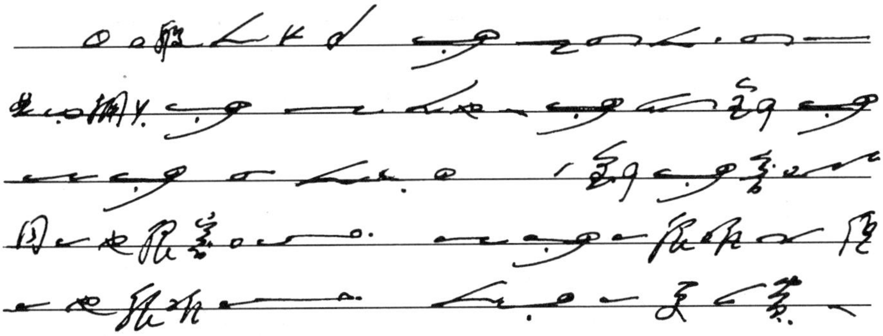

第四节　略符、略法

一、常用字略符

常用字构词频率高，为便于快速书写和认读，可采用“略韵留声”或“略声留韵”的写法，有的可借用其他符形写法。常用字略符不代表同音字。现介绍 10 个常用字略符。

去　　就　　这　　在、再　　来

没　　那　　下、小　　说　　所

二、音符独用略符

把握　　发挥　　差别　　作出　　所以

脱离　　落后　　改革　　采取　　开放

三、应用举例

那　里　是　书市　，我　没　去过　。

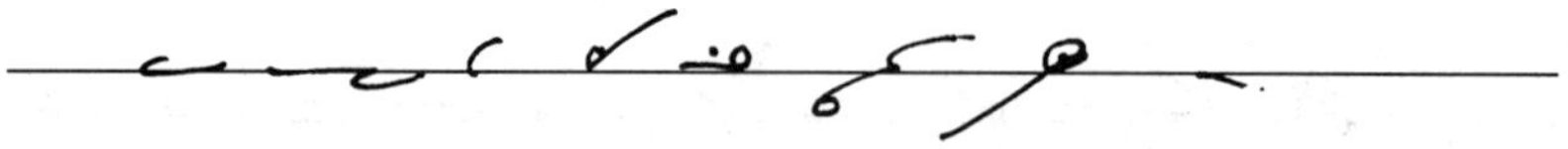

这　就是　说，　你　下午　不必　再来。

思考与练习

1. 速读下面的速符。

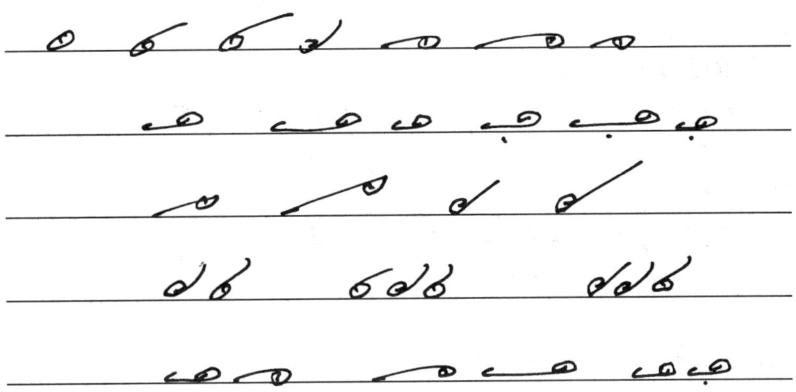

2. 区分中、大、小型符（边读、边抄写）。

（1）中型符：

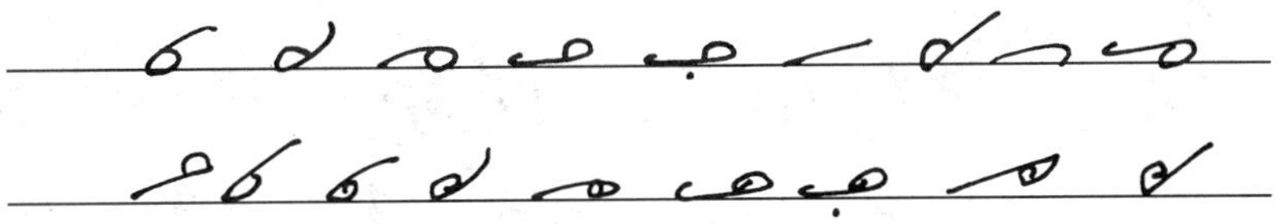

（2）大型符：

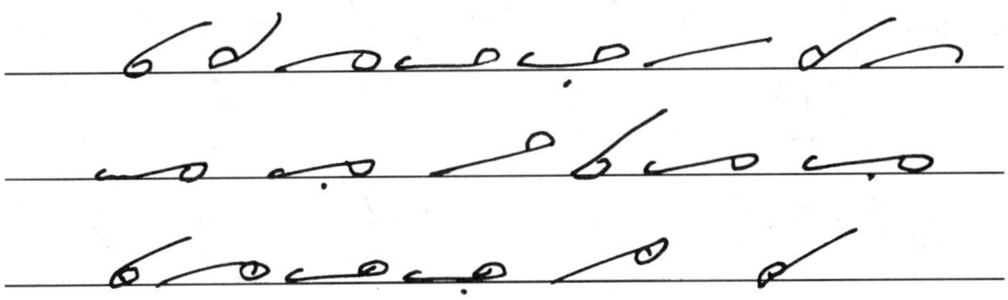

（3）小型符：

3. 互译。

脱离实际	改革开放	踏踏实实
促进买卖	比赛计划	鼓励互助
合作做出	值得琢磨	态度和蔼
积极支持	主动发挥	采取措施

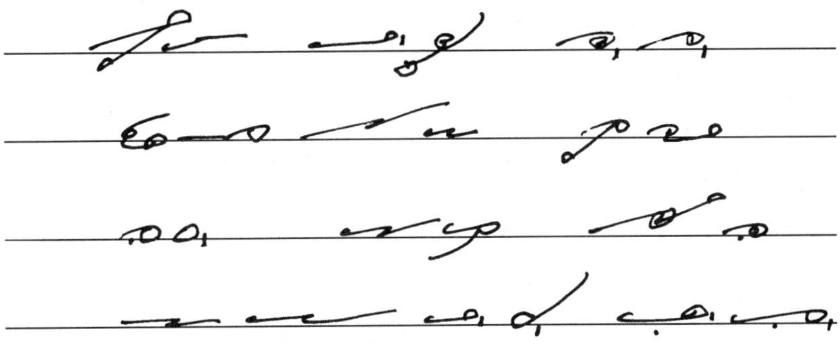

4. 应用练习。

(1) 将下文带点的汉字写成速符。

居里的父亲曾经要送他们一套豪华的家具，他们拒绝了，原因很简单：有了沙发和软椅，就需要人去打扫，在这方面花费时间未免太可惜了。为了不让闲谈的客人坐下来，他们没有添置第三把椅子。

有了多余的椅子，你就会想到与之协调的华丽房子，想到许多人苦心钻营的位子，想到那轻飘飘而又沉甸甸的票子……于是你忙忙碌碌，心情也沉甸甸的，没有了坐下来的轻松和欢乐。

有时候我们的生活简单得只需一把椅子，供心灵坐坐。

(2) 用“双式速记法”抄写上文，答案参考如下。

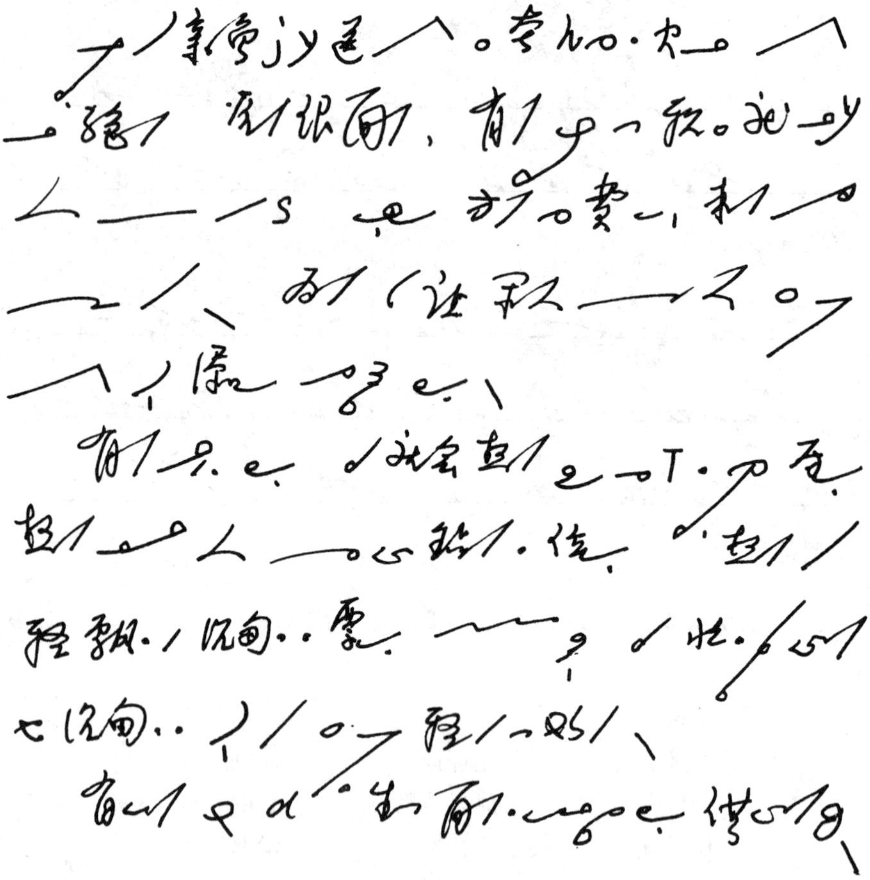

第七章 “ie，e，ao，ou”韵符及其音符

大小圈形韵符及其音符学完后，本章学习小扁圈韵符和小半圈形韵符及其音符。要熟练掌握这些韵符和音符的写法，并会运用音符独用略符和常用字略符。

第一节 “ie”韵符及其音符

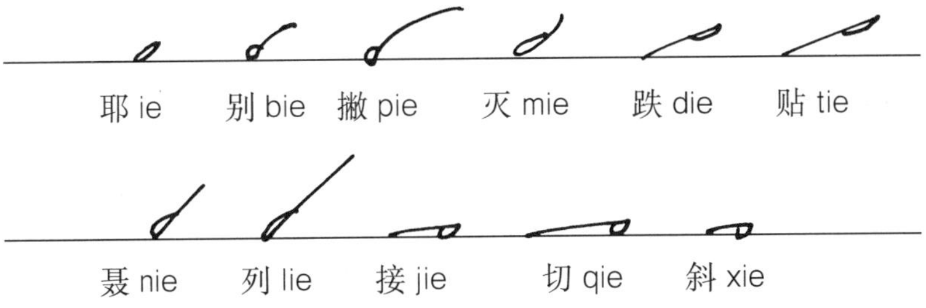

一、写法

1. “ie”符是个小扁圈，连写时，“ie”符出现在词首顺连；出现在词尾要连写在前符的“内、左、下”方、前边圈形符的下方。小扁圈斜写、横写均可。

2. “bie”、“pie”的韵符改写成小圆圈，连写在曲线声符的外方，以便和“bi”、“pi”两符区别。

3. “jie”、“qie”、“xie”三符的韵符都改为小圆圈，这是为了便于连写而改变的。

4. 注意“ie”、“i”韵符及其音符的区别。

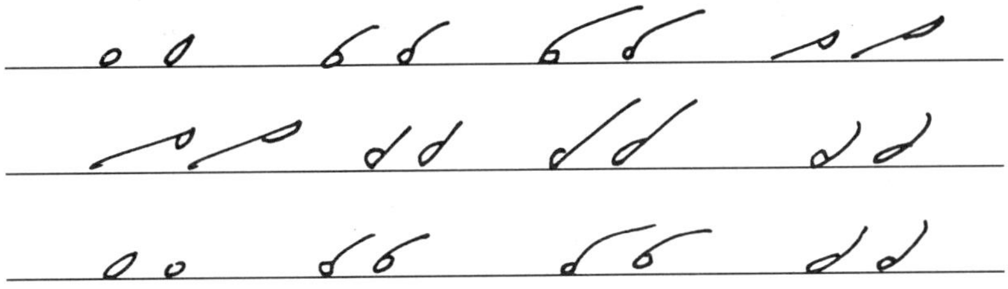

二、词语连写

也是　企业　职业　副业　一夜

作业　事业　日夜　业已　毕业

业绩　一切　特别　撇开　结果

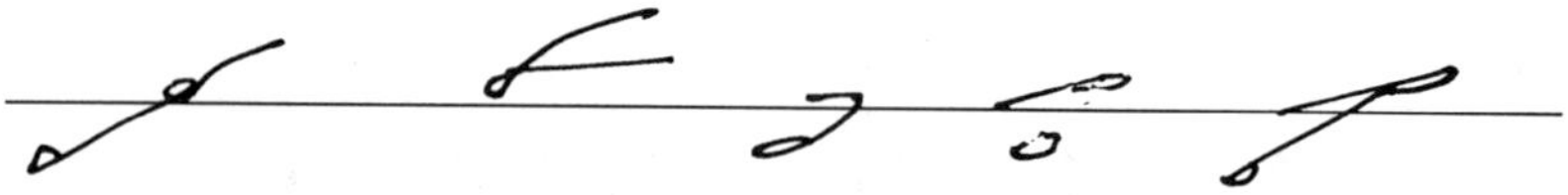

别离　撇弃　熄灭　跌落　铁路

三、速符应用

1. 成语（盖住汉字，边读速符，边抄写）。

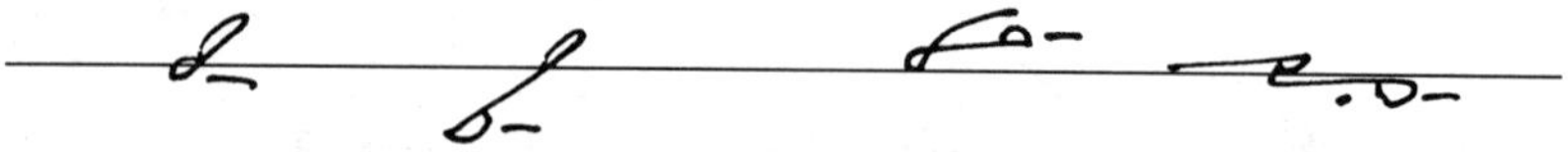

夜以继日　叶落归根　别具一格　切磋琢磨

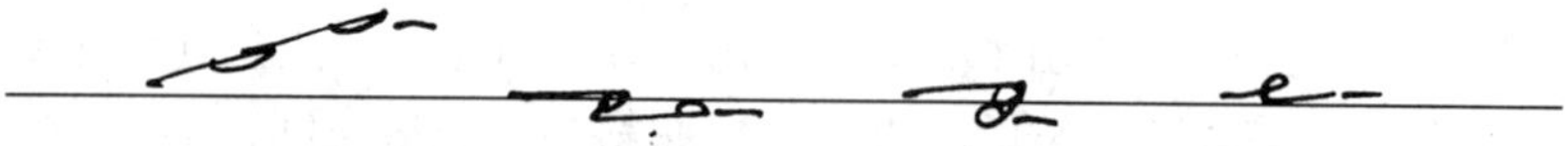

喋喋不休　捷足先登　节衣缩食　舍己奉公

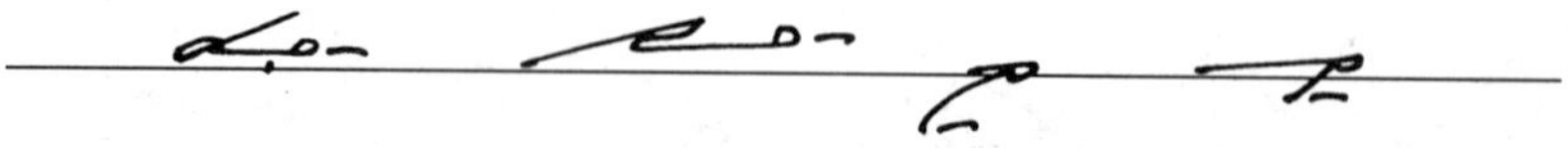

蹑足其间　铁杵成针　邪不压正　锲而不舍

2. 短句。

◇ 谁不想做铁砧，谁就应当做铁锤。

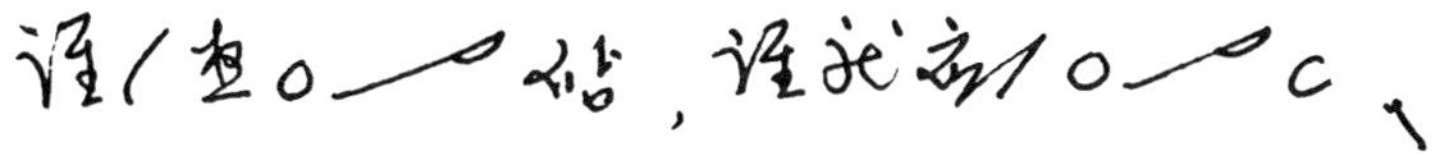

◇ 相信别人，别人就会对你坦诚。

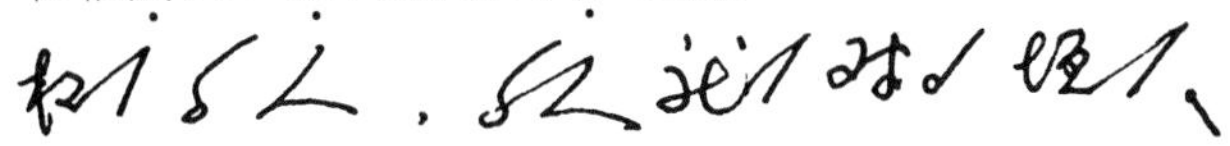

◇ 有些人知道得很多，但却不知道最有用的东西。

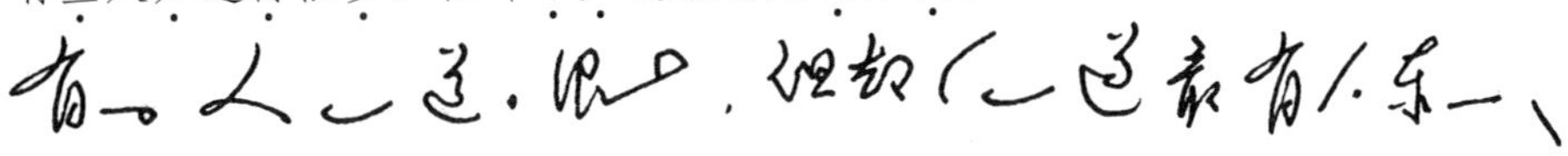

第二节 “e”韵符及其音符

鹅 e 遮 zhe 车 che 舍 she 则 ze 策 ce 色 se 热 re

一、写法

1. “e”符是起笔处带尾线的小扁圈。其连写规则同“uo”符连写规则。
2. “e”组音符中的韵符，一律改变成小圆圈，以便于书写。
3. 应注意“e”、“u”韵符及其音符的区别。

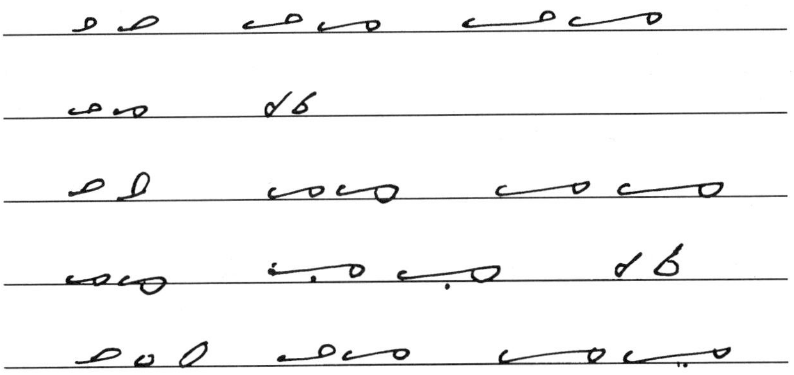

二、词语连写

遏制 热烈 遮蔽 火车 摄取

企鹅 彻底 设计 哲理 特色

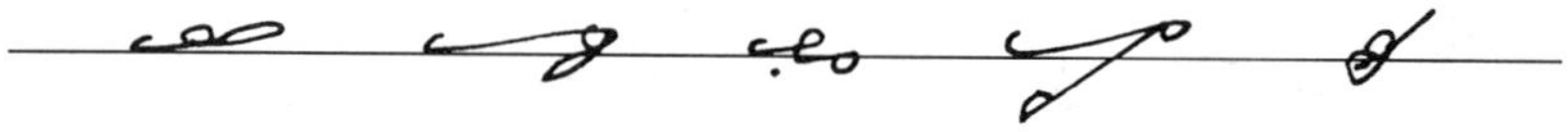

数额　彻夜　宿舍　撤离　热爱

三、速符应用

1. 成语（盖住汉字，边读速符，边抄写）。

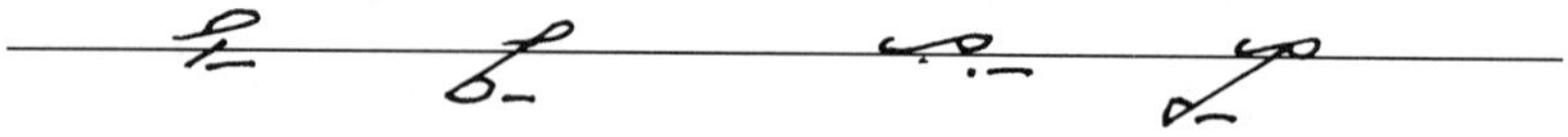

阿谀奉承　婀娜多姿　责无旁贷　色厉内荏

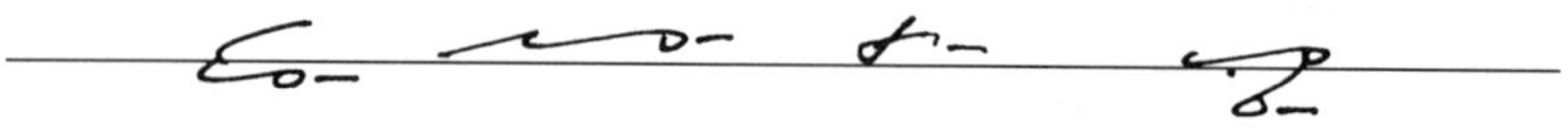

不折不扣　大彻大悟　惹火烧身　侧目而视

2. 短文。

如要你需要别人为你做什么工作，你就要先看看别人做这项工作时能得到什么，如果他能从中得到他需要的东西，这时双方工作起来就会更负责、更有动力。

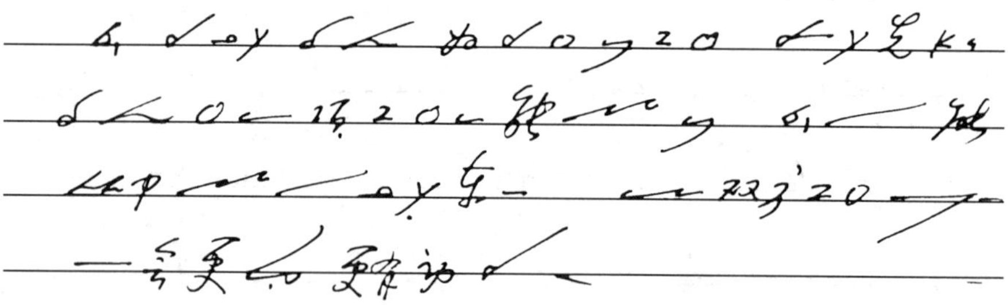

第三节　“ao”韵符及其音符

熬 ao　包 bao　抛 pao　猫 mao　高 gao　考 kao　蒿 hao

召 zhao　抄 chao　稍 shao　糟 zao　操 cao　搔 sao

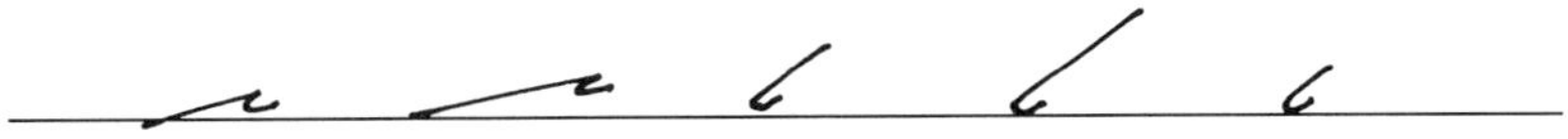

到 dao　　掏 tao　　脑 nao　　捞 lao　　扰 rao

一、写法

1. “ao”符是个小半圈，写在基线上，缺口朝右上方，从左向右书写。小半圈的大小与“i”符相等。

2. “gao”符是简化符号，省略声符将“ao”韵符提高写。连写时，“gao”符出现在词首，要离开基线提高写；出现在词尾，要写上“提高点”。

3. 提高点。离开基线提高写的速符，叫“提高符”。提高符离开基线的高度，大约相当于“ri”符的2/3。连写时，提高符出现在词首，要离开基线提高写；出现在词尾，要在这个符号的收笔处的右上方写上一点，这个点叫做“提高点”，表示这个加点的速符读提高音。例如：

高（拼音符）　　高（简化符号）

高级　　高度　　稿纸　　告示

高高　　糟糕　　初稿　　报告

二、词语连写

报纸　　淘汰　　包括　　贸易　　博导

号召　　导报　　高考　　礼貌　　朝气

道路　　制造　　操作　　考虑　　超额

三、速符应用

1. 成语（盖住汉字，边读速符，边抄写）。

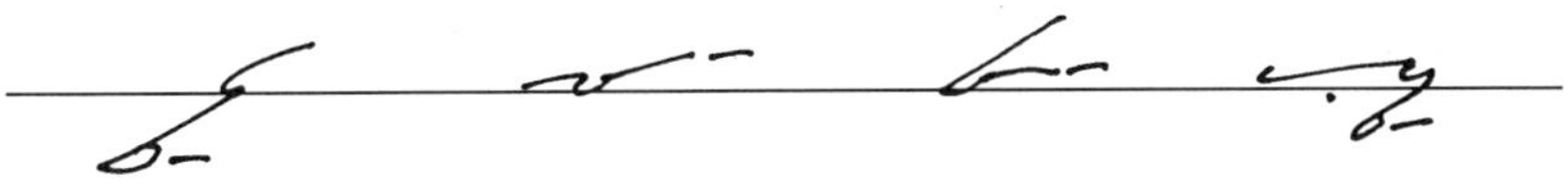

包罗万象　　好大喜功　　老骥伏枥　　草木皆兵

貌合神离　高屋建瓴　道貌岸然　马到成功

劳苦功高　茅塞顿开　道高一尺，魔高一丈

2. 短句。

◇ 生活里最重要的是礼貌，它比一切学识都重要。

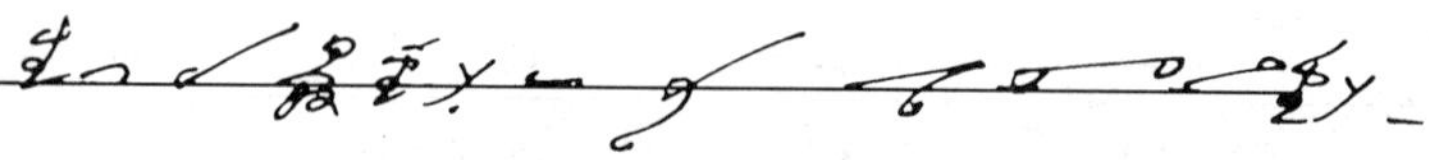

◇ 要知道，管住自己的舌头是最美好的美德。

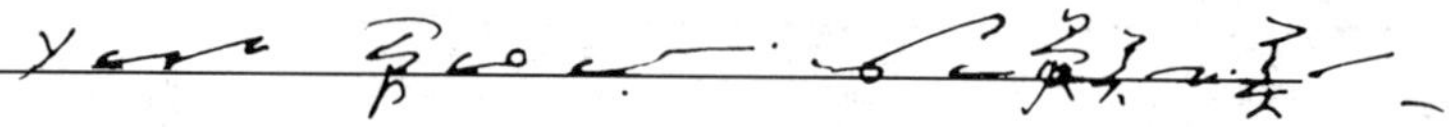

◇ 社会就是书，事实就是教材。

◇ 古人云，以财为草，以身为宝。

第四节　“ou”韵符及其音符

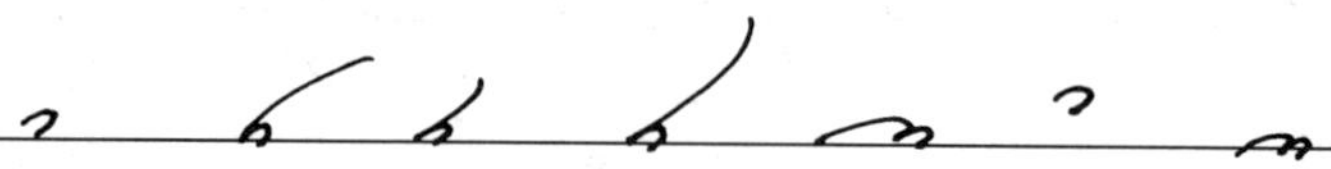

欧 ou　剖 pou　某 mou　否 fou　勾 gou　口 kou　候 hou

周 zhou　抽 chou　收 shou　走 zou　凑 cou　搜 sou

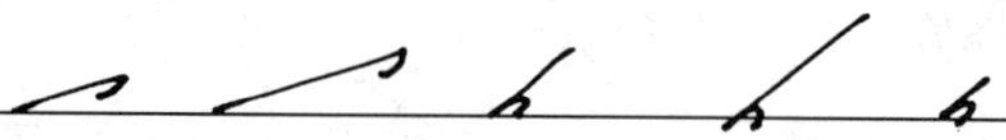

斗 dou　头 tou　耨 nou　娄 lou　柔 rou

一、写法

1. “ou”符是小半圈，缺口朝左下方（与“ao”符缺口方向相反），其大小同“i”符。
2. “kou”符是简化简号，略去声符，将“ou”韵符提高写。例如：

口（拼音符）　　　口（简化符号）

口号　　口袋　　扣子　　口口

户口　　衣扣　　敌寇　　不抠

3. 应注意“ao”、“ou”韵符及其音符的区别。

二、词语连写

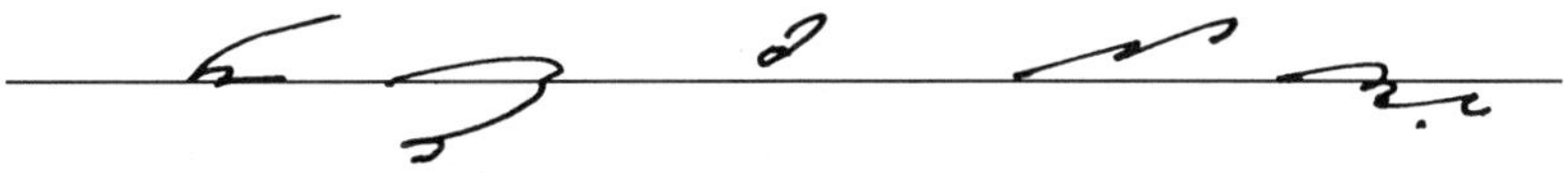

剖析　　可否　　口译　　大豆　　构造

周到　　收入　　海口　　投入　　抽查

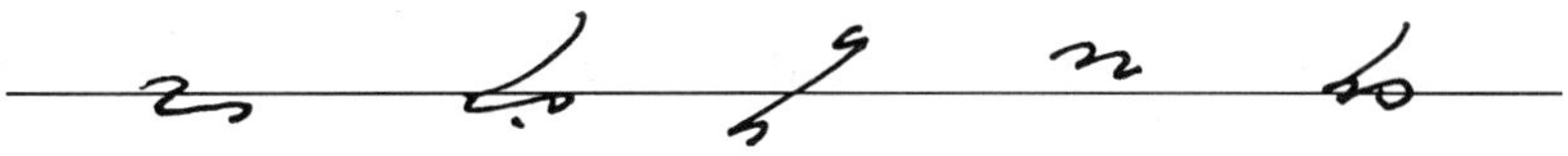

欧洲　　否则　　高楼　　口号　　谋划

踌躇　兜售　结构　后台　宇宙

三、速符应用

1. 成语（盖住汉字，边读速符，边抄写）。

厚此薄彼　后来居上　粥少僧多　投桃报李

俯首帖耳　守口如瓶　投鼠忌器　周而复始

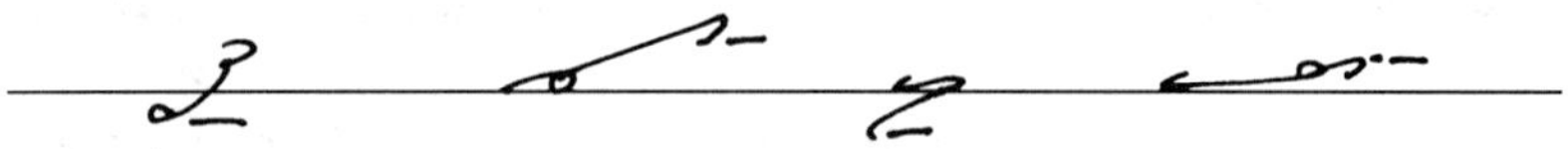

口蜜腹剑　虎头蛇尾　手不释卷　出口成章

2. 短文。

有一次，天鹅、狗鱼和虾一起想拉动一辆货车，三个家伙套上车索，拼命用力拉，还是拉不动。

车上装的东西并不重，只是天鹅拼命向云里冲，虾卖力向后倒拖，狗鱼直向水里拉，可车子还是拉不动。这样的团队将一事无成。

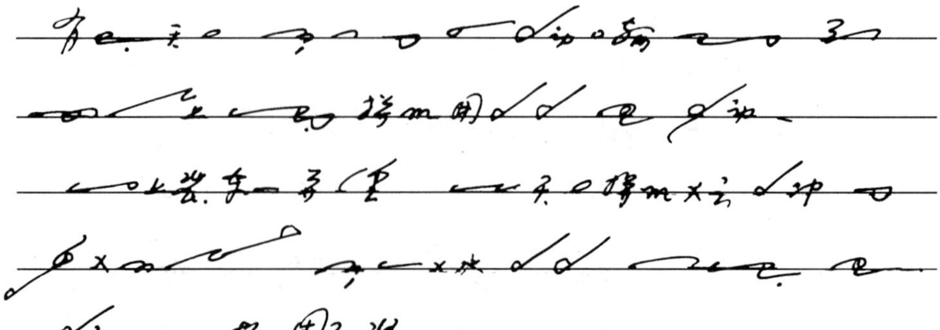

第五节　略符、略法

一、音符独用略符

解放　设法　热爱　彻底　包括

超额　劳动　周到　筹划　口号

二、常用字略符

常用字略符不代表同音字，只代表固定的常用字。常用字构词能力强，应用这类略符能提高书写速度。

下面是常用字会意略符，此略符采用会意的代号。

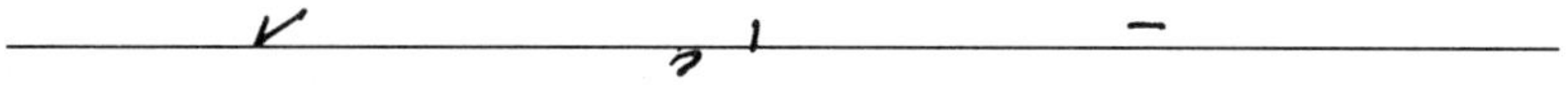

好　后　头

1. “好”字。代表“好”字的符号，在词首照写，在词尾要与前边符号交叠写。例如：

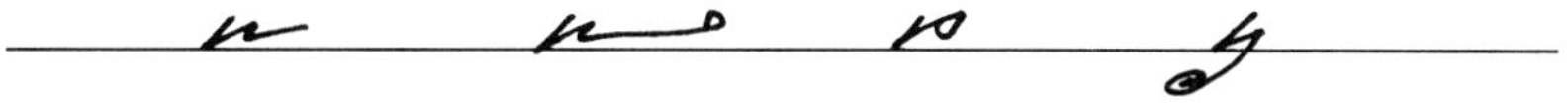

好事　好处　好意　好买

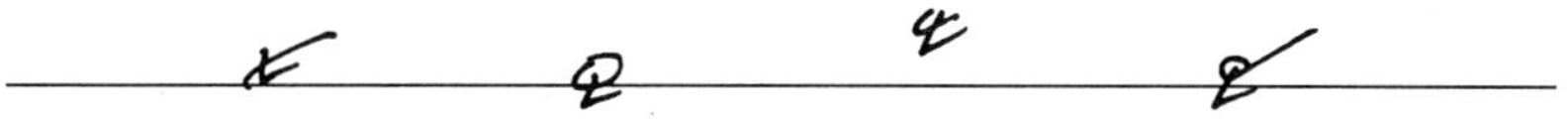

不好　做好　搞好　你好

2. “后”字。代表“后”字的符号，在词首跨基线写，在词尾要在前边符号收笔处交叠一小竖画或一小横画。例如：

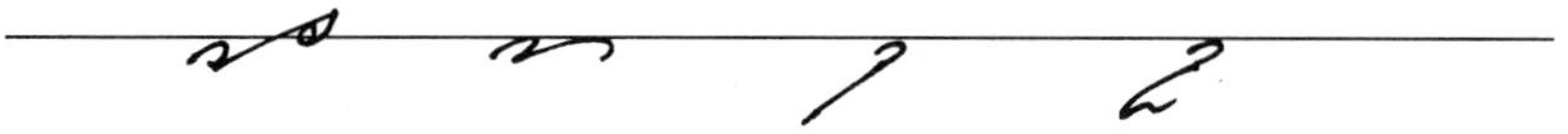

后代　后果　后来　后备

以后　事后　过后　落后

3. “头”字。代表“头”字的符号，在词首用原速符写，在词尾用小横画附在前边符号的正上方。例如：

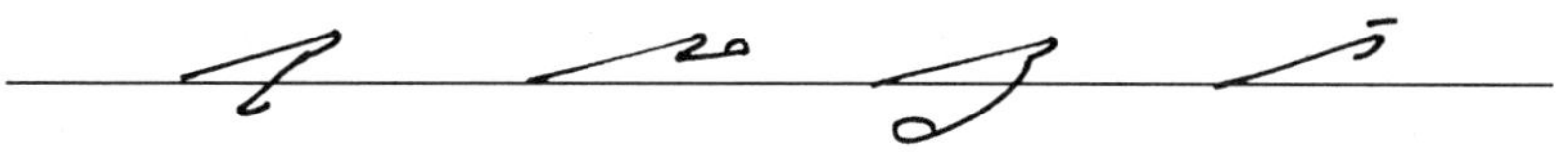

头脑　头绪　头发　头头

口头　　石头　　笔头　　出头

思考与练习

1. 速读下面的速符。

2. 区分中、大、小型符（边读、边抄写）。

（1）中型符：

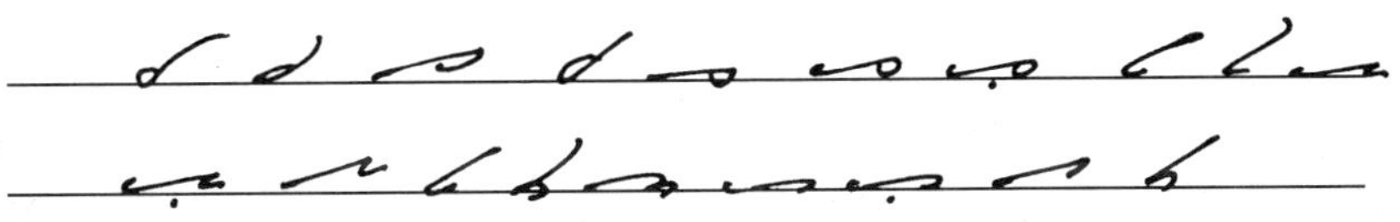

（2）大型符：

（3）小型符：

3. 互译。

结构合理	高楼大厦	职业资格
照顾周到	积极投入	口头协议
日夜操劳	考试合格	搞好抽查

4. 应用练习。

（1）将下文带点的汉字写成速符。

1930 年，德国出了一本批判相对论的书，书名叫《一百位教授出面证明爱因斯坦错了》。爱因斯坦知道后，耸耸肩说：“一百位？干吗要这么多人？只要能证明我真的错了，哪怕一个人出面也足够了。”

绵羊再多，对狮子却毫无威胁。一千只母鸡的翅膀也不如老鹰一双翅膀有力。这是浅显的道理，无奈许多人不懂。

（2）用“双式速记法”抄写上文，答案参考如下。

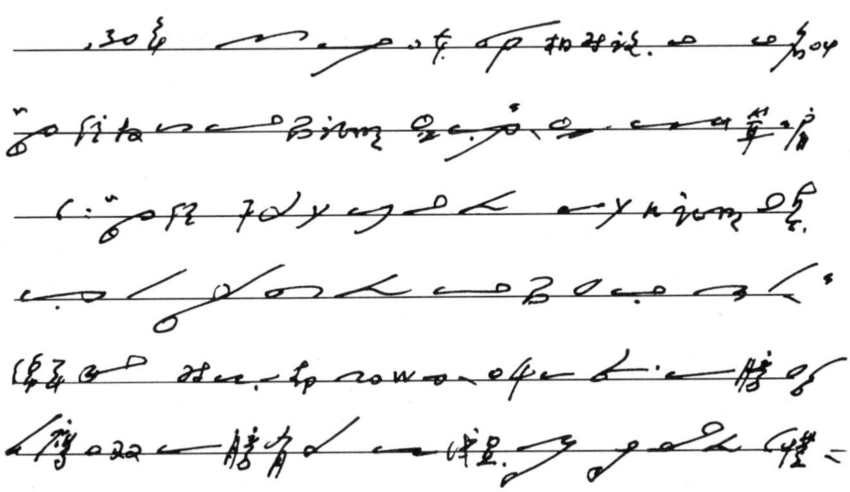

第八章

“ei，ui，ong，an，ang”韵符及其音符

本章介绍的这一组韵符多是小线形符号和提高圈形符号。随着学习的速符增多，要多用速符抄写报刊上的文章。遇到没有学的速符，可用汉语拼音字母代替。

再强调一下，一定要区分开大、中、小型速符。如果没有速记符号的准确，就没有速记。

第一节　“ei、ui”韵符及其音符

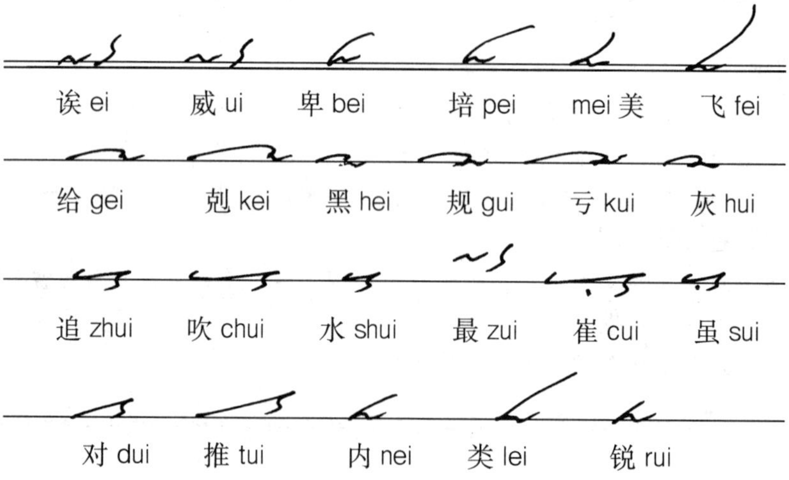

一、写法

1. “ei”符不常用，“ei”、“ui”两音用一个符号表示。“ei”、“ui”符号有两种写法，横、竖都是小波浪线，长短与“xi”、“ri”符相等。凡是有两种写法的速符都是为了便于连写或认读。

2. “gui”、“kui”、“hui”三个符号的声、韵连接处要向内弯曲一点，以求与“gei”、“kei”、“hei”三符区别。这两组音符也可合并不用区别，因“gei”、“kei”、“hei”三符应用较少。

3. “dui”符又代表“得（dei）”字；“最（zui）”符又代表“贼（zei）”字。

4. “zui”符是简化符号，略去声符，将“ei”韵符提高写。例如：

最（拼音符号）　　最（简化符号）

最好　最高　最大　得罪　喝醉

5. 速符对比练写。

注意：应写准“ui”韵符及其音符；“ui”符不宜写大。

二、词语连写

伟大　美德　支配　开会　规矩

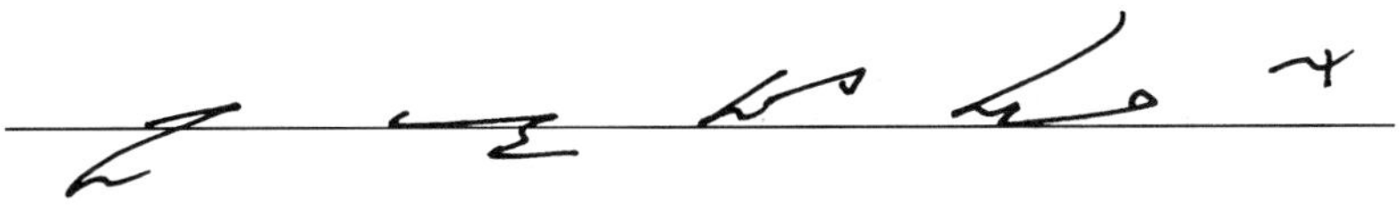

搭配　垂直　内地　废除　最后

唯一　唯物　队伍　会务　会议

具备　锐器　纳税　推销　指挥

注意：“ui”符的内、外方位置。

三、速符应用

1. 成语（盖住汉字，边读速符，边抄写）。

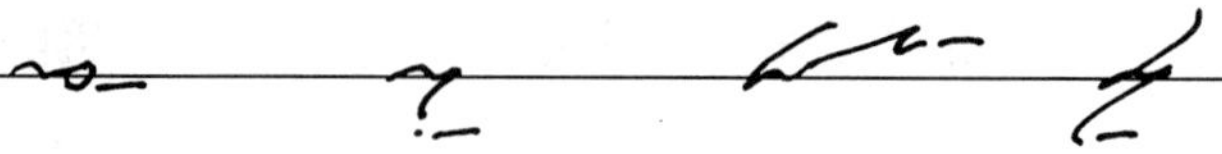

威武不屈　为所欲为　背道而驰　美不胜收

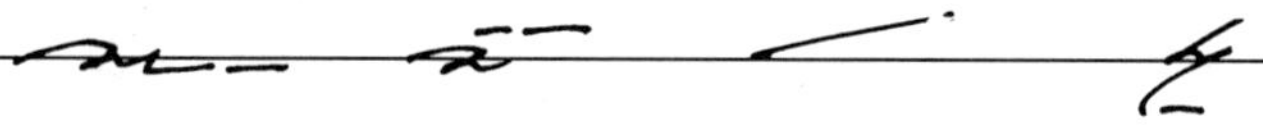

鬼使神差　回头是岸　推波助澜　锐不可当

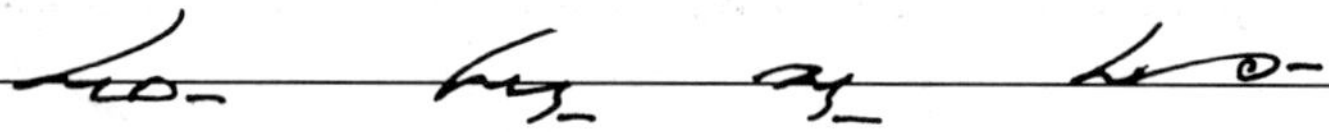

飞沙走石　杯水车薪　回味无穷　眉开眼笑

2. 短文。

以退为进，这是一种大智慧。特别是领导人，在这方面如果运用得好，更能受益匪浅。

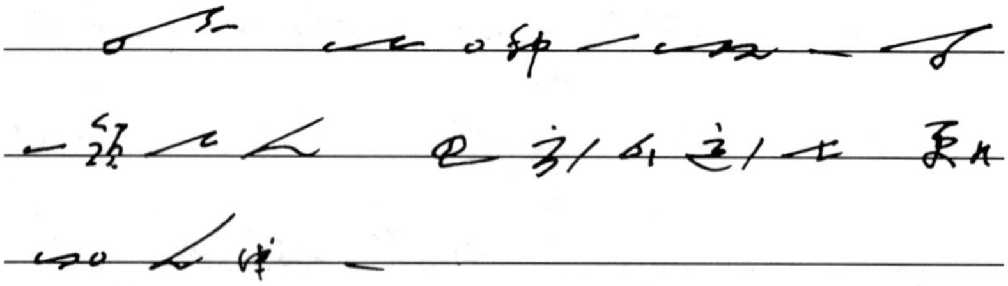

第二节　“ong”韵符及其音符

翁 weng　公 gong　空 kong　红 hong

中 zhong　冲 chong　综 zong　聪 cong　松 song

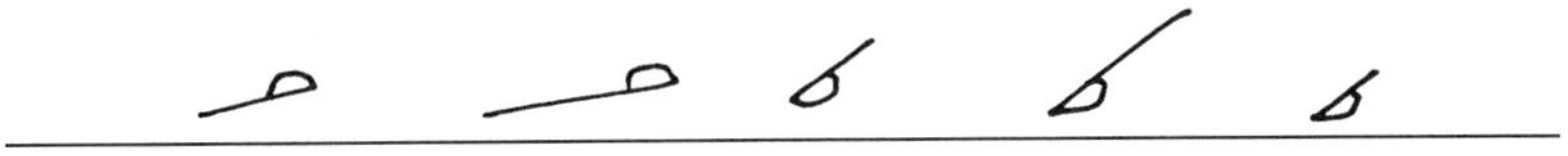

冬 dong　通 tong　农 nong　龙 long　容 rong

一、写法

1. “weng”符是自成音节的鼻韵母，与声符拼音时采用“ong”韵相拼。

2. “ong”组音符出现在词尾，可画出尾线，表示此符是提高符；如不画出尾线，则要加提高点。例如：

老翁　火红

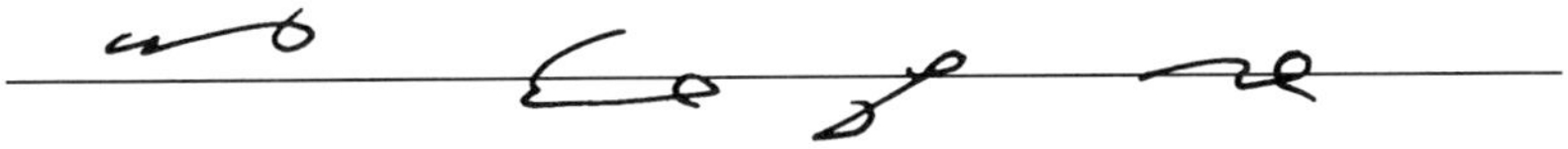

高空　补充　务农　歌颂

3. 速符对比练写。

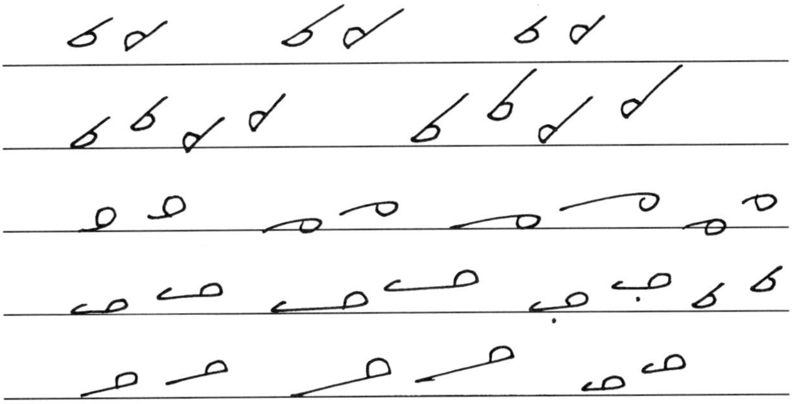

注意：“nong”、“long”、“rong”三符的大圈也可写在声符的左方。

二、词语连写

攻读　红旗　荣誉　功课　总结

输送　通知　红叶　送给　老农

农业　隆重　服从　通过　空洞

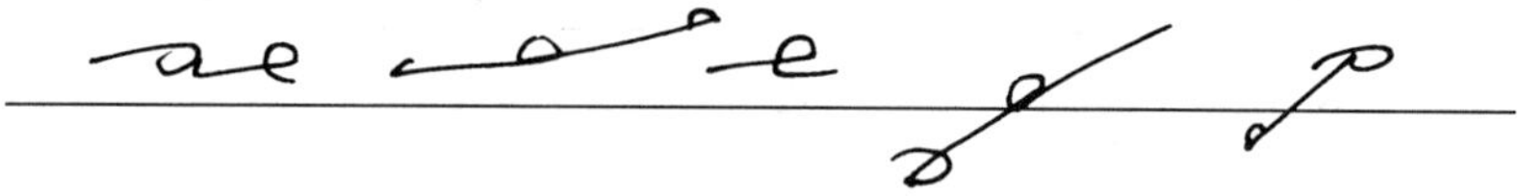

公众　冲突　董事　拉拢　红利

三、速符应用

1. 成语（盖住汉字，边读速符，边抄写）。

公而忘私　功亏一篑　空口无凭　洪水猛兽

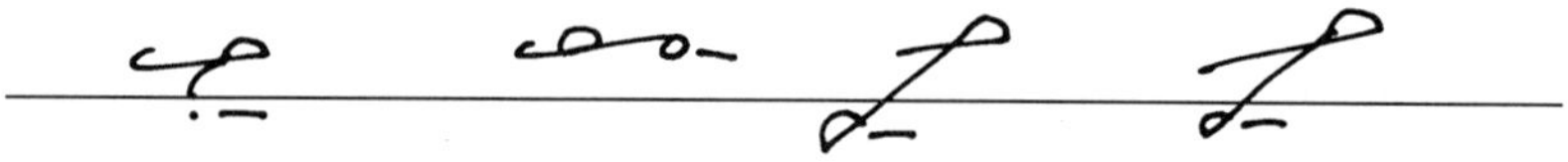

众所周知　颂古非今　东拉西扯　通力合作

统筹兼顾　弄虚作假　功到自然成

2. 短文。

有一个小和尚担任撞钟一职，半年下来，觉得无聊之极，“做一天和尚撞一天钟”而已。有一天，主持宣布调他到后院劈柴挑水，原因是他不能胜任撞钟一职。小和尚很不服气地问：“我撞的钟难道不准时、不响亮？”主持告诉他：“你撞的钟虽然准时，也很响亮，但钟声空泛、疲软，没有感召力。”

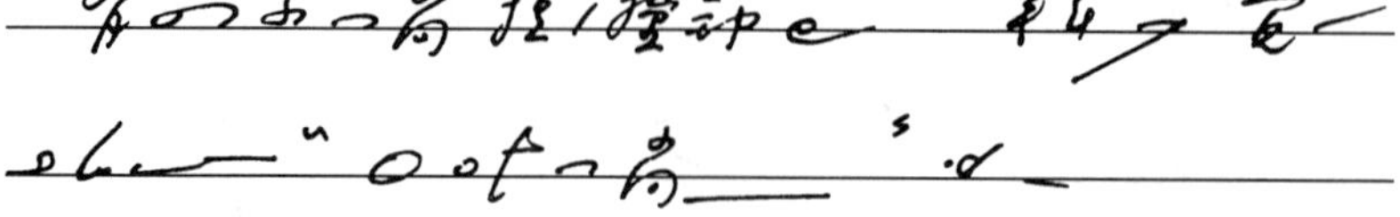

第三节 "an"韵符及其音符

安 an　班 ban　潘 pan　蛮 man　帆 fan　甘 gan　刊 kan　憨 han

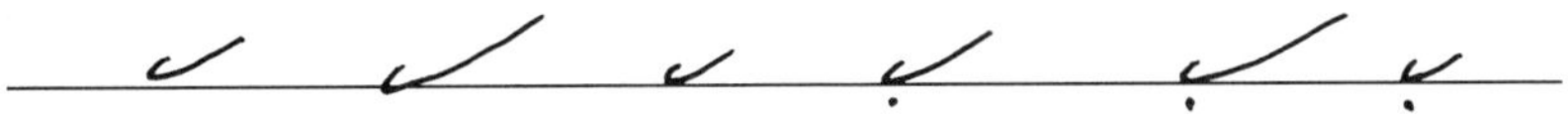

沾 zhan　搀 chan　山 shan　赞 zan　蚕 can　散 san

担 dan　贪 tan　南 nan　兰 lan　然 ran

一、写法

1. "an"符是由左下方向右上方倾斜的短直线，写法同"de"符，其长度是"de"符的 1/2。

2. 为了快速书写，将本组部分曲线、直线的音符简化为单线型曲线符号，这也是变形简化符号。本组简化符号有 11 个：

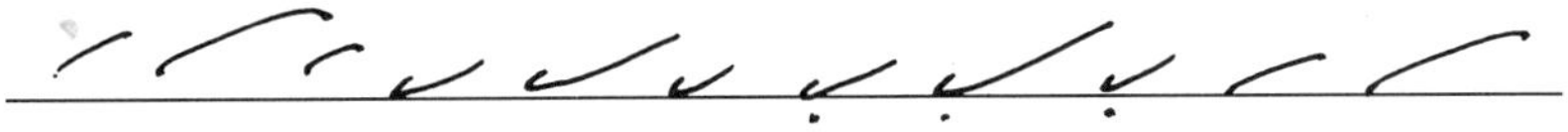

"dan"、"tan"分别为中型、大型符号，曲线的凹部朝右下方，斜度是 15°～20°；"gan"、"kan"是"dan"、"tan"符的提高；"han"符是小型符。"zhan"、"chan"、"shan"、"zan"、"can"、"san" 6 符是"zhi"、"chi"、"shi"、"zi"、"ci"、"si" 6 符的立写，其斜度为 60°左右。

3. 简化符号连写：

但是　谈判　干部　看法　汉字

战斗　产值　赞美　汉语　单位

4. 速符对比练写。

二、词语连写

办理　按照　反复　展览　苦干

高山　难道　懒惰　土产　山头

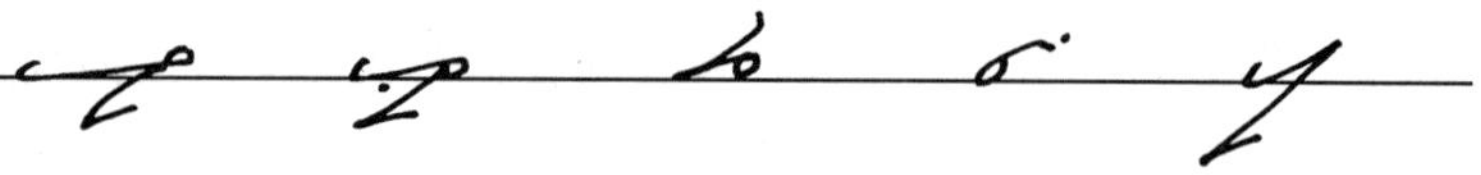

出版　责难　满意　遗憾　展览

安排　高产　苦干　包涵　座谈

三、速符应用

1. 成语（盖住汉字，边读速符，边抄写）。

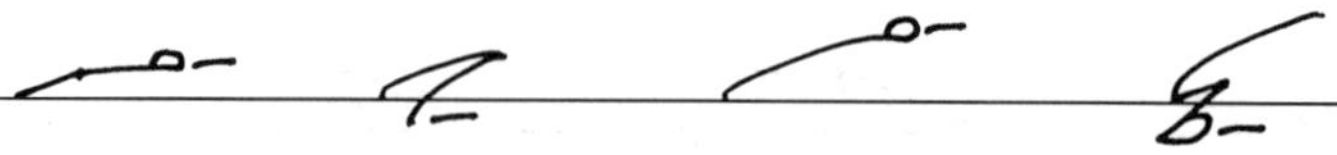

安居乐业　淡泊明志　贪污腐化　判若两人

半路出家　删繁就简　滥竽充数　按部就班

漫无边际　胆战心惊　难解难分　惨淡经营

2. 短句。

◇ 贪荣者必辱。

◇ 人的天职在勇于探索真理。

◇ 苦难是人生的老师。

第四节　“ang”韵符及其音符

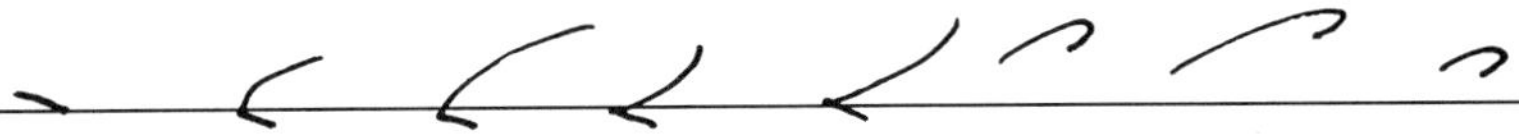

昂 ang　帮 bang　旁 pang　忙 mang　方 fang　刚 gang　康 kang　航 hang

张 zhang　昌 chang　商 shang　脏 zang　仓 cang　桑 sang

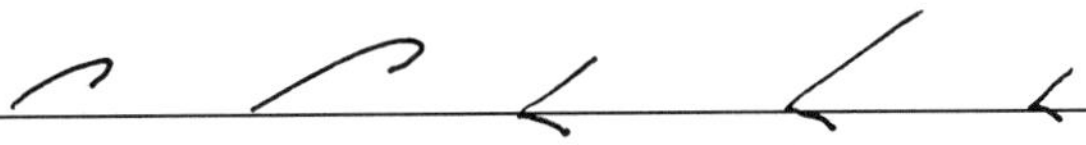

当 dang　汤 tang　囊 nang　郎 lang　让 rang

一、写法

1. “ang”符的写法与“an”符相反，从左上方向右下方写在基线上，斜度为 15°～20°。
2. 本组简化符号有 11 个：

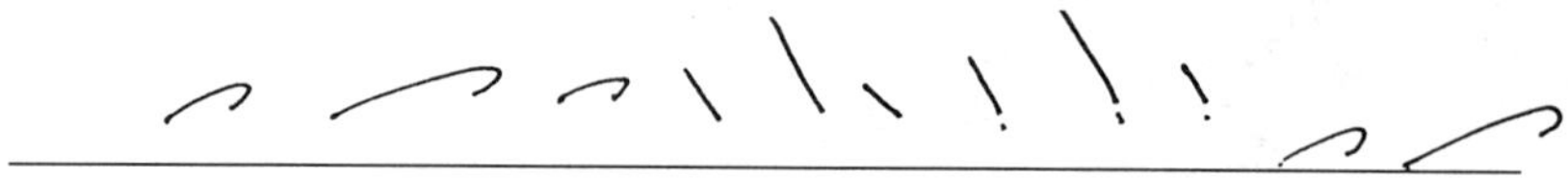

“gang”、“kang”、“hang”是一组三级比例提高写的上扬曲线符，收笔处向内绕一大半圈。

“dang”、“tang”是写在基线上的中型、大型上扬曲线符，即将“gang”、“kang”符写在基线上。

“zhang”、“zang”符的写法是把“ang”符的斜度加大、加长，约与基线成50°角，提高写。“zang”、“cang”符是“zhang”、“chang”符下面加区别点。“zhang”、“zang”是中型符，“chang”、“cang”是大型符，“shang”、“sang”是小型符。

3. 简化符号连写。

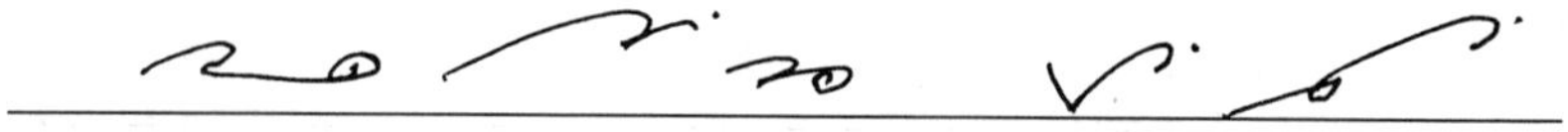

刚才　抗旱　航海　门岗　抵抗

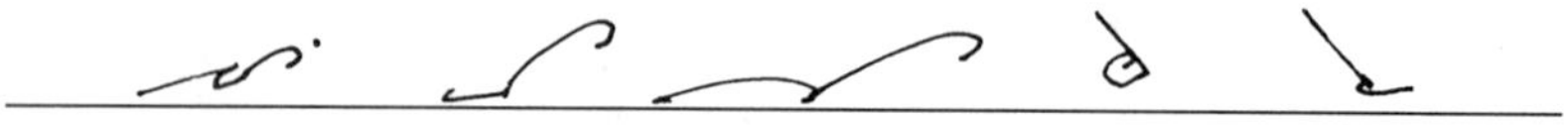

导航　适当　课堂　障碍　常识

4. 速符对比练写。

二、词语连写

昂贵　帮忙　庞大　纺织　高尚

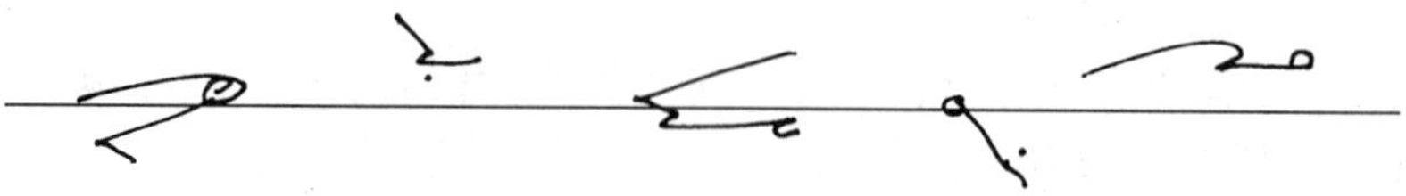

开朗　丧失　浪潮　异常　抗拒

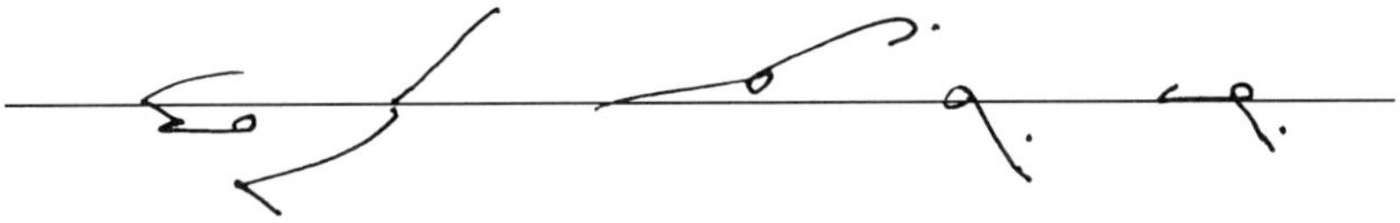

帮助　　来访　　提纲　　非常　　主张

档案　　阻挡　　岗位　　大纲　　钢铁

三、速符应用

1. 成语（盖住汉字，边读速符，边抄写）。

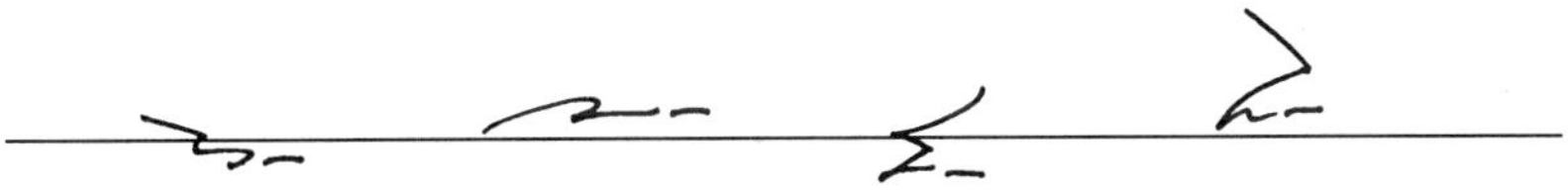

昂首阔步　　当机立断　　茫然若失　　常备不懈

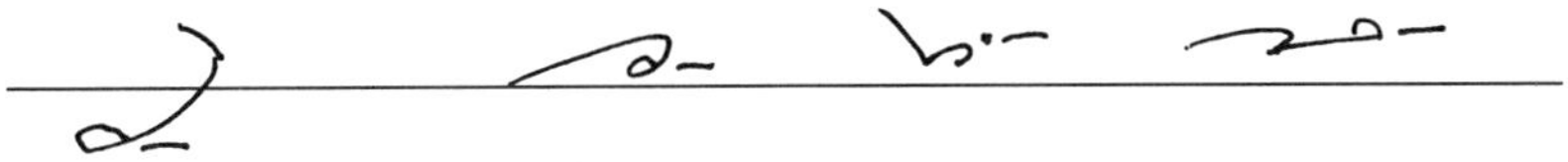

赏罚分明　　糖衣炮弹　　张口结舌　　纲举目张

仗义执言　　芒刺在背　　刚愎自用　　长途跋涉

2. 短文。

这山望着那山高，他们不管干什么工作，都总是嫌弃自己岗位的工作不好，别人干的什么工作都是好的，当你安排他也去干和别人同样的工作的时候，他又会认为自己的工作不好，常常浮躁不安。

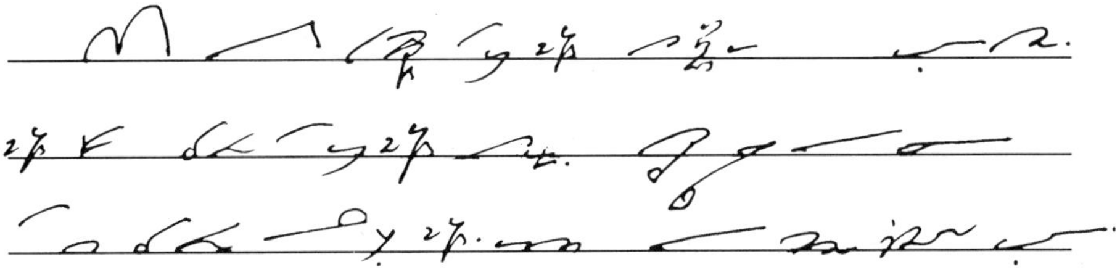

第五节　略符、略法

一、音符独用略符

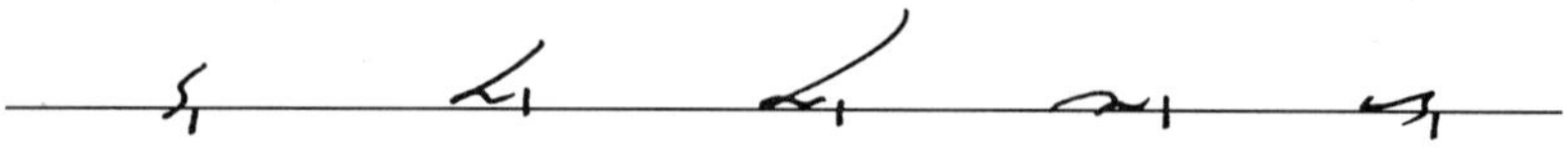

所谓　每个　非常　会议　虽然

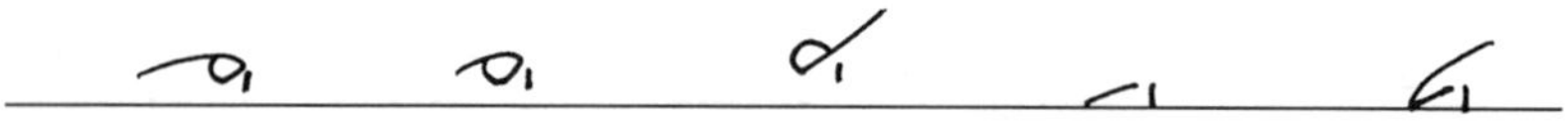

巩固　宏观　农业　安定　办法

二、常用字略符

下面的常用字略符均是小型符，每个小型符代表两个常用字，亦可代表同音字。

共、工　动、东　同、通　中、种

共同努力　劳动致富　中国伟大

通知开会　各种东西　大工小工

注意："shi"符较常用，又代表"中、种"二字，应用时要注意看上下文意加以区别。掌握的略符越多越有助于提高书写速度，也便于认读。如记不住略符时，应仍按原写法书写。

思考与练习

1. 速读下面的速符。

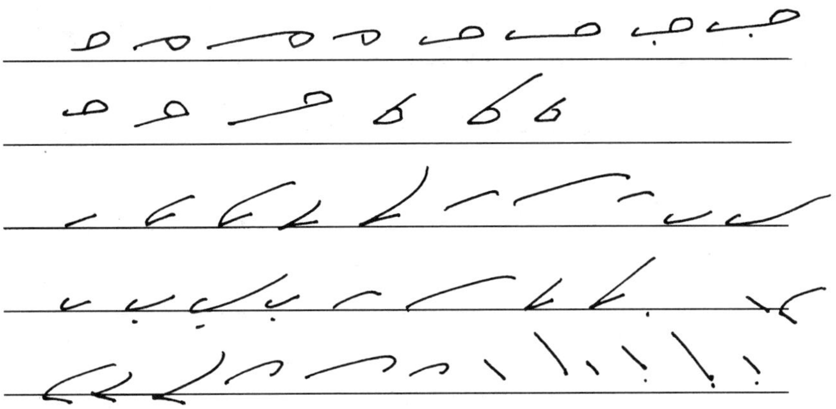

*　*　*　*　*　*

2. 区分中、大、小型符（边读、边抄写）。

（1）中型符：

（2）大型符：

（3）小型符：

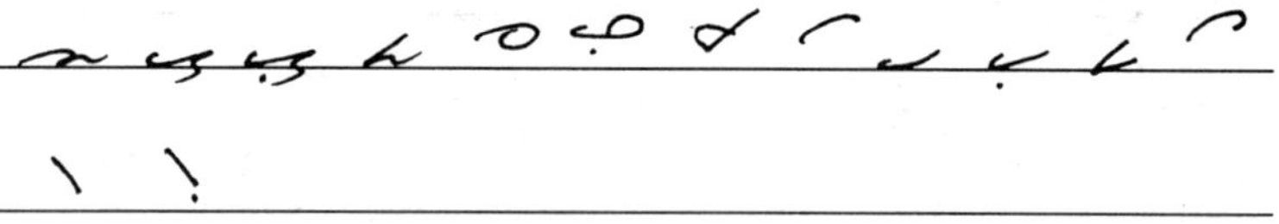

3．互译。

做好储备	非常时期	党委书记
防止出错	航空事业	报告提纲
诗歌朗诵	服务行业	茫无头绪

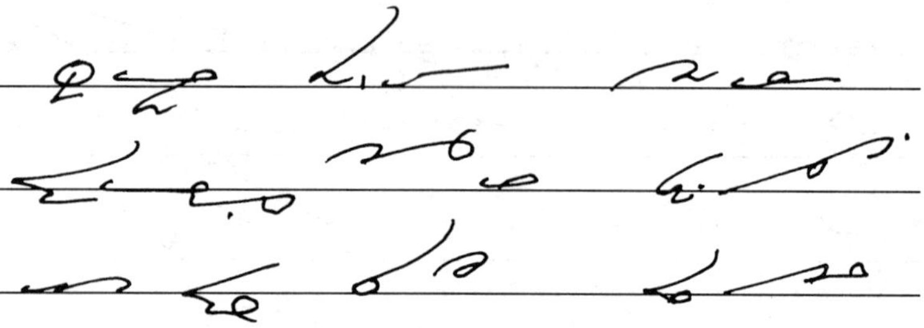

4．应用练习。

（1）将下文带点的汉字写成速符。

商务秘书承上启下，沟通内外，工作繁琐、紧张、忙碌，往往要夜以继日，没有时限，他们“支出”多，“收入”少，一天到晚要“为他人做嫁衣裳”，自己却默默无闻。但是，作为一种事业，又是不可缺少的。一个商务秘书为上司服务好，为单位服务好，为人民服务好，这就是其价值所在，这就是其生命的意义。商务秘书应当对自己的工作有正确的、全面的认识，要热爱这种工作，献身于这种工作。只要你忠于职守，埋头苦干，认真地付出劳动，就必然会有收获，就会被上司、被同事、被社会所承认。

（2）用“双式速记法”抄写上文，答案参考如下。

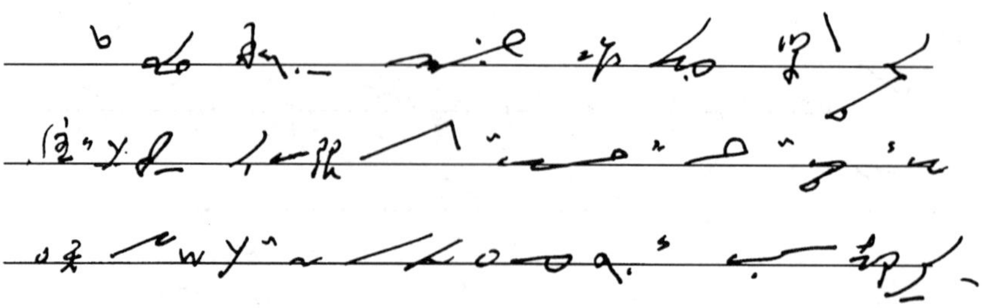

第九章 “en，eng，in，ing”韵符及其音符

本章学习提高音符和跨线音符。学习时应注意其写法，不能与基线上的音符混淆。提高音符和跨线音符，都是采用同样一个符号书写在上下不同的位置上代表不同读音的音符。要熟练掌握速记中的各种略符，以便于快速书写和认读。

第一节 “en”韵符及其音符

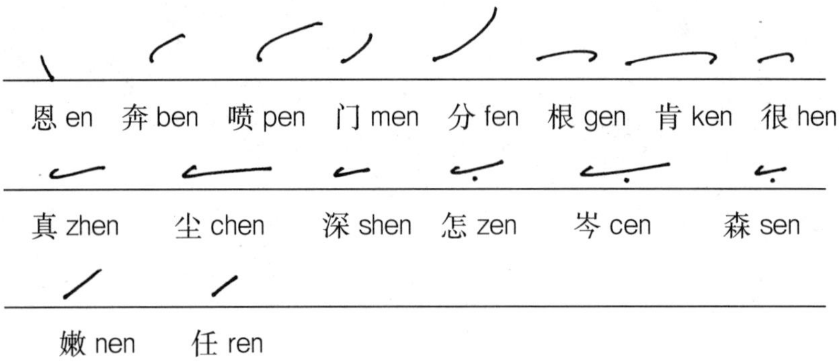

一、写法

1. “en”符代表“恩（恩惠）、摁（摁钉儿）”。

2. “en”符是一个向左倾斜的小短画，斜度 50°～70°，长度同“ri”符，属小型符号。

3. “en”组音符是将声符提高写，略去韵符。连写时，提高符出现在词首要离开基线提高写；出现在词尾要打提高点。

4. 速符对比练写。

二、词语连写

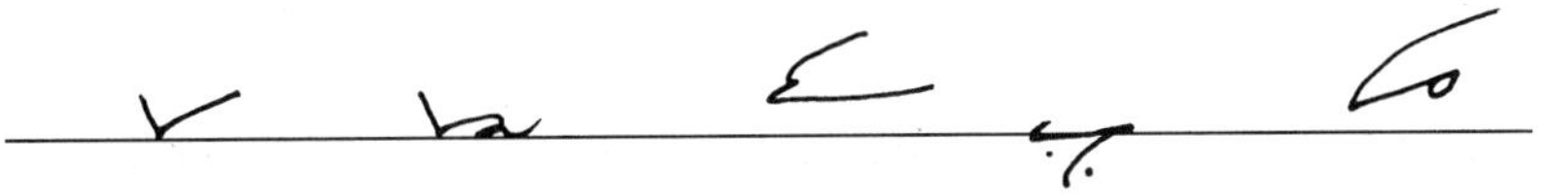

恩德　恩惠　奔驰　资本　盆地

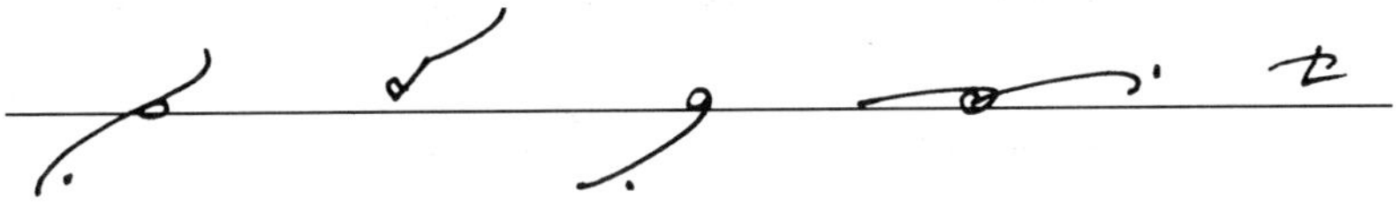

木盆　闷热　义愤　开垦　很好

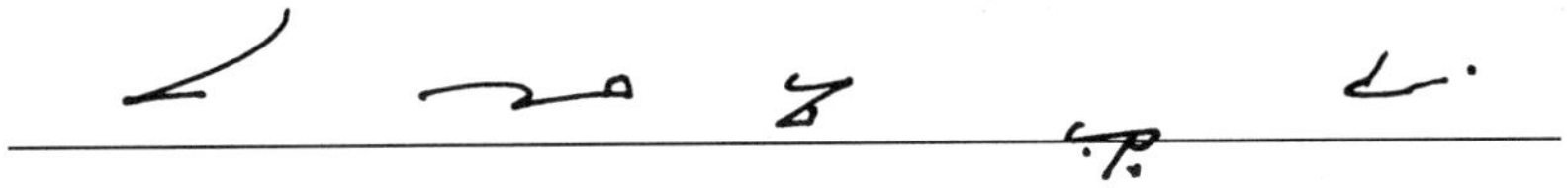

分析　根据　深入　责任　认真

慎重　入门　祸根　珍贵　痕迹

三、速符应用

1. 成语（盖住汉字，边读速符，边抄写）。

奔走相告　神采飞扬　根深叶茂　陈规陋习

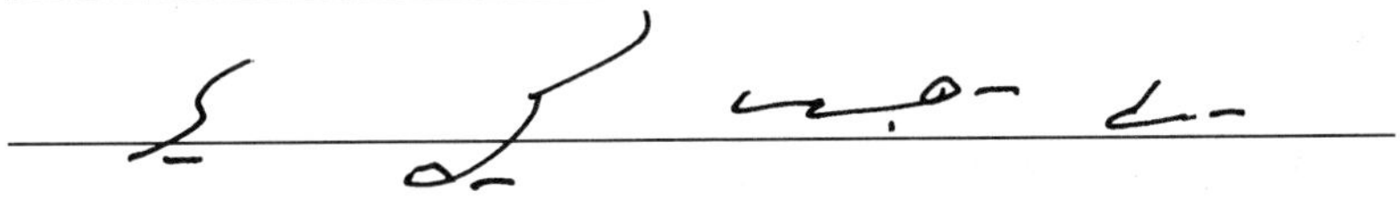

本末倒置　奋发图强　真才实学　仁至义尽

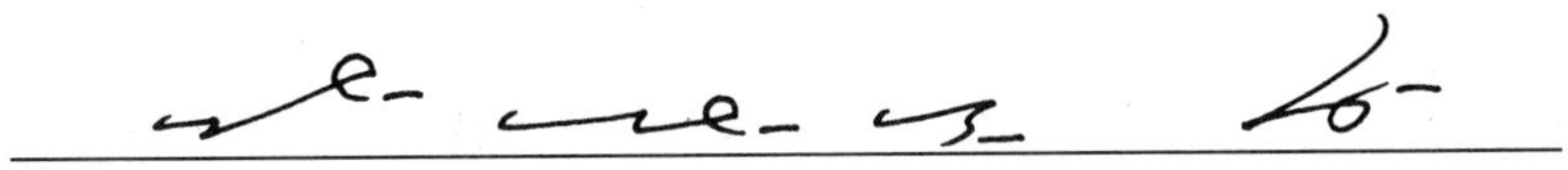

神通广大　晨钟暮鼓　真伪莫辨　丰功伟绩

注意：略符中“根深叶茂”还可以读成“根深蒂固”，这需从上下文意加以区别。

2. 短文。

我们把工作看成是一种乐趣，真心实意地投入，就能把分配给你的工作做好；但是如果说你把工作看成是一种负担，那就会干得很累，也不会有好的结果。

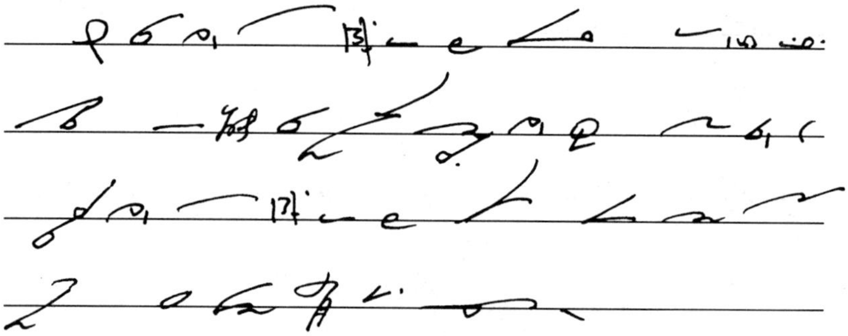

第二节 “eng”韵符及其音符

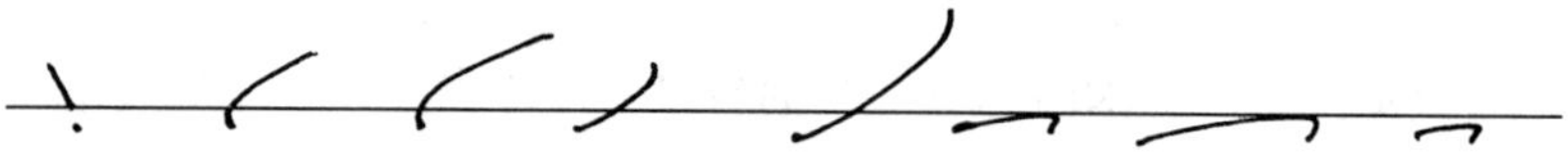

鞥 eng 崩 beng 烹 peng 蒙 meng 风 feng 更 geng 坑 keng 亨 heng

征 zheng 称 cheng 声 sheng 增 zeng 层 ceng 僧 seng

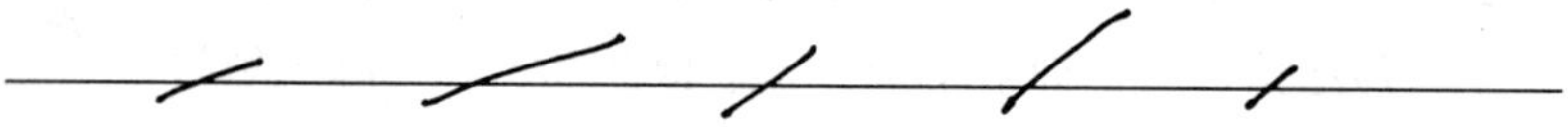

灯 deng 疼 teng 能 neng 冷 leng 仍 reng

一、写法

1. “eng”符是在“en”符下方打一区别点。

2. “eng”组音符是跨基线符。连写时，出现在词首跨基线写；出现在词尾画出小尾线或打“跨线点”。例如：

城市 等级 盛大 忠诚 作风

人生 缝纫 灯塔 更改 草棚

3. 分不清“eng”与“en”的读音时，可将两组音符合并，一律改为提高符。例如：

城市　　忠诚　　作风　　风气

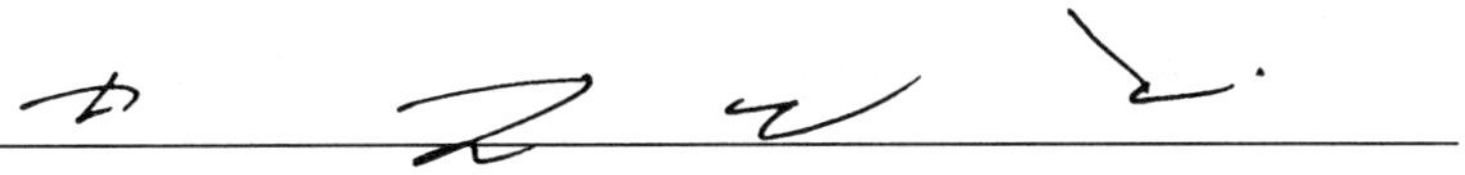

更好　　腾飞　　生产　　长征

4. 速符对比练写。

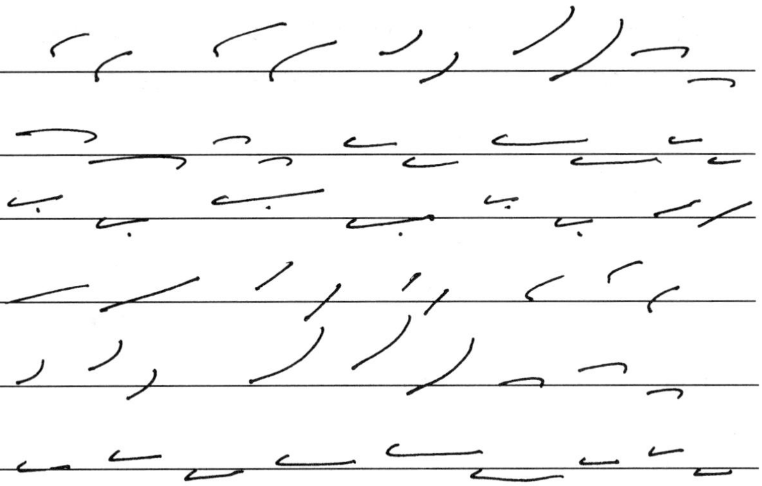

二、词语连写

讽刺　　更正　　长征　　能力　　仍然

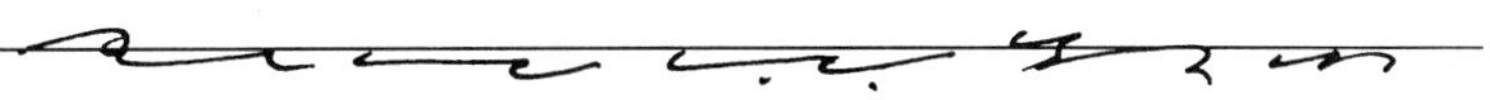

古城　　称职　　层次　　水坑　　生活

封闭　　更好　　增多　　寒冷　　腾飞

诚恳　　工程　　迸发　　更正　　能够

三、速符应用

1. 成语（盖住汉字，边读速符，边抄写）。

层出不穷　更深人静　梦寐以求　无能为力

梦笔生花　省吃俭用　冷嘲热讽　成家立业

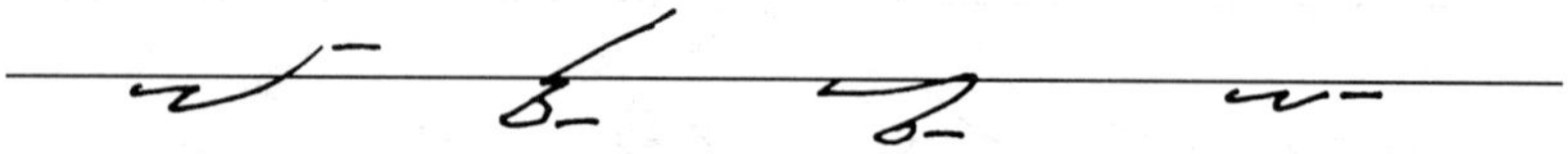

生产有道　冷若冰霜　瞠目结舌　声势浩大

2. 短文。

人生的道路，
需要一步一步地踏实地走。
图谋诡计来策划人生，
希望投机来逃避勤劳的行动，
这种人虽然会得逞一时，
但是却永久不能去掉恶名。

第三节 “in”韵符及其音符

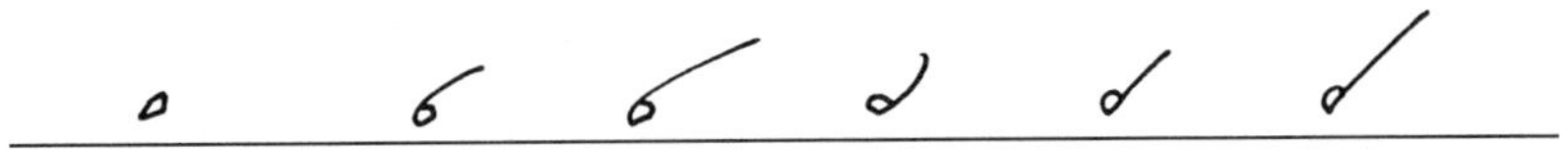

因 in　宾 bin　拼 pin　民 min　您 nin　邻 lin

今 jin　亲 qin　新 xin

一、写法

1. “in”符代表的同音字中，容易读错的字是“喑 yin”，其意思是：知音；缄默。

2. “ji”、“qi”、“xi” 三符提高写，读“jin”、“qin”、“xin”。

3. “in”符是将“i”符提高写。连写时，出现在词首提高写；出现在词尾，最好连写在曲线符的内方、竖写直线符的左方、横写直线符的下方、圈形符的下方，并加提高点（不能出尾线）。例如：

因为　知音　打印　冷饮　引导

4. “jin”、“qin”、“xin” 三符较常用，故略去小圈韵符提高写，属简化符号。连写时，出现在词首离开基线提高写；出现在词尾时要加提高点。例如：

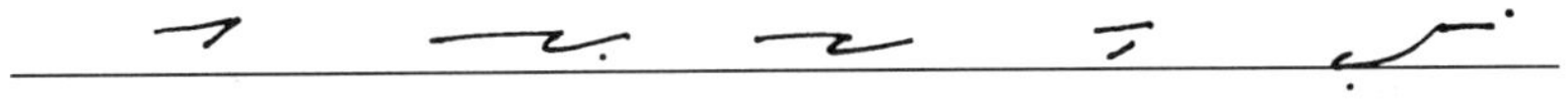

今日　亲自　禁止　信誉　崭新

资金　可信　母亲　可亲　中心

5. 速符对比练写。

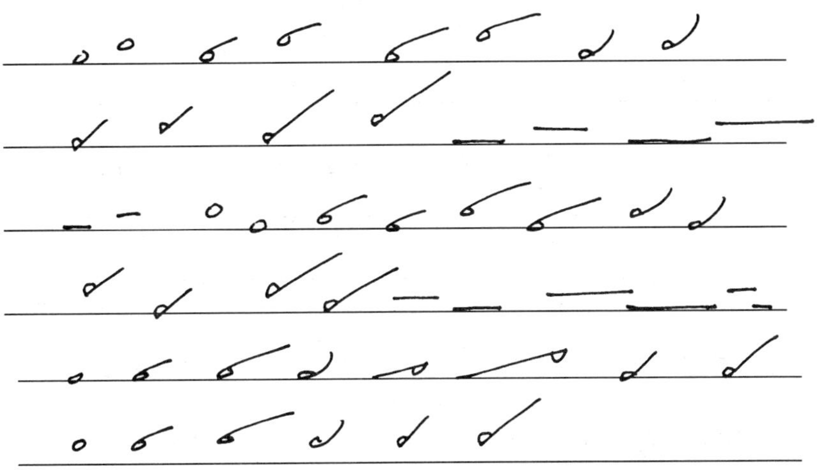

二、词语连写

拼搏　敏捷　聘书　真品　播音

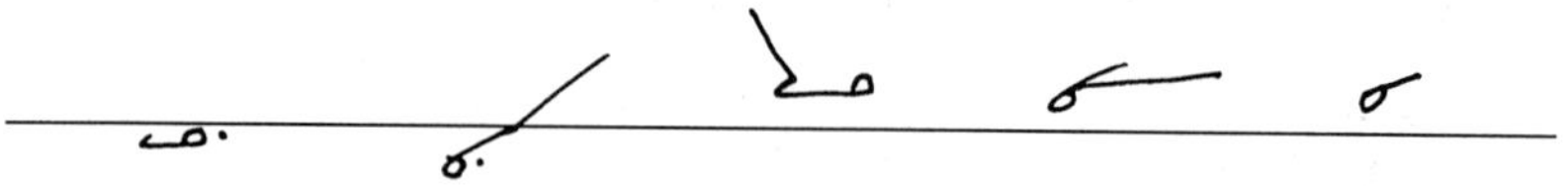

声音　来宾　民主　摈弃　阴暗

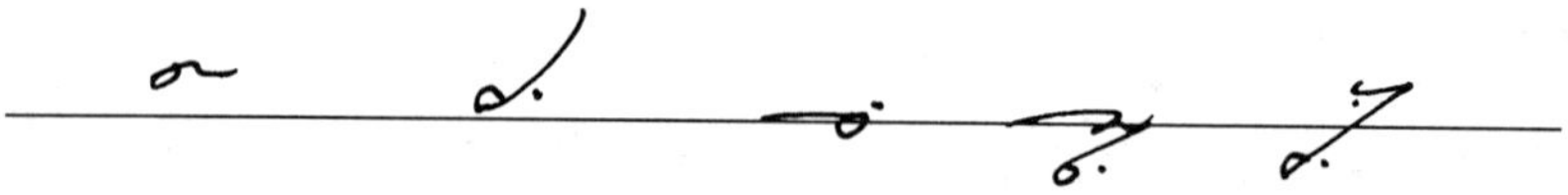

因为　复印　基因　贵宾　森林

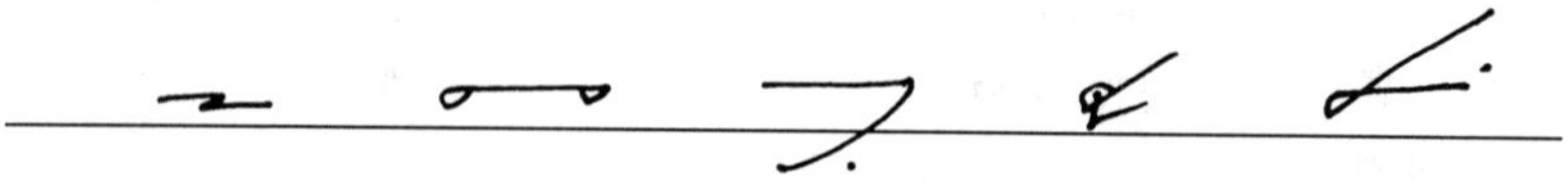

信息　殷切　勤奋　您好　临近

三、速符应用

1. 成语（盖住汉字，边读速符，边抄写）。

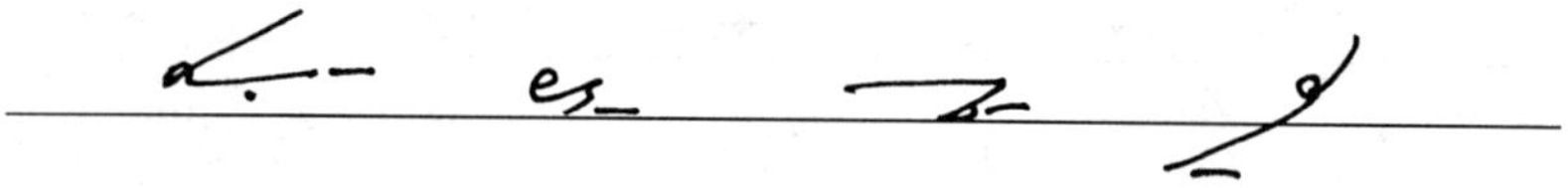

鳞次栉比　饮水思源　亲如手足　民富国强

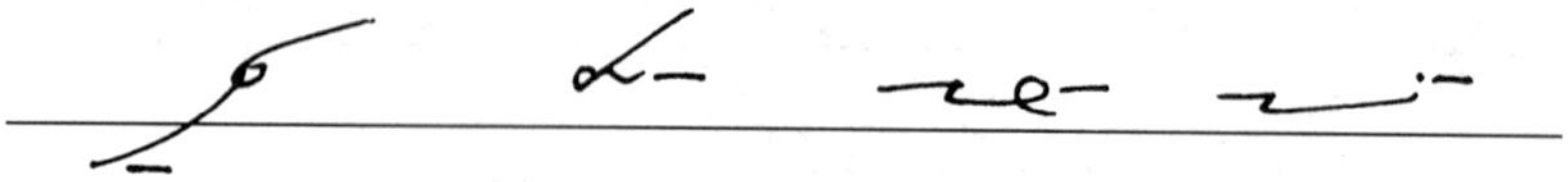

贫富悬殊　临危不惧　尽忠报国　新陈代谢

因势利导　欣欣向荣　淋漓尽致　锦绣河山

2. 短文。

勤俭节约是我国优良的民族传统，尽管现代社会经济高度发展，但是我们还是不能忘记这一优良传统。钱，不仅是挣出来的，更重要的是省出来的。

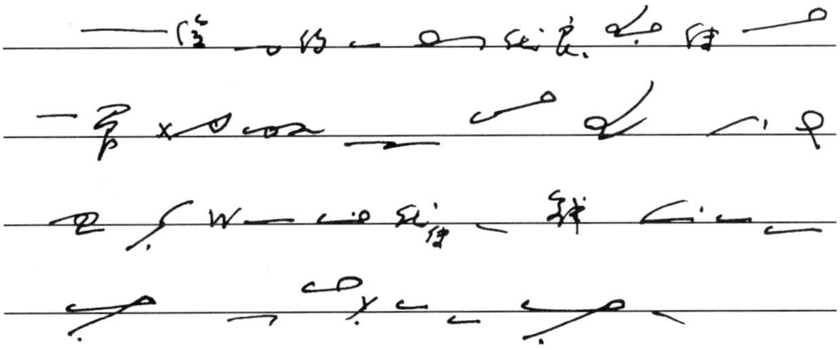

第四节　“ing”韵符及其音符

英 ing　兵 bing　乒 ping　鸣 ming　丁 ding　听 ting

宁 ning　玲 ling　京 jing　青 qing　兴 xing

一、写法

1. “ing” 符是将 “i” 符跨基线写。连写时，出现在词首跨基线写；出现在词尾最好连写在前符的内、左、下方或前圈下方，并画出尾线。例如：

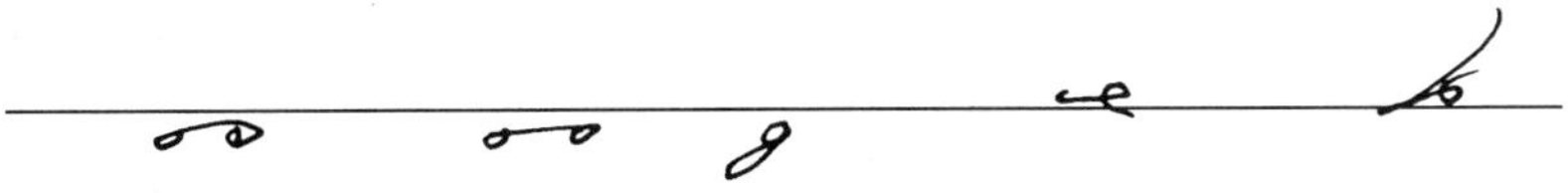

应该　迎接　营业　适应　反映

答应　合营　生硬　经营　国营

2. “jing”、“qing”、“xing” 三符较常用，故略去小圈韵符跨基线写，属简化符号。连写时，出现在词首跨基线写；出现在词尾要画出小尾线或打跨线点。例如：

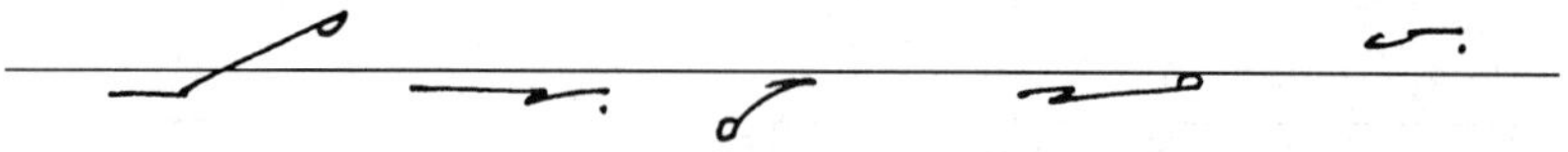

警惕　　情景　　性别　　兴趣　　高兴

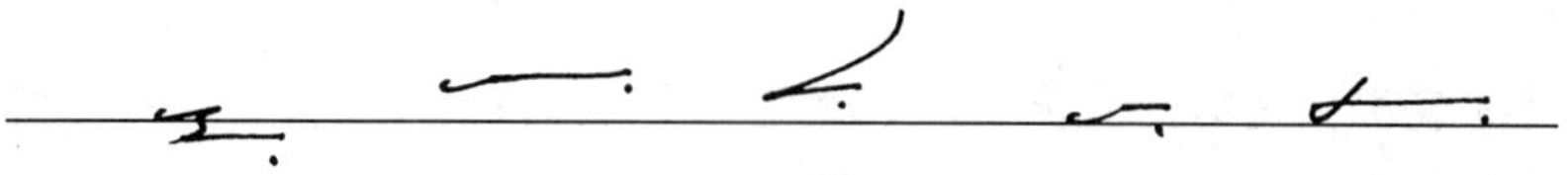

水井　　申请　　风景　　实行　　热情

3. “in”、“ing”两组音符也可以合并，“in”组音符同时又代表“ing”组音符，一律改为提高符。例如：

因此　　应该　　指引　　答应　　高兴

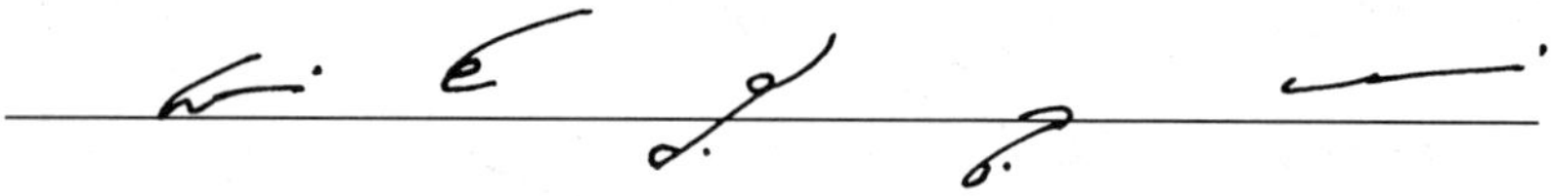

背景　　平时　　命令　　合并　　真情

4. 速符对比练写。

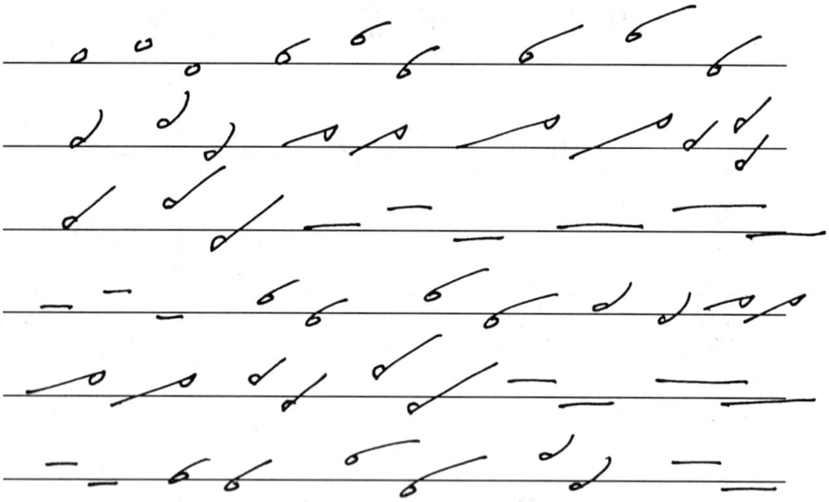

二、词语连写

影视　　知名　　听众　　明白　　庆祝

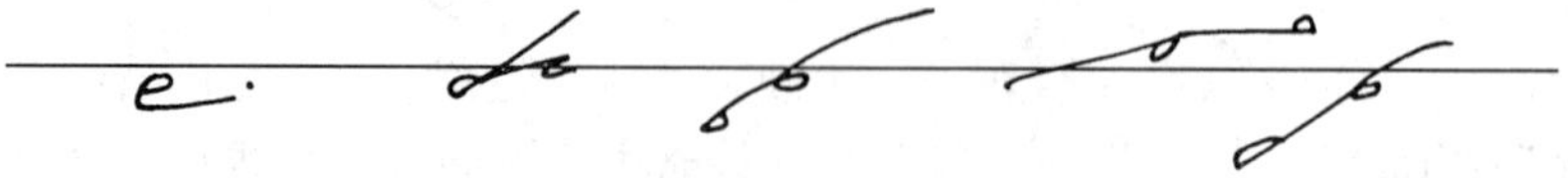

应诊　　领导　　评比　　听取　　并列

请求　进京　领会　规定　指明

应该　并且　和平　热情　高兴

三、速符应用

1. 成语（盖住汉字，边读速符，边抄写）。

名正言顺　精益求精　平易近人　明察秋毫

兴高采烈　令人神往　泾渭分明　轻诺寡信

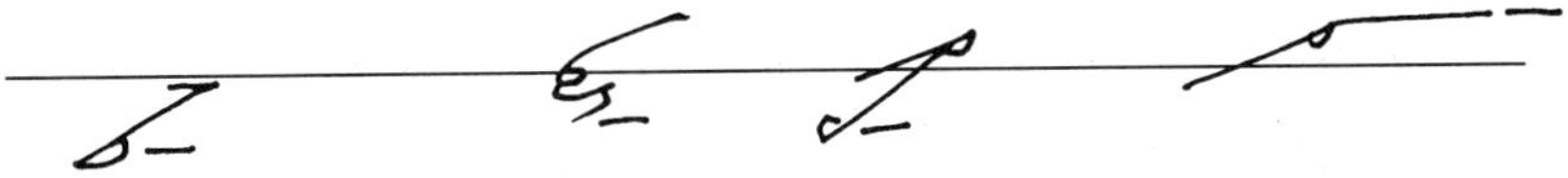

星罗棋布　萍水相逢　顶礼膜拜　听其自然

2. 短文。

生活中不可能什么东西都能得到，总是有可惜的事情，总有放弃的东西。不会放弃，就会变得贪婪，结果什么东西都得不到。放弃今天的舒适，努力充电学习，是为了明天更好的生活。

第五节　略符、略法

一、音符独用略符

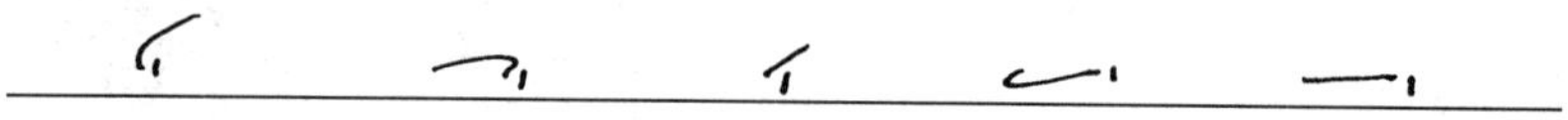

本质　根本　认真　政治　经济

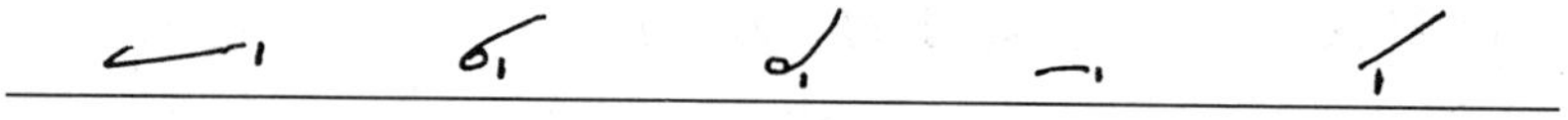

成就　并且　明白　行动　能力

二、“点”的略法

1.“特别提高点”略法。

提高点一般用作标志后符提高，如果后符与前符相同，并读提高音的，可略去后一个音节符，在前符收笔处的右上方写一个点来表示。这个点就是“特别提高点”。例如：

胆敢　信心

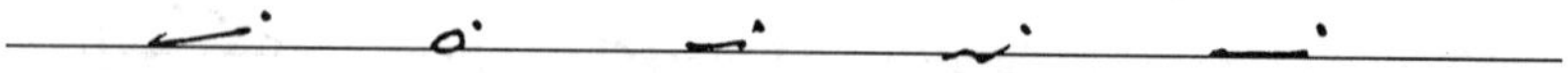

指针　译音　细心　畏罪　基金

2.“点点”略法。

凡是由两个或三个音节组成的词或词组，后一两个音节为“点”或“一点”读音的，把“点”符或“一点”符略去，在前符收笔处的右下方加个点来表示。例如：

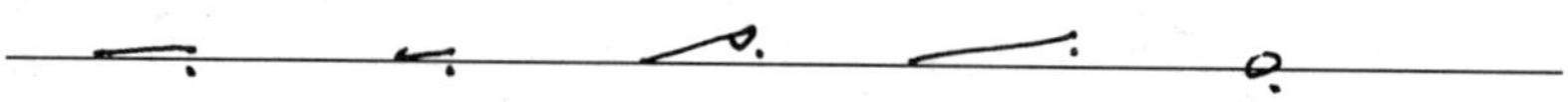

基点　试点　地点　特点　一点

这点　给点　做点　多点　一点点

注意：“这点”、“多点”、“做点”等词中间可加“一”，如：“这一点”、“多一点”、“做一点”等。

3.“意义点”略法。

凡是词组后两个音节为“意义”的，可把“意义”略去，在前边符号的正上方加上一点来表示。例如：

伟大意义　　历史意义　　现实意义　　教育意义

实际意义　　世界意义　　国际意义　　政治意义

这种略写法，前边符号可全写出或只写出一个音节符号。如“伟大”，亦可不写“大”符。“政”符也可以提高写，因为“en”、“eng”两组音符可以合并。

三、常用字略符

上　　们、门　　明、名　　者、着

1. 用“ang”符代表“上”，“上”符出现在词尾要附写在前符收笔处的右下方。例如：

上班　　上级　　安上　　看上　　马上

2. 用“shang”符写在基线上代表“们、门”。例如：

门卫　　大门　　你们　　我们　　他们

3. 用“zhang”符写在基线上代表“明”或“名”。例如：

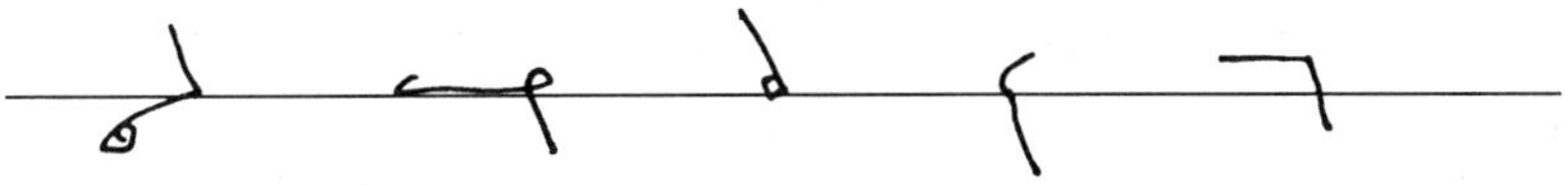

明白　　出名　　名义　　说明　　精明

4. 用汉语拼音字母“e”附写在前符收笔处右上方代表“者”，附写在前符收笔处右下方代表“着”。例如：

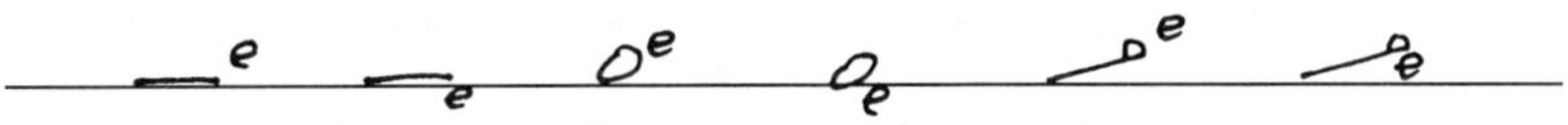

记者　　记着　　作者　　坐着　　读者　　读着

思考与练习

1. 速读下面的速符。

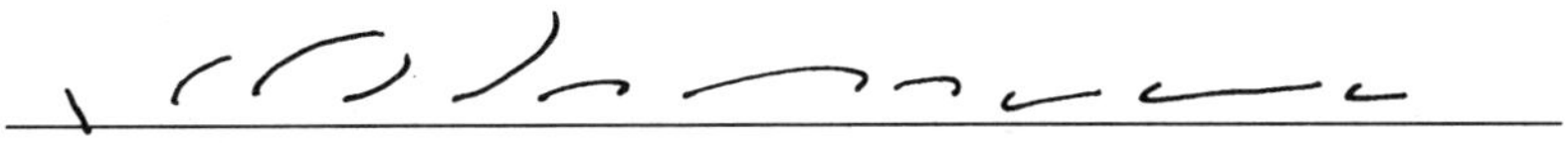

2. 区分中、大、小型符（边读、边抄写）。

（1）中型符：

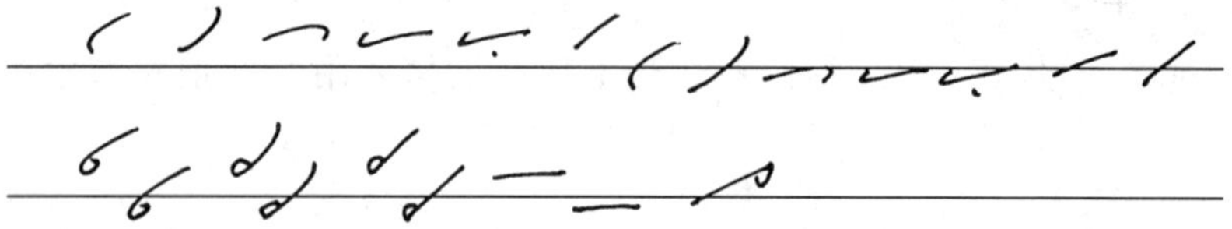

（2）大型符：

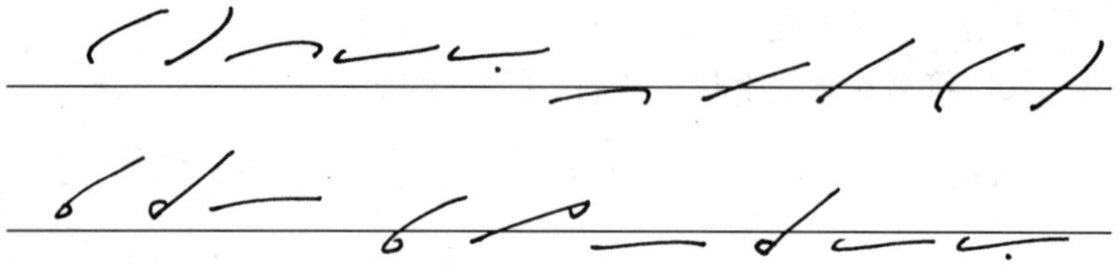

（3）小型符：

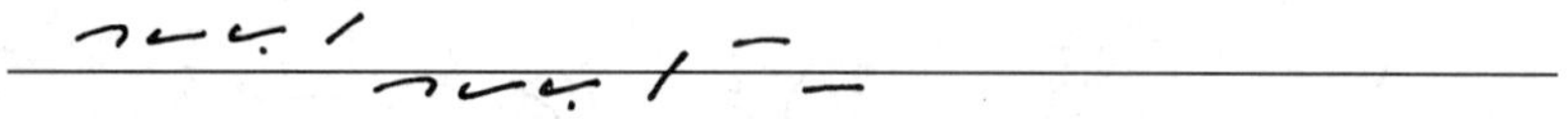

3. 互译。

欣欣向荣	因地制宜	名副其实	马上处理
因势利导	政治经济	根本目的	并行不悖
情投意合	宾至如归	沁人肺腑	提高能力

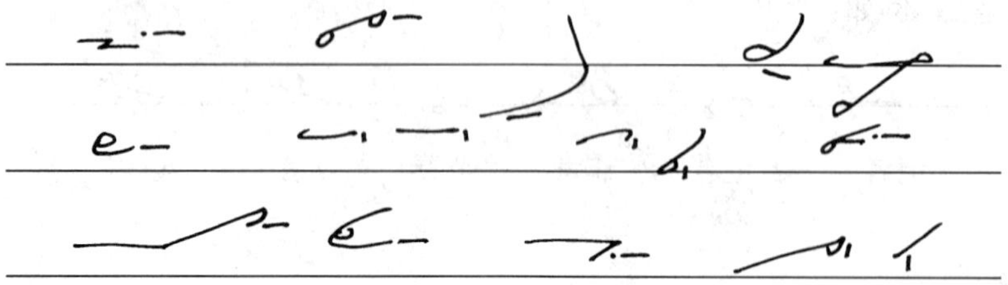

4. 应用练写。

（1）将下文带点的汉字写成速符。

一个人从来不生气，要么是麻木不仁，要么是城府很深。可是人有七情六欲，总有发泄情感的出口。害怕得罪人，不敢批评人，那么不仅工作无原则，连自己本身也被别人吞没了。切记：有时“老好人”也会里外不是人。

（2）用“双式速记法”抄写上文，答案参考如下。

第十章

“ia，iao，iou”等韵符及其音符

提高音符和跨线音符学习完后，本章将介绍三组韵符及其音符。三组韵符是“ia，iao，iou”、“ian，iang，iong”、“üe，üan，ün”，要熟练掌握这 9 个韵符的连写规则。

速记符号快学完后，要练习听写，即让别人念文章，你用学过的速符写，或放录音听写；开始听写不要求快，要在写准确速符的基础上，逐步提高书写速度。

要熟练掌握速记中标点符号用法和数字略法。

第一节　“ia，iao，iou”韵符及其音符

1. “ia”组音符：

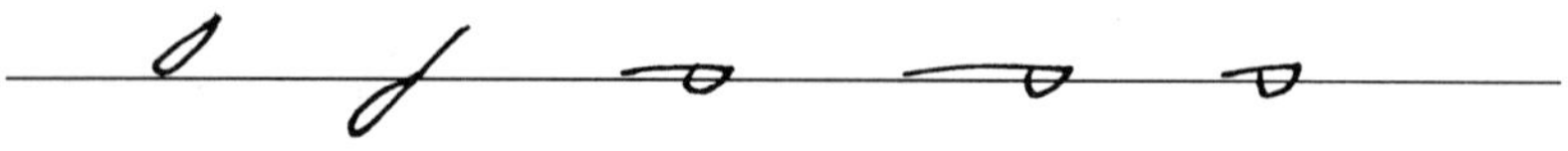

呀 ia　俩 lia　家 jia　恰 qia　虾 xia

2. “iao”组音符：

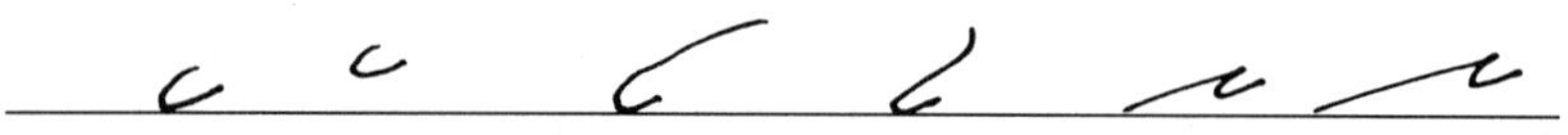

妖 iao　标 biao　飘 piao　妙 miao　刁 diao　挑 tiao

鸟 niao　撩 liao　娇 jiao　敲 qiao　肖 xiao

注意：“jiao”、“qiao”、“xiao”三符的大半圈，也可写成小半圈，同“ao”符大小。

3. “iou”组音符：

忧 iou　谬 miu　丢 diu　牛 niu　流 liu　纠 jiu　秋 qiu　休 xiu

注意：“jiu”、“qiu”、“xiu”三符的大半圈也可写成小半圈，同“ou”符大小。

一、写法

1. “ia”符比“ie”符大一倍。连写时出现在词首要顺连；出现在词尾时，最好连写

在前符的“内、左、下”方。“jia”、“qia”、“xia”三符连写时，出现在词首，为便于连写大圈可写在上面。例如：

价值　　价格　　洽谈　　恰如　　海峡

2. “iao”、“iou”两符比“ao”、“ou”两符大一倍。

3. “biao”、“liu”两符是简化符号，用“iao”、“iou”两符提高写。例如：

表示　　指标　　标志　　表情　　手表

流失　　支流　　柳树　　留心　　保留

4. “jiao”、“qiao”、“xiao”与“jiu”、“qiu”、“xiu”六符的半圈可以写小点。例如：

教育　　交流　　比较　　大桥　　效率

纠正　　秋收　　修理　　地球　　进修

5. 速符对比练写。

二、词语连写

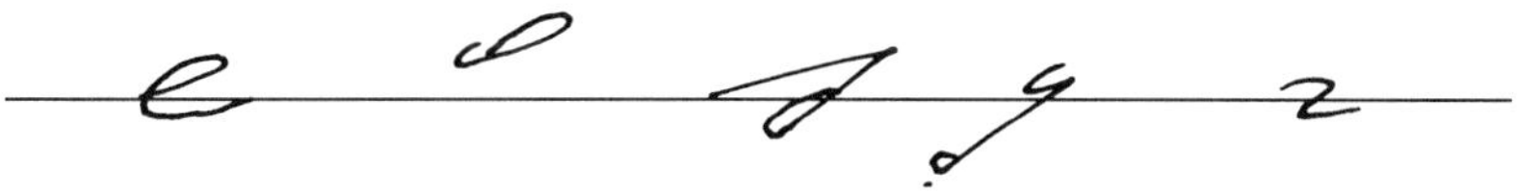

压制　　高压　　他俩　　要领　　有事

表达　流动　发表　主流　友谊

恰当　标语　教导　调查　效益

主要　教育　调动　效率　长久

三、速符应用

1. 成语（盖住汉字，边读速符，边抄写）。

瑕不掩瑜　恰到好处　表里如一　丢三落四

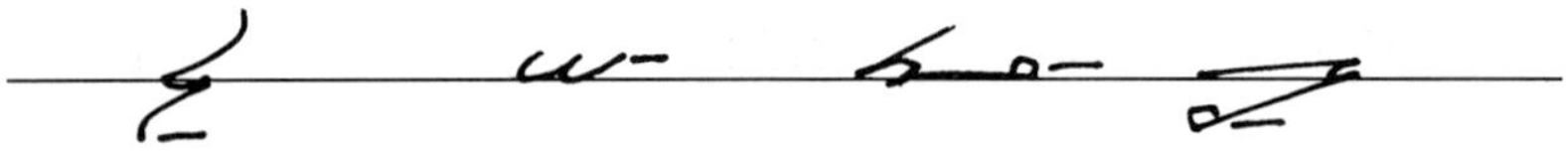

妙不可言　遥遥相对　扭曲作直　巧立名目

狭路相逢　巧夺天工　聊以自慰　飘飘欲仙

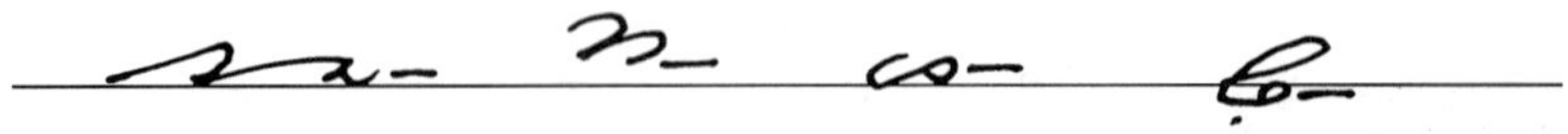

丢盔弃甲　留有余地　杳无音信　雅俗共赏

2. 短文。

企业用人时，要多看员工的优点和特长，而不是老盯着他们的缺点和不足。如果你眼中看到员工的优点与特长，就能调动员工的积极性，就能形成一个先进的团队。

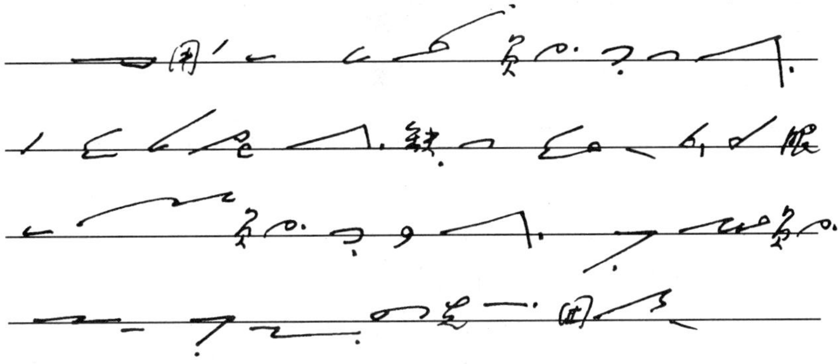

第二节 “ian，iang，iong”韵符及其音符

1. “ian”组音符：

烟 ian 边 bian 偏 pian 棉 mian 掂 dian 天 tian

拈 nian 连 lian 坚 jian 千 qian 先 xian

2. “iang”组音符：

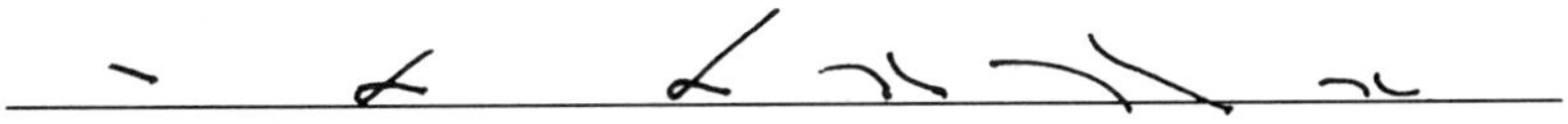

央 iang 娘 niang 良 liang 江 jiang 枪 qiang 香 xiang

3. “iong”组音符：

拥 iong 窘 jiong 穷 qiong 凶 xiong

一、写法

1. “ian”、“iang”符分别是将“an”、“ang”符提高写。

2. “dian”、“tian”符是在“dan”、“tan”符的简化曲线上连写“i”的小圈。

3. “jian”、“qian”、“xian”三符是变形简化符号，从左下方向右上方书写，与基线的斜度是15°左右。

4. “jiang”、“qiang”、“xiang”三符是有两种写法的变形简化符号，从左上方向右下方书写，与基线的斜度是15°左右。连写时，两种符号用哪一个都可以。例如：

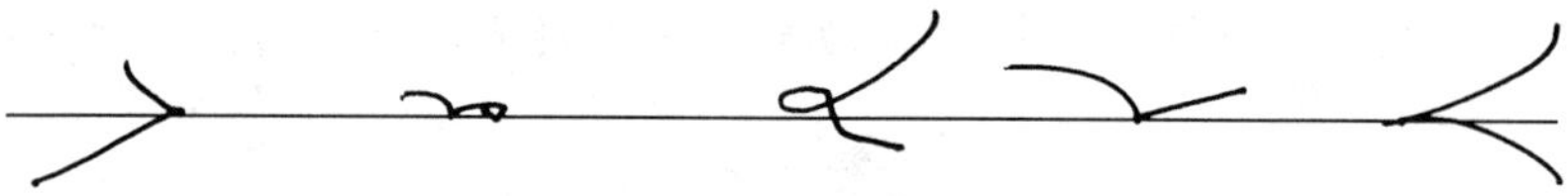

将来　相互　发奖　强大　富强

降低　对象　照相　边疆　香花

5. “iong”符是将“ɑ”符提高写。连写时，出现在词首顺连；出现在词尾，最好连写在前符的“内、左、下”方，并画出小尾线。

6. “jiong”、“qiong”、“xiong”三符是将反写的“jiɑ”、“qiɑ”、“xiɑ”三符提高写。连写时，出现在词首，为连写方便，大圈也可以写在下方；出现在词尾，要画出尾线或加“提高点”。例如：

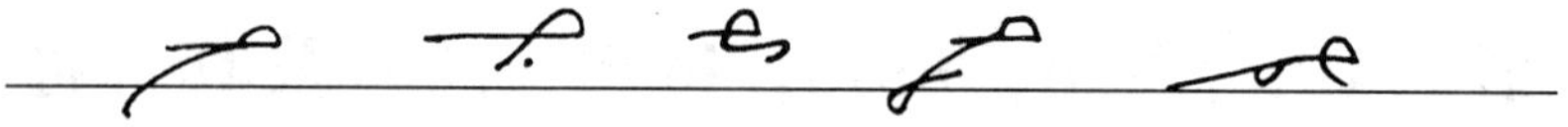

窘迫　穷人　凶手　雄辩　弟兄

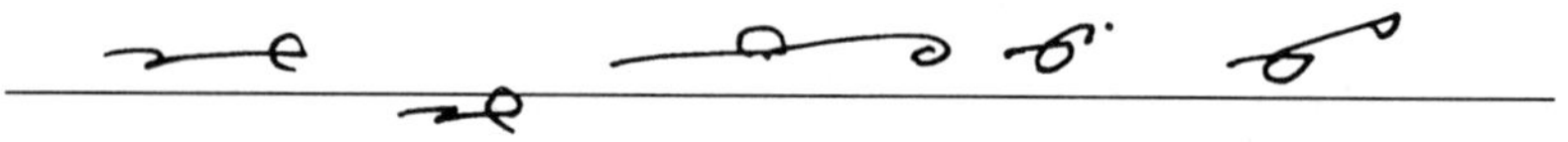

很穷　行凶　穷苦　胸口　兄弟

7. 速符对比练写。

二、词语连写

严格　中央　发言　辩证　一片

连接　年龄　电灯　良好　酿造

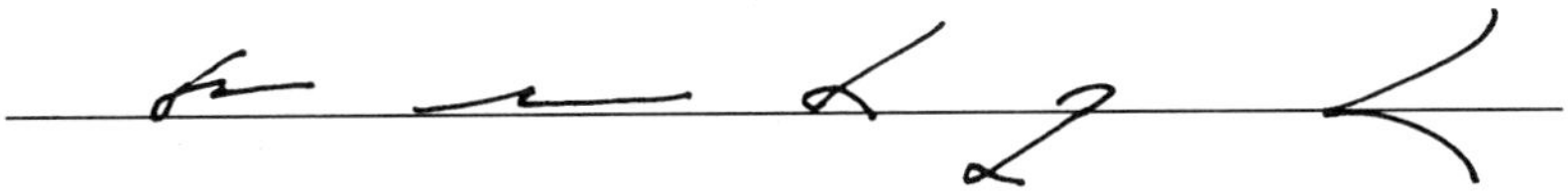

编辑　坚持　理想　优良　富强

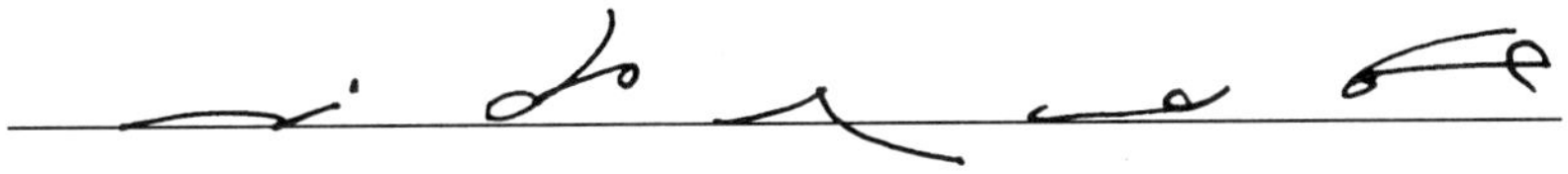

科研　发电　坚强　出现　贫穷

三、速符应用

1. 成语（盖住汉字，边读速符，边抄写）。

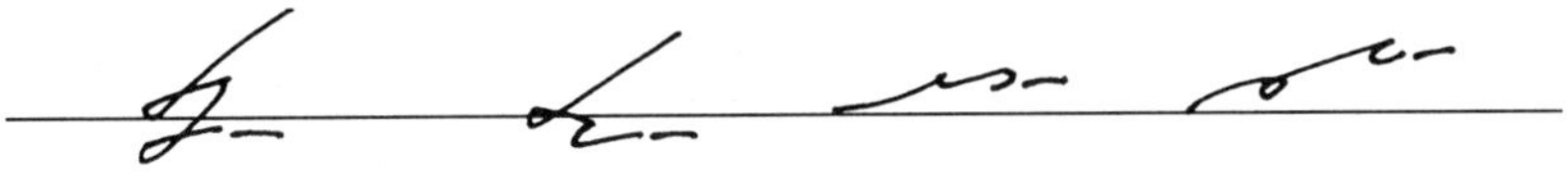

连绵不绝　良师益友　兼收并蓄　颠倒是非

变本加厉　延年益寿　前因后果　强词夺理

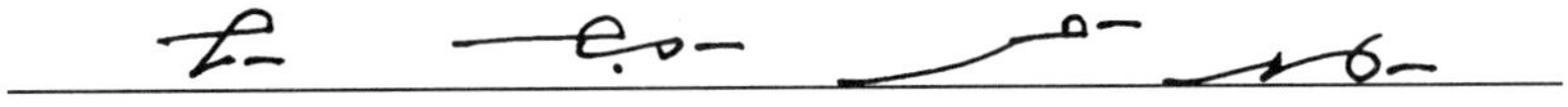

迥然不同　穷则思变　谦虚谨慎　建功立业

2. 短文。

◇ 世界正逐步向简单化、专业化、标准化发展，于是合作的方式就理所当然地成为了这个时代的产物。

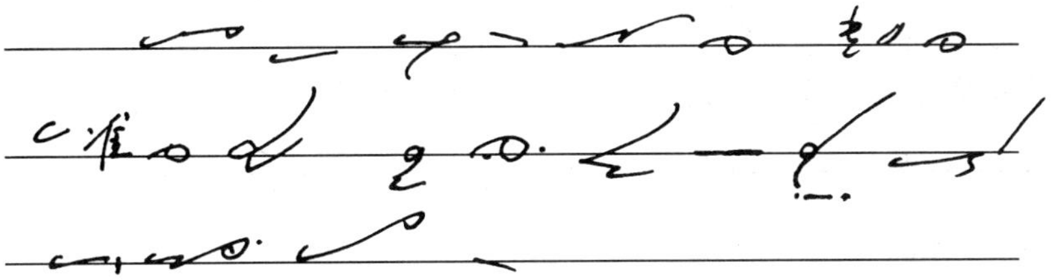

◇ 一个由相互联系、相互制约的若干部分组成的整体，经过优化设计后，整体功能能够大于部分之和，产生 1＋1＞2 的效果。

第三节　“üe，üan，ün”韵符及其音符

1. “üe”组音符：

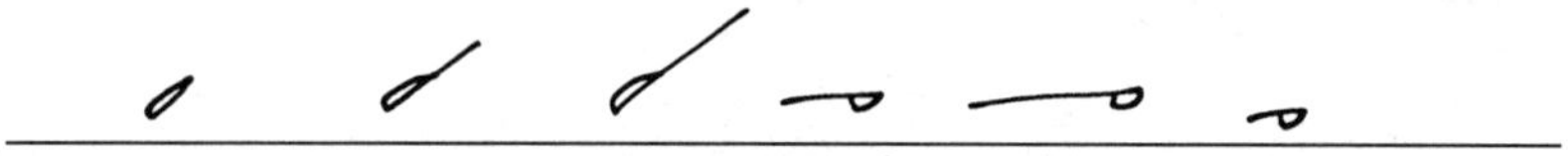

约 üe　虐 nüe　略 lüe　决 jue　缺 que　薛 xue

2. “üan”组音符：

冤 üan　捐 juan　全 quan　宣 xuan

3. “ün”组音符：

晕 ün　军 jun　群 qun　勋 xun

一、写法

1. “üe”符是将“ie”符提高写。其连写规则同“ie”符连写规则，出现在词尾要画出尾线或加“提高点”。

2. “jue”、“que”、“xue”三符是将“jie”、“qie”、“xie”三符提高写。连写时，出现在词尾要画出尾线或加“提高点”。

3. “üan”符是将“xian”符提高写。连写时，在词尾要打提高点。

4. “juan”、“quan”、“xuan”三符是“jian”、“qian”、“xian”三符加小圈，属简化符号。

5. “jun”、“qun”、“xun”三符是将“ju”、“qu”、“xu”三符提高写。连写时，出现在词尾要画出尾线或加“提高点”。

6. “ün”符是将“迂”符提高写。连写时，出现在词尾打“迂”画，并加提高点。例如：

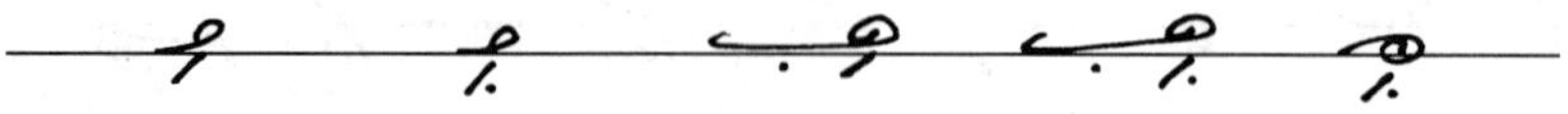

无雨　乌云　采玉　彩云　海运

7. 速符对比练写。

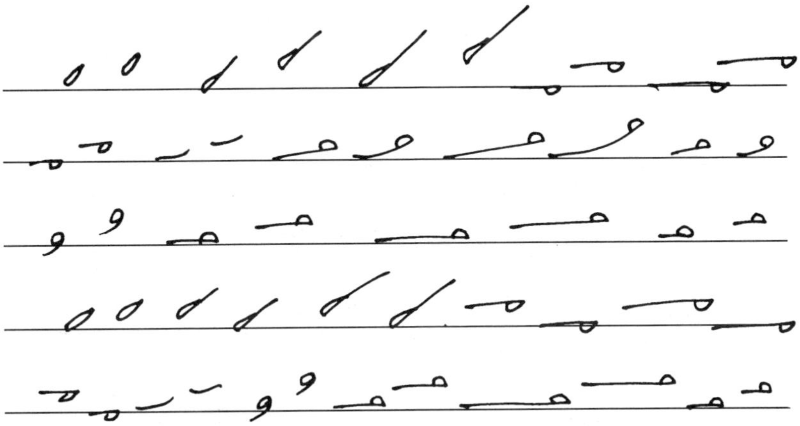

二、词语连写

约会　活跃　音乐　虐待　侵略

自觉　的确　大学　原因　支援

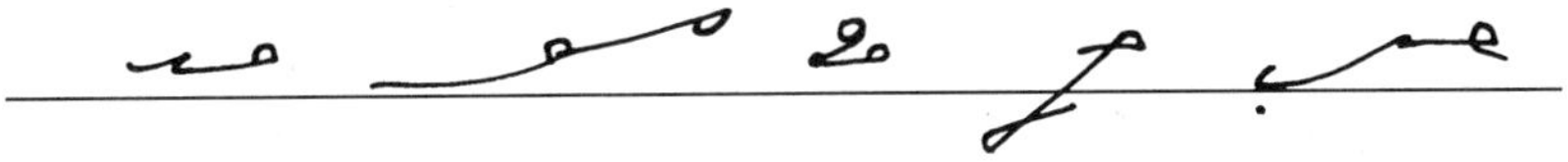

援助　全体　运输　训练　参军

咨询　选举　绝密　疲倦　口诀

三、速符应用

1. 成语（盖住汉字，边读速符，边抄写）。

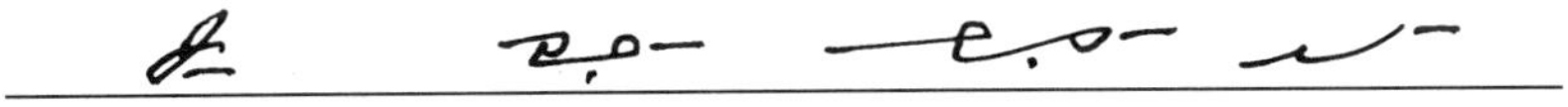

跃跃欲试　削足适履　群策群力　远见卓识

循序渐进　犬马之劳　运筹帷幄　训练有素

喧宾夺主　确凿不移　全心全意　学而不厌

2. 短文。

“蚁群效应”的优势集中表现为：弹性——能够迅速根据环境变化进行调整；强韧——个体的弱势并不影响整体的高效动作；自组织——无须太多的自上而下的控制或管理，就能自我完成工作。

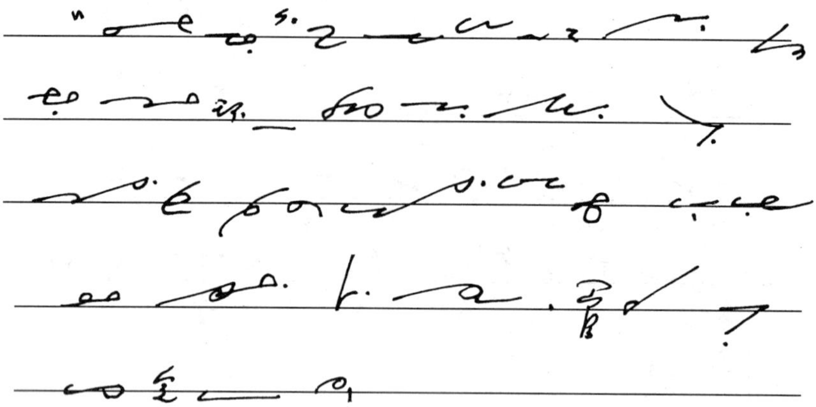

第四节　略符、略法

一、音符独用略符

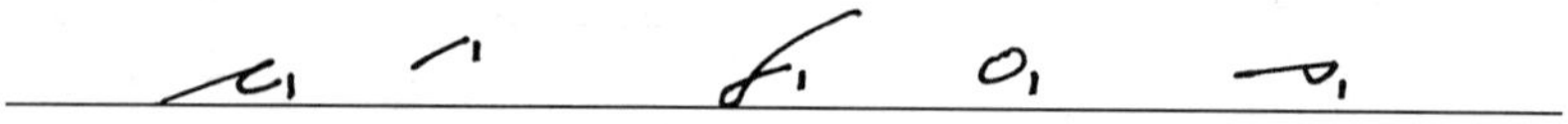

调查　言论　片面　用途　决议

注意：有些常用词在其他略符中出现，所以在此音符独用略符列举中没有出现。

二、中附离略法

1. “i”符中附离略法，用于两端音节相同、中间嵌有“一”字的三音节词。例如：

改一改　提一提　查一查　翻一番

2. “a”符中附离略法，用于第三或第四个音节为“家”或“学家”的词。例如：

数学家　政治家　理论家　物理学家

3. “ai”符中附离略法，用于第三音节为“派”字的三音节词。例如：

革命派　改革派　保守派　中间派

4. “wei”符中附离略法，用于单音节并列词组。写出第一、第二个音节，就能推出后面的音节。例如：

真善美　　公检法　　左中右　　海陆空

5. “an”符中附离略法，用于中间嵌有“得”字的三音节词。例如：

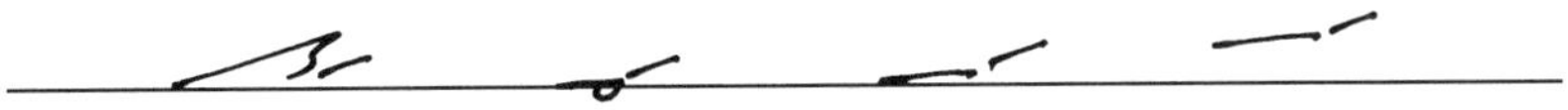

推得动　　写得快　　记得住　　经得起

6. “ang”符中附离略法，用于中间嵌有“不”字的三音节词。例如：

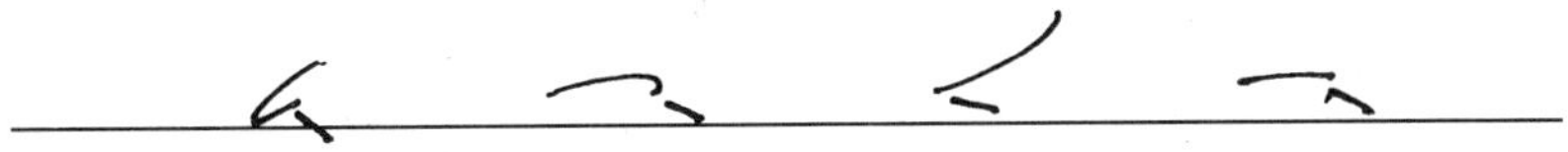

办不到　　跟不上　　分不开　　经不起

7. “xi”符中附离略法。这种略法一是可以用于四音节成语，一是可用于熟知的三音节词（写出第一个音节，就可以推知后两个音节的）。假如在讲话中多次出现不熟知的三音节词时，也可以用“xi”符中附离略法。例如：

先锋队　　解放军　　轻工业　　邮电局

克己奉公　　精益求精　　滴水穿石　　学而不厌

注意：认读略符时，有的需要看上下文意才能认读得准确。如：可能将“办不到”读成“办不好”，这时需要从一句话中的意思来确定该符应读什么。

三、数字、日期、时间略法

1. 数字的略法。

速记中的数字略法，是以阿拉伯数字为基础的。数字在速记应用中是经常遇到的，有时因少写一个“零”或颠倒了一个数字，就会造成错误。因此，不但要牢记数字的写法，而且还要掌握好数字的略写方法。

（1）一般数字略法：“一”、“十”单写时，可用速符表示。例如：

一个　　一次　　一件　　一条　　一辆

十个　　十次　　十件　　十条　　十辆

以“十”、“百”、“千”、“万”、“亿”为单位的数字，亦可用速符表示。“十、百、千”

单位用速符连写在前面数字收笔处；“万、亿”单位用速符附写在前面数字收笔处的右下方。例如：

五十　　二百　　四千　　十八万　　四亿零二万

个位数不是零的，仍用阿拉伯数字。例如：

（2）小数、比例数的略法：小数、比例数仍用阿拉伯数字的写法。例如：

（3）序数、分数的略法：序数一般用点画在数字的正上方。例如：

第一　　第十　　第四　　第十五

分数写法是略去分数线，分子、分母照写。例如：

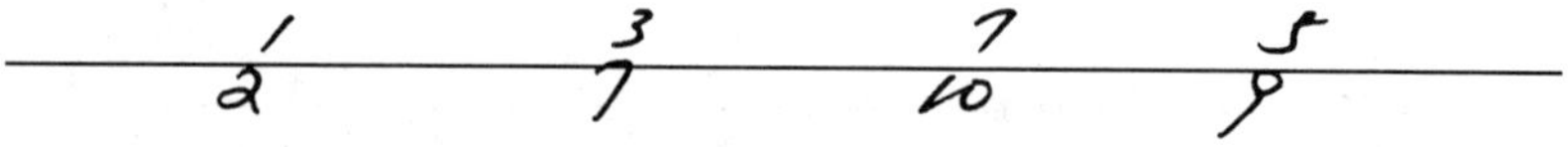

二分之一　　七分之三　　十分之七　　九分之五

凡是分数前面有“扩大”、“提高”、“增加”等词，可以缩写为“扩”、“提”、“增”等符形，并以此代替分数线，分子、分母照写。例如：

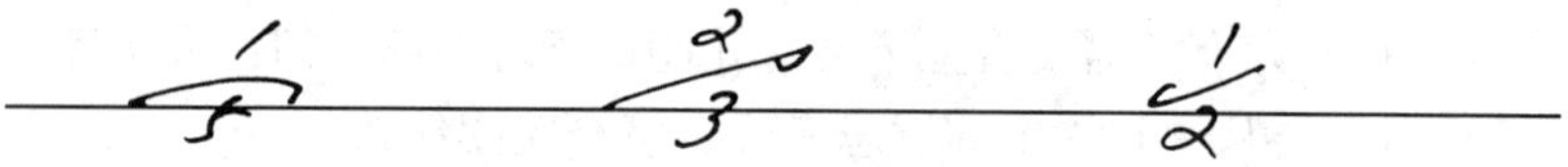

扩大五分之一　　提高三分之二　　占二分之一

（4）不定数的略法：用“an”符或“ang”符连写在数字后面，表示不定数。例如：

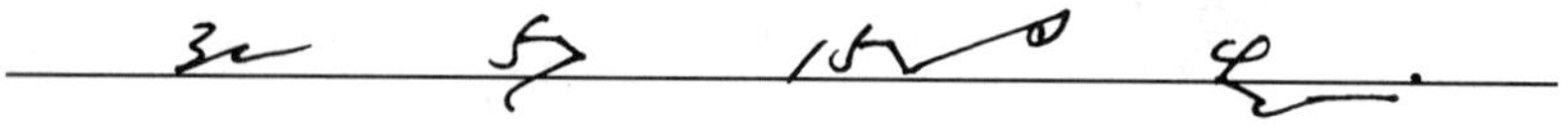

三四只　　五六百　　十五六台　　四五十斤

（5）量词的略法：遇有元、斤、吨、亩等量词，均用速符或代号表示。例如：

65 度　　400 斤　　360 万元

写出名词、数字后，可以略去能推知的量词。例如：

钢 746 吨　　煤 524 吨

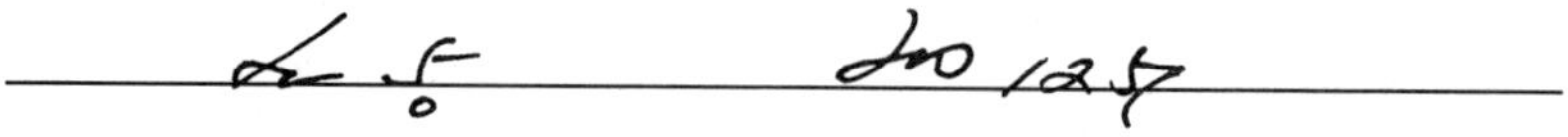

粮食 5 亿斤　　棉花 12 500 担

2. 日期、时间略法。

请看下面一般日期的略法：

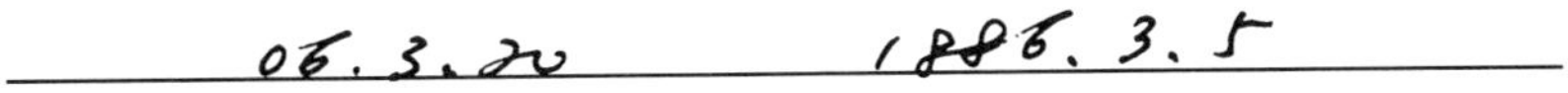

2006 年 3 月 20 日　　　　1886 年 3 月 5 日

注意：速记时 2006 年可略去“20”，只写“06”。

用“ang”符或“xi”符交叠在前符上，分别表示“上半年”、“下半年”、“上半月”、“下半月”。例如：

去年上半年　　今年下半年　　八九年下半年

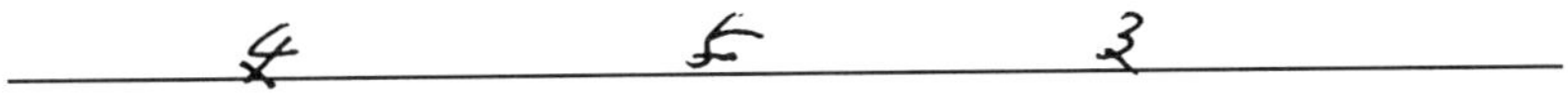

四月上半月　　五月下半月　　三月上半月

月份、季度写法示例如下：

半个月　　一个月　　四个月　　十二个月

不到三个月　　不到五个月

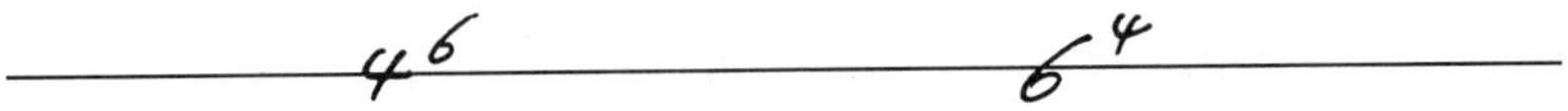

四个月零六天　　六个月零四天

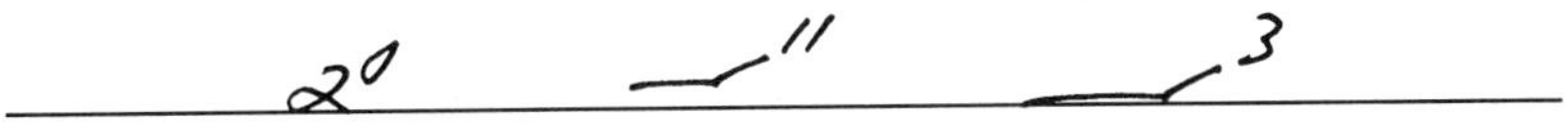

二月份　　今年 11 月份　　去年三月份

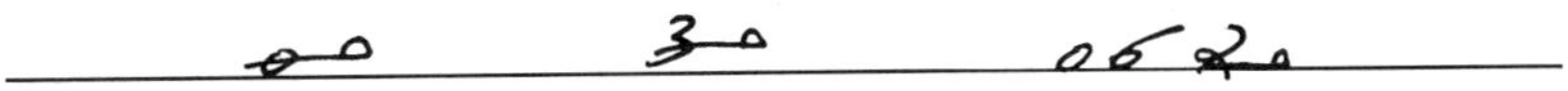

第一季度　　第三季度　　2006 年第二季度

在数字的前面加上一点，表示“小时”。例如：

三小时　　三个多小时　　三个半小时

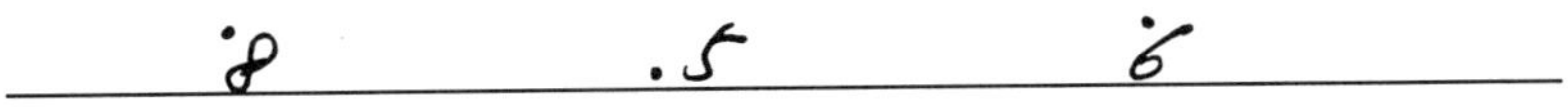

上午八点钟　　下午五点钟　　早晨六点钟

注意：“点”加在数字的左上方，表示上午（早晨）几点钟；加在数字的左下方，表示下午（晚上）几点钟。

常见的时间略法还有：

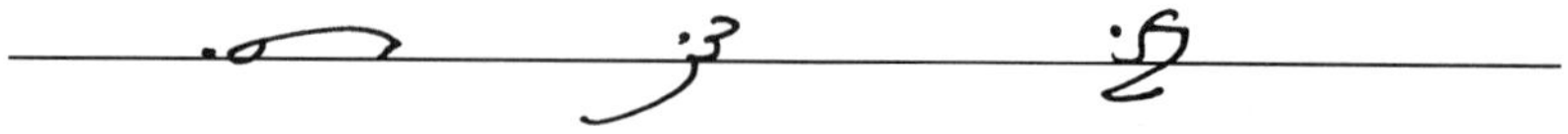

一刻钟　三分钟　五秒钟

上午 8 点 6 分 14 秒　下午 5 点 4 分 10 秒

四、标点符号写法

速记中的标点符号是速符的一部分。速记的标点符号有以下几种：

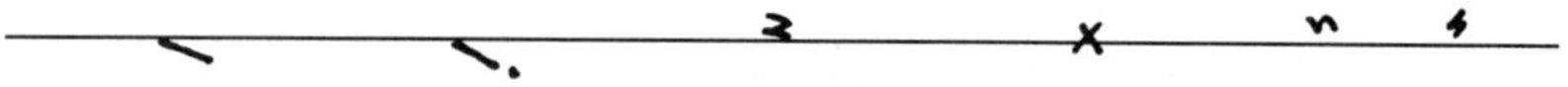

句号　叹号　冒号　问号　引号

括号　破折号　省略号　专名号

逗号、顿号：用速符的间隔来表示（间隔的长度约等于一个中型符的长度）。

句号：将“ang”符写在基线下表示。

叹号：是在速符句号的后面加一点。

冒号：上下两点错笔相连。

问号：是一个小乘号附在前符收笔处的正右方。

引号：是两个小“zhang”符和小“ren”符的并列连写（要提高写）。

括号：是在“bo”、“mo”两符上各加个小斜画。

破折号：是两个平行连写的“de”符。

省略号：是一个长度等于“qi”符的提高写的波浪线。

专名号：是两个“an”符的平行连写，附在前符收笔处的右下方。

速记中的专名号，是用来标记人名、地名、国名等专用名词的。对熟知的人名、地名等只写出它的一个或两个音节符号，加上专名号后，其他音节符号可略去。例如：

中国　俄罗斯　北京　莫斯科

孔子　马克思　毛泽东　鲁迅

列宁讲：“谁怕用工夫，谁就无法找到真理。”

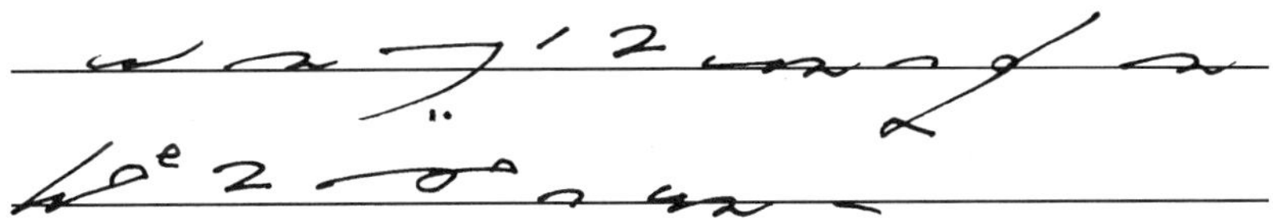

时间给勤奋的人留下智慧和力量，给懒惰者留下空虚和懊悔。

思考与练习

1. 速读下面的速符。

2. 区分中、大、小型符（边读、边抄写）。

（1）中型符：

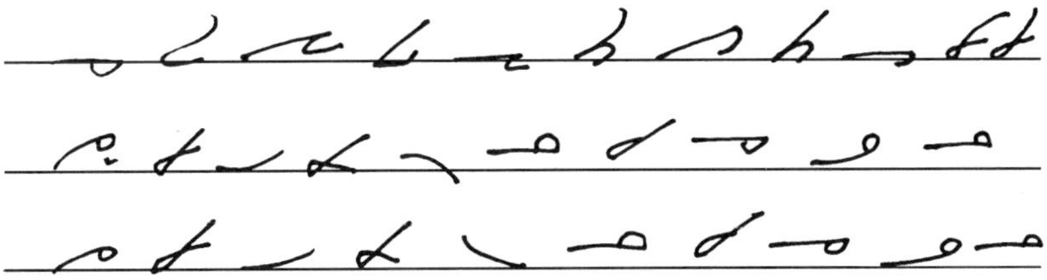

（2）大型符：

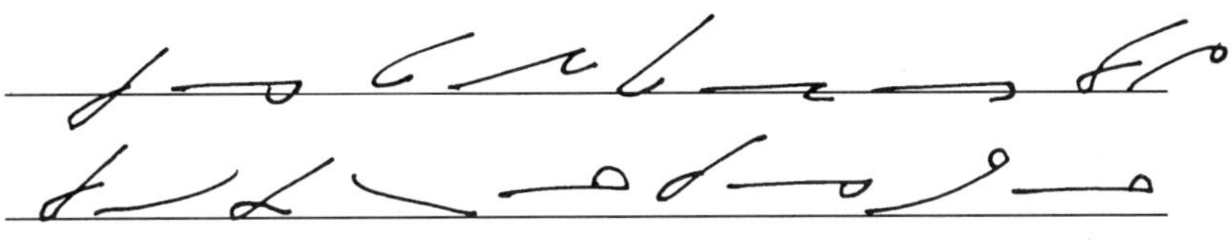

（3）小型符：

3. 抄写本章介绍的 7 种中附离略法的举例略符。

4. 应用练写。

下面是××公司给××市商业委员会的报告速记起草稿，你试试能否认读出来。如遇认不出的速符，可参看后面的答案。

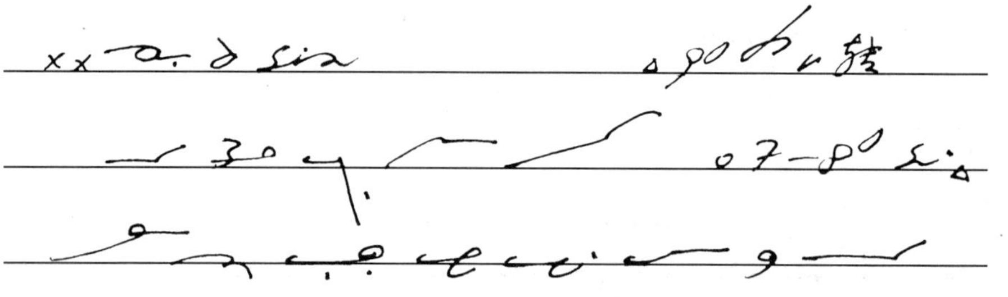

××公司商业委员会：

今年第三季度市场淡季特淡，以 7 至 8 月份为最，9 月份略有好转。全季各项财务主要指标实绩与去年同期比，商品销售额××万元，只增长 0.2%；利润总额××万元，减少 3.6%；费用水平 1.4%，上升 0.12%，升幅 0.4%；平均流动资金周转××天，减慢×天。1 至 3 季度累计利润实绩××万元，虽比去年周期增长 0.54%，但只完成市政府下达年度计划的 69.7%，大大低于平均速度。

以上报告请核。

公司（公章）

××××年×月×日

第十一章 “ua，uai”等韵符及其音符

本章共有三组韵符及其音符，三组韵符是“ua，uai”、“uan，uang”、“uen”。要熟练掌握这三组韵符的连写规则。

学完本章，速记韵符及其音符全部学完了。可以用速符抄写各种文章，最好是练习听写，请别人念，自己写或听录音练写。开始每分钟可听写 60 个字，逐渐递增至 70 字、80 字、100 字……力求在写准确速符的基础上，每 10 个字、10 个字的递增。

学习任何一门技能，都是由会到熟，由熟到精，由精到巧，熟能生巧。

第一节 “ua，uai”韵符及其音符

1. “ua”组音符：

蛙 ua 瓜 gua 夸 kua 花 hua 抓 zhua 耍 shua

2. “uai”组音符：

歪 uai 怪 guai 快 kuai 坏 huai 拽 zhuai 揣 chuai 帅 shuai

一、写法

1. “ua”符是“ya”符带拖线，连写规则同“e”符连写规则。

2. “gua”、“kua”、“hua”三符是借用“ga”、“ka”、“ha”三符（在“a”组音符中已有介绍）。

3. “zhua”、“shua”两符的大扁圈连写在声符的内方。

4. “uai”符是破扁圈，写大写小均可，连写时，不受位置限制。

5. “uai”组音符单写时，其大扁圈可写小一点，将“uai”韵符改为小扁圈。

6. 速符对比练写。

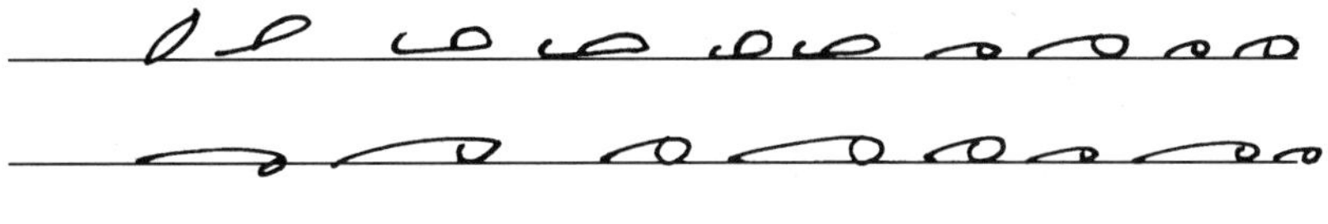

二、词语连写

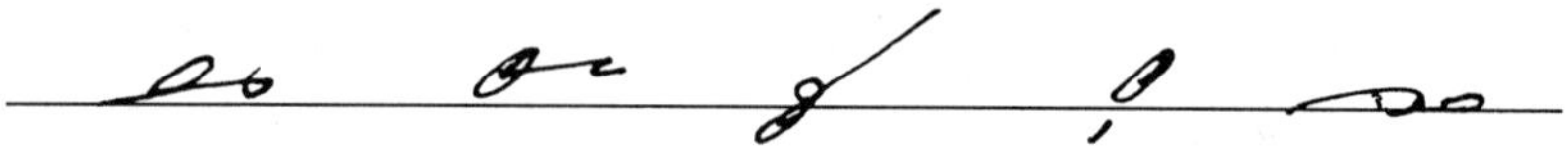

挖掘　外交　里外　外语　挂帅

抓紧　会计　刷新　拽住　怀念

郊外　怀疑　元帅　牙刷　抓举

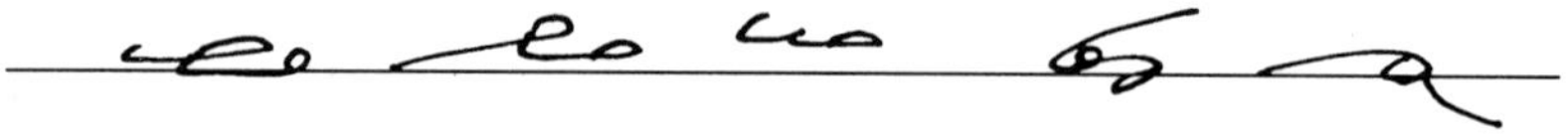

抓住　拖拽　表率　徘徊　夸奖

三、速符应用

1. 成语（盖住汉字，边读速符，边抄写）。

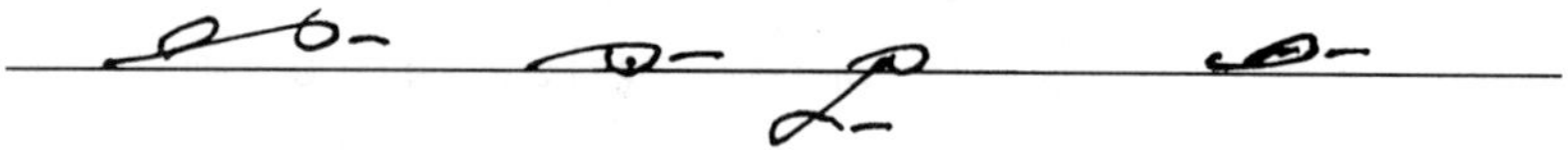

挖空心思　挂一漏万　画龙点睛　世外桃源

华而不实　夸大其词　瓜熟蒂落　抓耳挠腮

外强中干　怀才不遇　脍炙人口　快马加鞭

2. 短文。

二十世纪，没有危机感是最大的危机。我国已加入 WTO，电信、银行、保险，甚至是公务员这些我们以为非常稳定和有保障的行业，也会面临许多的变数。

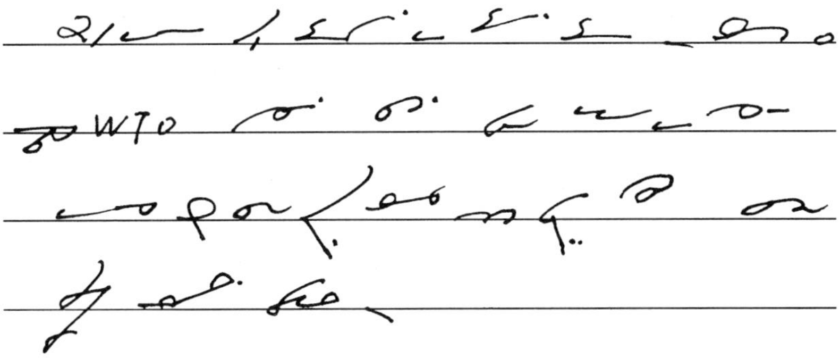

第二节　“uan，uang”韵符及其音符

1.“uan”组音符：

弯 uan　观 guan　宽 kuan　欢 huan　专 zhuan　川 chuan　栓 shuan

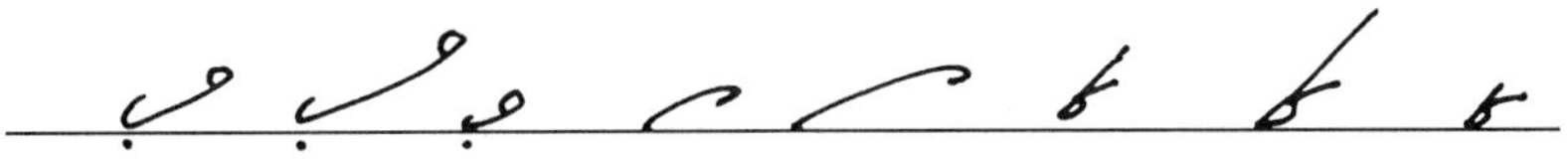

钻 zuan　窜 cuan 酸 suan 端 duan 团 tuan　暖 nuan　乱 luan　软 ruan

2.“uang”组音符：

汪 uang　光 guang　筐 kuang　荒 huang 庄 zhuang 创 chuang　双 shuang

一、写法

1.“uan”符是将“han”符写在基线上。

2.“guan”、“kuan”、“huan”三符是把声符的尾端向内弯，再连一“an”符，略去小圈。

3.“zhuan”、“chuan”、“shuan”、“zuan”、“cuan”、“suan”六符是“zhu”、“chu”、“shu”、“zu”、“cu”、“su”六符的竖写，斜度为 45°～70°。

4.“duan”、“tuan”两符是将“dan”、“tan”两符的尾端向内弯写成小钩（前面学的

"dang"、"tang" 两符的尾端是大弯钩)。

5. "uang" 符是将 "xiang" 符提高写，有两种写法。连写时，用哪一种方法都可以。

6. "guang"、"kuang"、"huang" 三符是把声符的尾端稍内弯，再连一 "ang" 符。

7. 速符对比练写。

二、词语连写

完备　关怀　宽大　喜欢　专门

传统　枪栓　端正　团结　暖和

入关　宽带　完全　往来　钻研

希望　集团　光明　创新　双赢

三、速符应用

1. 成语（盖住汉字，边读速符，边抄写）。

完美无缺　广开言路　患难与共　壮志未酬

望尘莫及　宽宏大量　旷日持久　专心致志

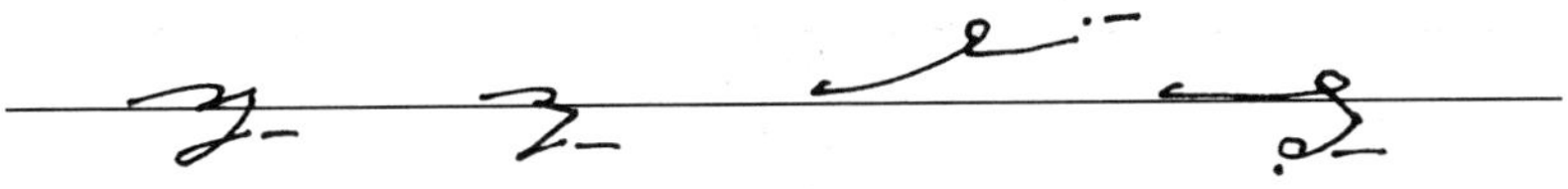

冠冕堂皇　恍然大悟　穿针引线　窗明几净

2. 短文。

偏见是麻醉智慧的药物
自大是捆绑创造的绳索
探索是劈开迷惘的利剑
进击是斩断彷徨的刀斧

第三节　“un”韵符及其音符

“un”组音符：

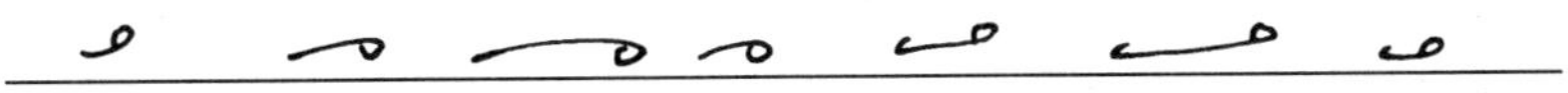

温 un　滚 gun　昆 kun　昏 hun　准 zhun　春 chun　顺 shun

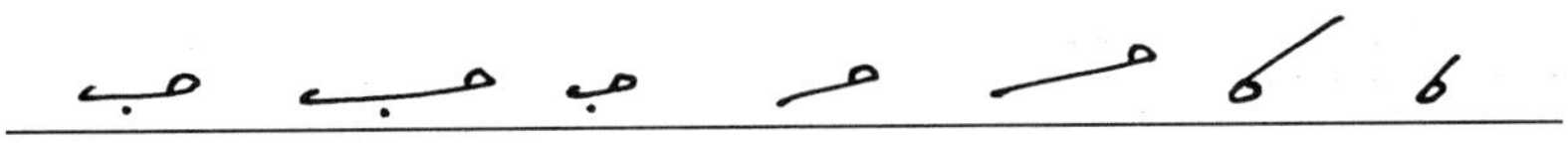

尊 zun　村 cun　孙 sun　敦 dun　吞 tun　抡 lun　润 run

一、写法

1. “un”符是将“u”符提高写。连写时出现在词首照写（离开基线提高写），出现在词尾，要连写在前符的“外、右、上”方，并画出尾线。例如：

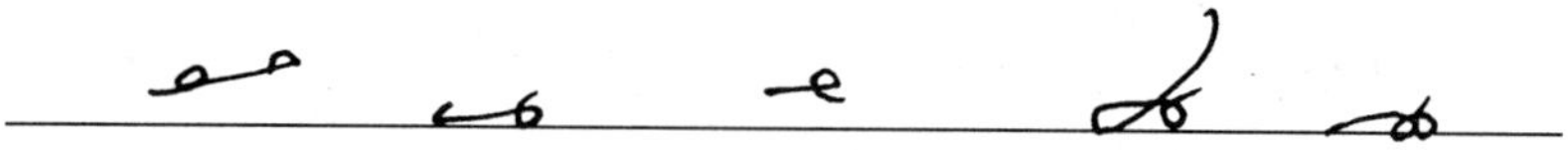

温度　质问　新闻　法文　顾问

文艺　日文　语文　论文　疑问

上面的词语也可以写成：

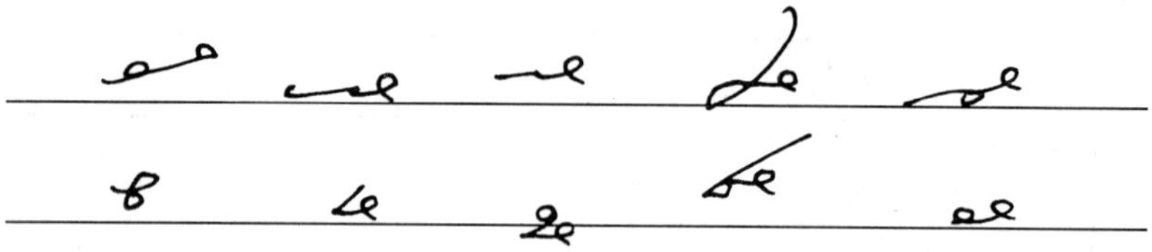

2. 速符对比练写。

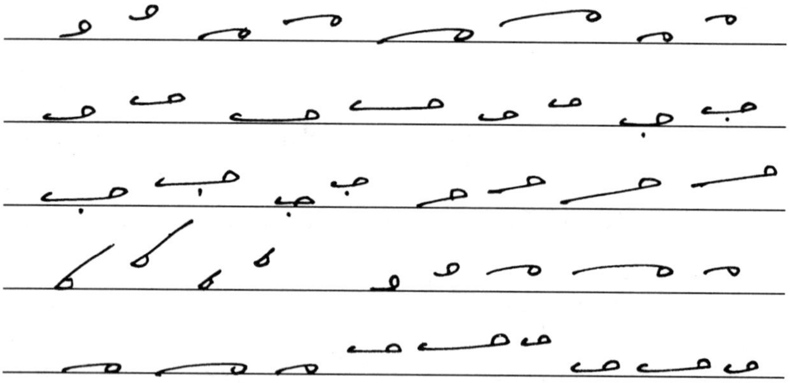

二、词语连写

文字　提问　木棍　困难　尊重

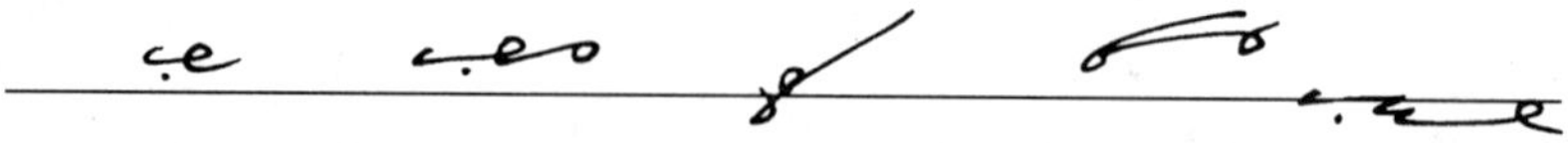

损失　准则　利润　贫困　早春

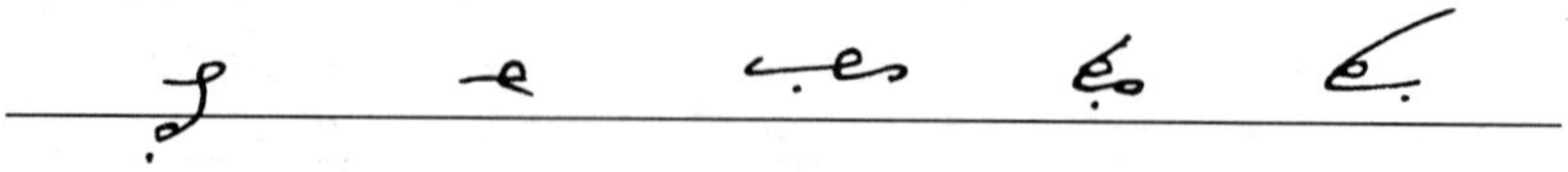

文明　新闻　遵守　润色　论证

纯朴　顺利　批准　灵魂　侵吞

三、速符应用

1. 成语（盖住汉字，边读速符，边抄写）。

温故知新　瞬息万变　浑然一体　囤积居奇

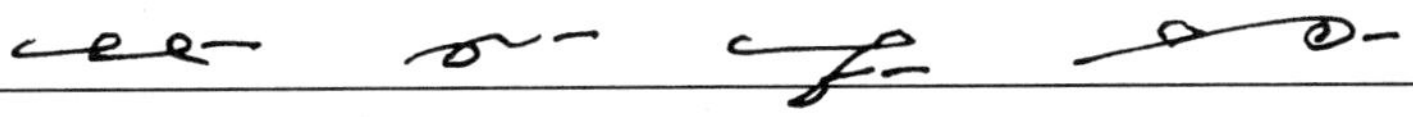

谆谆告诫　混为一谈　春暖花开　顿开茅塞

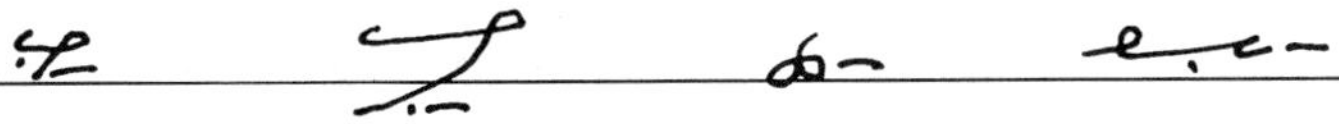

损人利己　春风得意　一文如命　稳操胜券

2. 短文。

◇ 重要的问题不是知识的数量，而是知识的质量，有些人知道很多很多，但不知道最有用的东西。

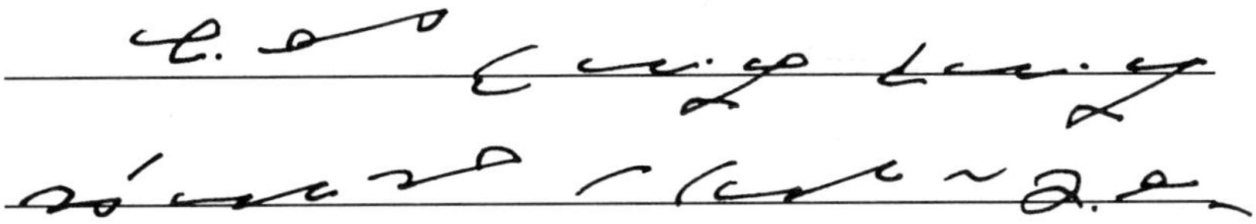

◇ 虚假的学问，比无知更糟糕。无知好比一块空地，可以耕耘和播种；虚假的学问就像一块长满杂草的荒地，几乎无法把草拔掉。

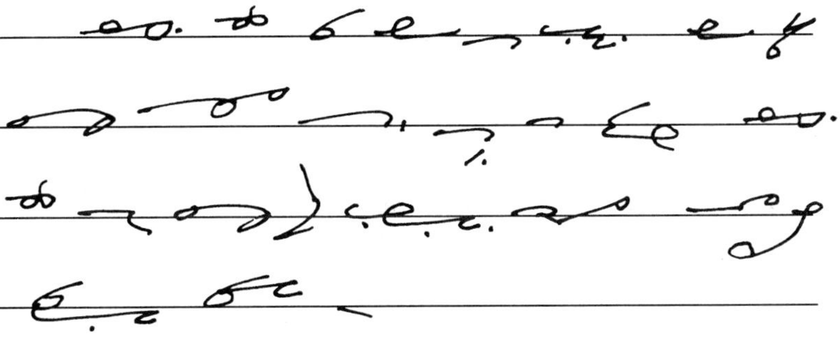

第四节　略符、略法

一、音符独用略符

瓦解　抓住　外交　快速　完整

管理　专业　传播　忘我　文化

二、连写变化略符

1. 小扁圈连写在前符的内、左、下方，可略代“jie”、“lie”两音。例如：

误解　理解　纯洁　调解　间接

清洁　先烈　剧烈　激烈　分裂

2. 小扁圈连写在前符的“外、右、上”方，可略代“jue”、“que”、“lüe”三音。例如：

表决　坚决　自觉　感觉　精确

正确　准确　省略　战略　大略

3. 大圆圈连写在前符的“内、左、下”方，可略代“jiɑ”、“chɑ”、“fɑ”三音。例如：

大家　增加　更加　人家　检查

观察　宪法　想法　说法　无法

4. 大圆圈连写在前符的“外、右、上”方，可略代“huɑ”、“duo”两音。例如：

计划　简化　讲话　变化　谈话

许多　最多　更多　增多　较多

5. 大破圈连写在前符的“内、左、下”方，可略代“gai”、“kai”、“cai”三音。例如：

大概　气概　覆盖　灌溉　掩盖

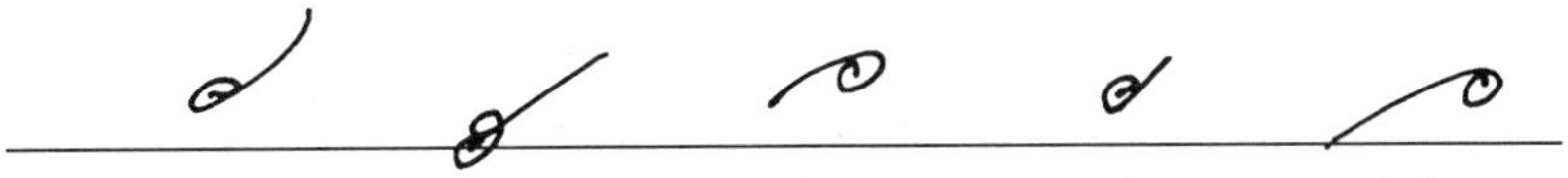

分开　离开　感慨　人才　天才

6. 大破圈连写在前符的“外、右、上”方，可略代“bai”、“pai”、“dai”三音。例如：

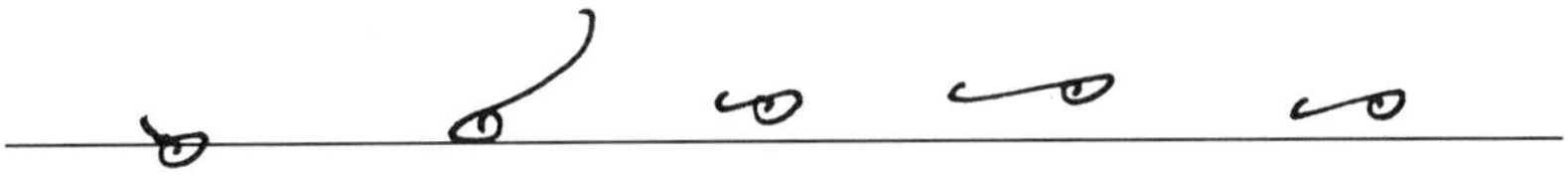

失败　腐败　胜败　成败　正派

党派　安排　近代　现代　时代

7. “an”符在词尾可略代“chan”、“qian”、“zhan”三音。例如：

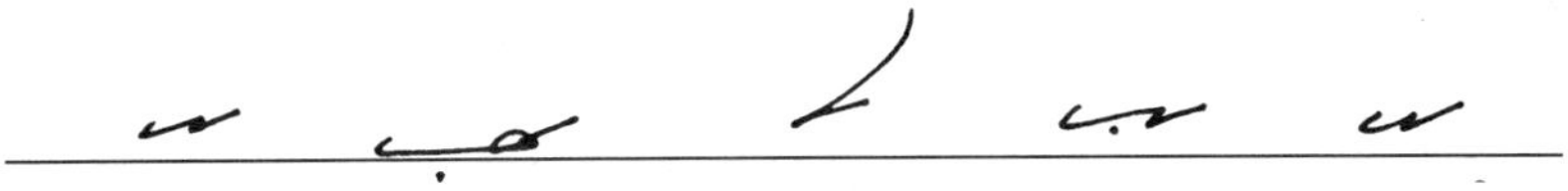

生产　财产　丰产　增产　高产

当前　目前　向前　开展　发展

8. “uei”符在词尾，可略代“bei”、“pei”、“hui”三音。例如：

设备　开会　机会　还会　也会

体会　分配　宝贵　尖锐　干脆

9. 其他特写略符：

争取　榜样　培养　地球　产量

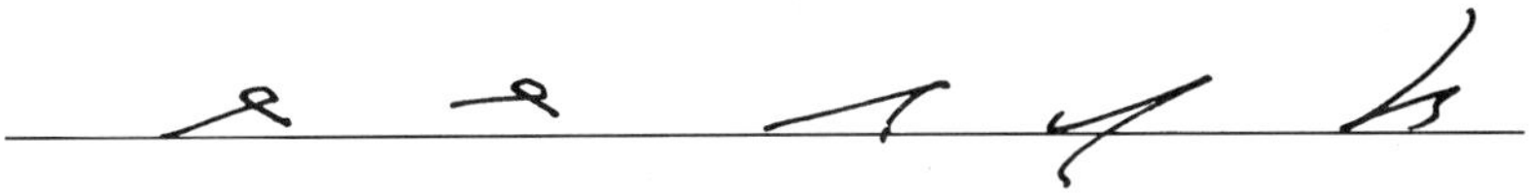

大量　尽量　特别　产品　反对

三、上附离略法和下附离略法

附离略法是运用前后两符相接而不相连的位置变化，来代表固定词的省略方法。例如：

实际情况　没有问题　一定完成　端正态度

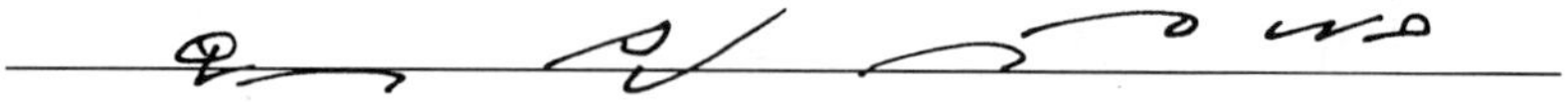

爱好科学　大家参加　克服困难　生产需要

附离略法包括上附离、中附离、下附离三种。前面已介绍过中附离略法。现介绍上、下附离略法。用附离略法写出的符形叫做“附离略符”。

1. 上附离和下附离的位置关系。

(1) 如果前、后两符都是线形符，后符是由左向右书写的符号，就以前符的收笔处和后符的起笔处为标准。

上附离：
下附离：

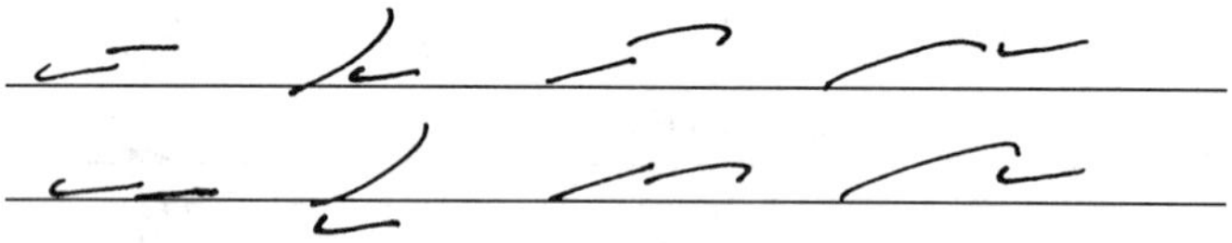

(2) 如果前、后两符都是线形符，后符是由上向下书写的，就以前符的收笔处和后符的起笔处或符形中部为标准。

上附离：
下附离：

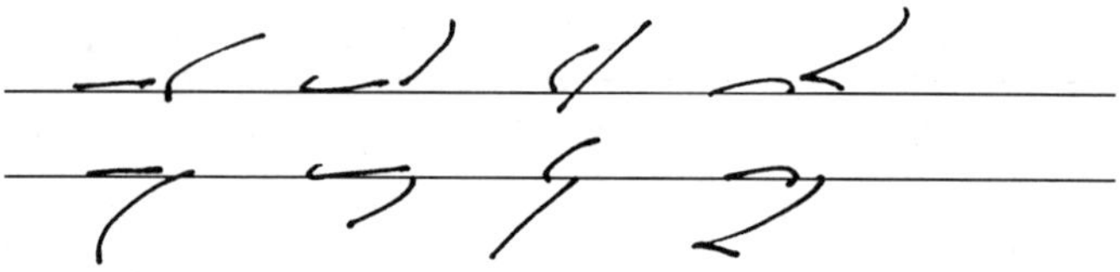

(3) 如果前符是带圈或带半圈的符号，后符是圈或半圈的符号，就以圈中心为上、下标准。

上附离：
下附离：

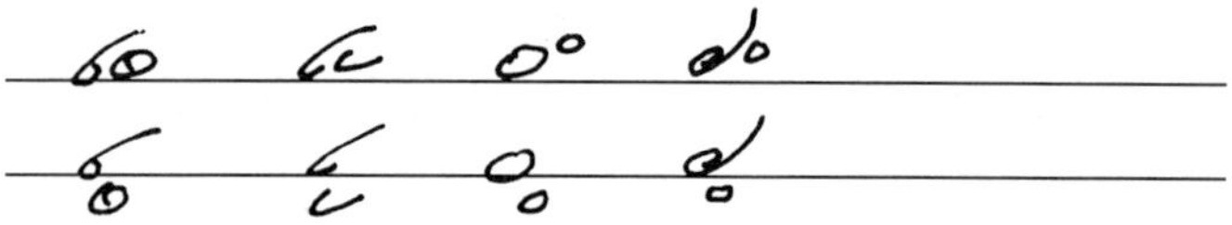

(4) 附离符用在句首时，无前符可依，就在基线上加一点以表示前符收笔处的位置，这个点叫“附离点”。

上附离：
下附离：

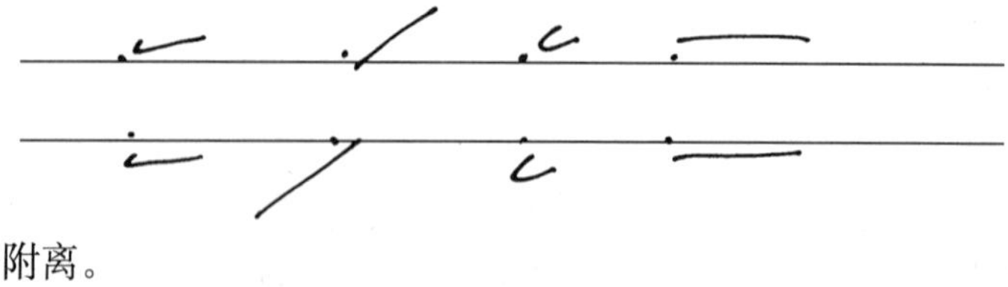

2. 声符附离。

(1) 声符上附离和下附离代表的固定词：

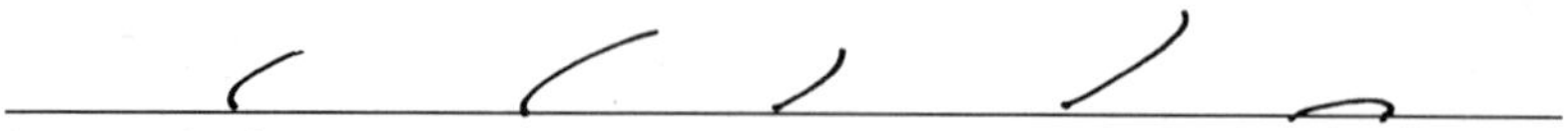

上：本质　朋友　规模　分别　根据
下：部分　破坏　模范　负责　国家

上：可能　很好　政策　成功　事情
下：科学　活动　制度　坚持　时候

上：社会	定额	听取	能够	来往
下：设备	打算	条件	纳入	了解

上：人民	经验	情况	性质
下：人们	基础	企图	之下、下

（2）附离举例：

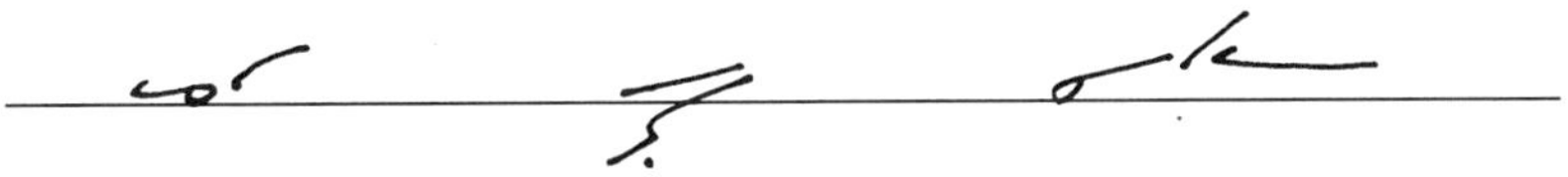

事物的本质　　大部分人　　一定能够成功

国际朋友　　实际经验　　情况是真实的

注意：附离符中的“的”点可省略。附离符可连写，如“大部分人”。

3. 韵符附离。

（1）韵符上附离和下附离代表的固定词：

上：应当	问题	运动	月份	化
下：主义	无比	预备	业务	作用

上：态度	高潮	口号	委员	内容
下：爱好	道路	斗争	委员会	之内、内

上：标准	流行	原因	完成	研究
下：要求	友好	现象	完备	联系

上：党员	掌握	压迫	挖掘
下：之上、上	障碍	被压迫	挖苦

上：相同	象征	外国
下：相互	相反	之外、以外

（2）附离举例：

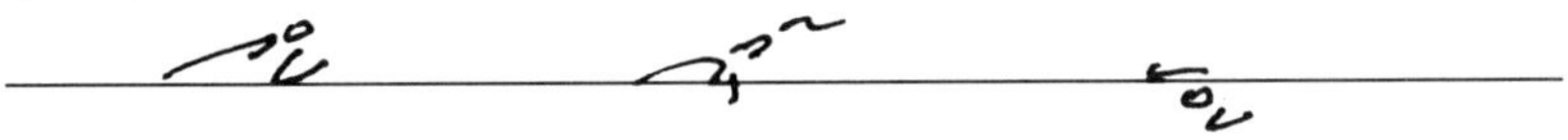

都应当要求　　革命口号内容　　社会主义道路

爱党和国家　　积极研究问题　　高标准、严要求

4. 音符附离。

（1）简化音符上附离和下附离代表的固定词：

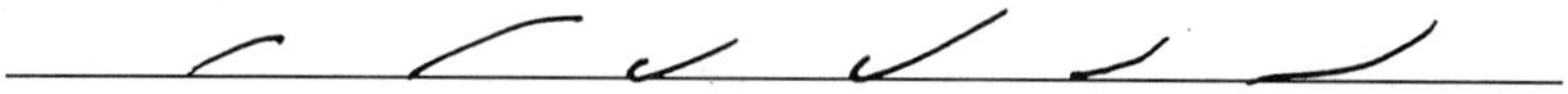

上：干部	看法	战争	产生	坚定	前提
下：锻炼	团体	展开	参加	建设	以前

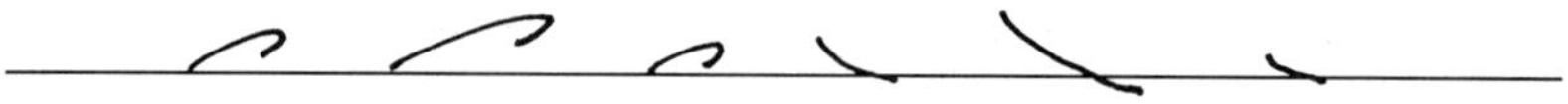

上：纲领	抗拒	行业	将近	强大	相信
下：刚才	健康	行列	将要	强迫	相互

（2）带小圈音符上附离和下附离代表的固定词：

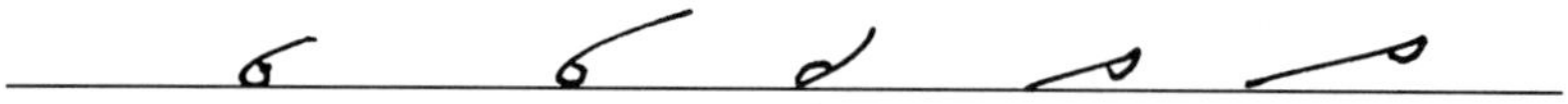

上：并不是	评论	紧密	地区	提前
下：比方	批判	密切	地方	提出

上：领导	目标	骨干	困难	混淆
下：立场	目录	顾虑	苦难	互助

上：准备	存在	顺利	整顿	途径
下：祖国	处理	数目	独立	土地

上：奴隶	论证	如此	军人	群众
下：努力	路线	如下	局面	取得

上：训练	哲学	策略	设法	热情
下：需要	责任	彻底	设想	热烈

上：共同	同志	决定	确定	学校
下：工作	动作	结合	切实	协助

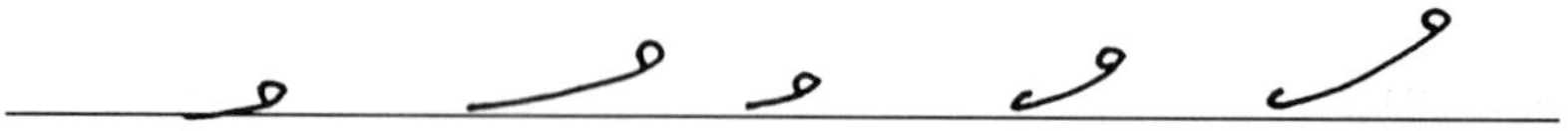

上：捐献	政权	选择	专政	传统
下：捐款	权利	选举	转变	传达

上：辩论	片刻	状态	创新	双边
下：辨别	偏差	状况	创造	双方

（3）带大圈音符上附离和下附离代表的固定词：

上：发动　加紧　措施　农村　充分
下：法制　加强　挫折　农民　充满

上：改正　开垦　代表　财政　差距
下：改造　开辟　代替　材料　差别

（4）带半圈及短线音符上附离和下附离代表的固定词：

上：保证　考验　号召　造成　潮流
下：报告　考虑　耗费　召开　超额

上：交流　效率　否定　构成　究竟
下：教育　效果　否认　构造　纠正

上：规定　汇报　观点　环境　光荣
下：规律　会议　观念　环节　光明

上：队伍　推行　办公　方针　满足
下：对立　推广　办理　方面　满意

（5）附离举例：

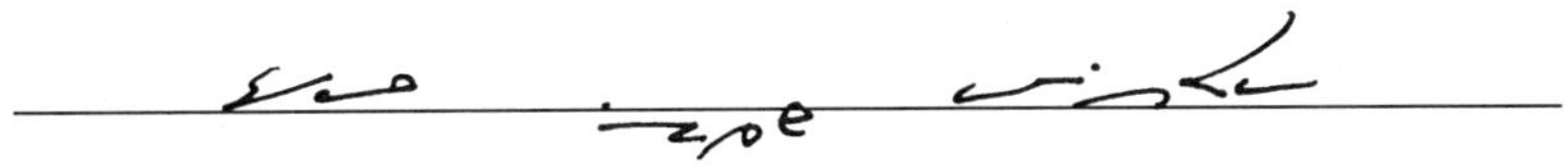

伟大的祖国　教育工作者　执行国家的方针政策

彻底解决　参加会议　提前完成工作任务

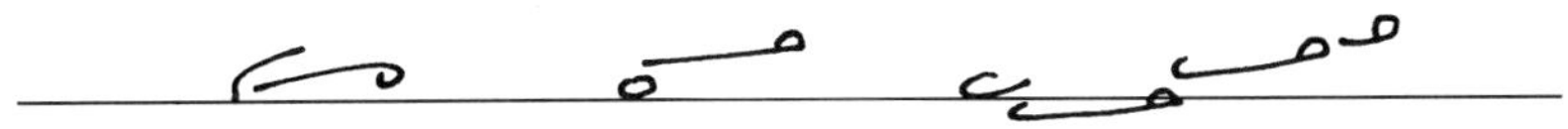

不怕困难　依靠群众　要处理存在的问题

加强法制建设　满足群众要求　密切联系群众

注意：上附离符一般是提高符；下附离符一般是基线符。

5. 上、下附离符的扩大应用。

上、下附离的扩大应用，就是利用附离符的位置固定、词义固定的有利条件，作进一步的省略。这不仅省略了后边词语的一部分，也省略了前边词语的一部分。

（1）“i”符下附离形成的扩大应用：

社会主义　共产主义　唯物主义　唯心主义

集体主义　个人主义　资本主义　主观主义

（2）“a”符上附离形成的扩大应用：

工业化　自动化　电气化　集体化

机械化　军事化　经常化　现代化

（3）“a”符下附离形成的扩大应用：

模范作用　骨干作用　积极作用　带头作用

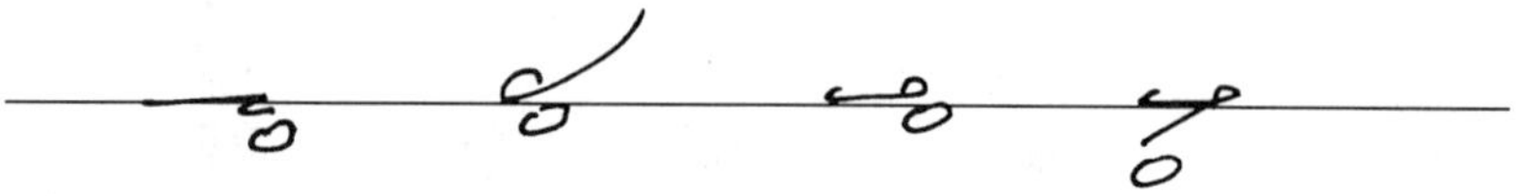

桥梁作用　发挥作用　组织作用　主观能动作用

（4）“x”符上附离形成的扩大应用：

积极性　组织性　优越性　全民性

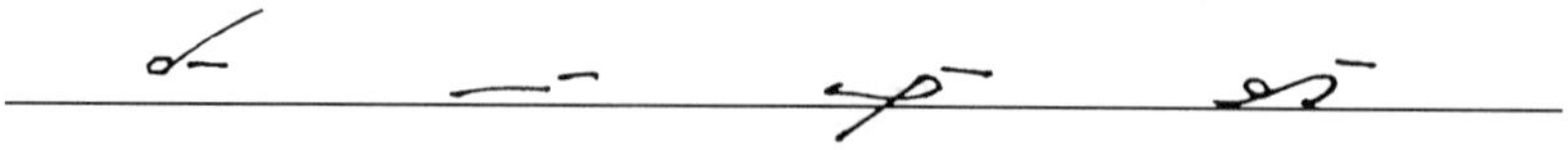

灵活性　纪律性　主观能动性　无比优越性

（5）“ang”符上附离形成的扩大应用：

共产党　社会党　国民党　民主党

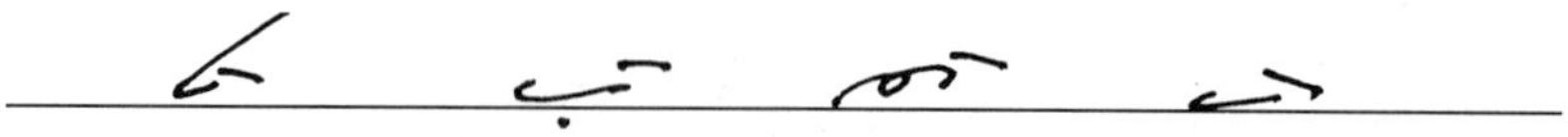

劳动党　自民党　共和党　中国共产党

（6）“ren”符上附离形成的扩大应用：

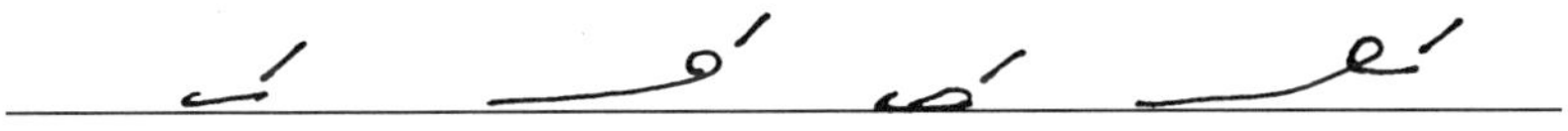

中国人民　全国人民　世界人民　全世界人民

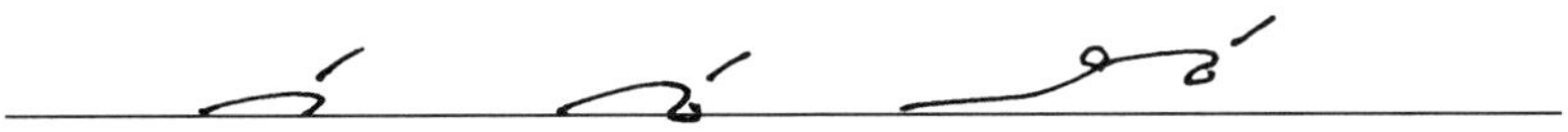

各国人民　各族人民　全国各族人民

（7）“shuo”符下附离形成的扩大应用：

这就是说　也就是说　那就是说　就是说

换句话说　反过来说　总起来说　概括起来说

注意：在学习中遇有不好理解的略符，可以不用，要结合自己学习或工作的需要，创制新略符。

四、交叠略法

交叠略法是把词组中的两个或两个以上的符号互相交叠而省略其中部分符号的一种略法。用这种略法写出的符号，叫做“交叠略符”。

交叠略符有三种：

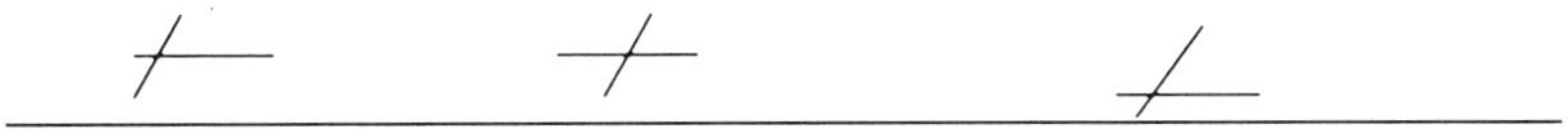

中首交叠　中中交叠　尾首交叠

符号的起笔处叫做“首”，收笔处叫做“尾”，中部叫做“中”。这三种交叠略法都是省略性强、便于书写和认读、应用广泛的略法。特别是尾首交叠略法，应用更为广泛。学习时，自己可按照交叠略符创制的规则，创制多种多样的交叠略符，以提高书写速度。

1. 中首交叠。

中首交叠用于前后两端相同、中间隔有一个或几个不同音节的词组。交叠时，先写出词组的前符，然后把中间的一个符号的首部交于前符的中部。例如：

要不要　是不是　好不好

会不会　看不看　行不行

2. 中中交叠。

中中交叠用于前后两音节重叠的四字形容词词组。交叠时，把前后两个不同音节的符号，利用中部互相交叠，省略其他符形。

（1）前后两符斜度区别较大的，用交叠写法。例如：

踏踏实实　大大方方　干干净净　随随便便

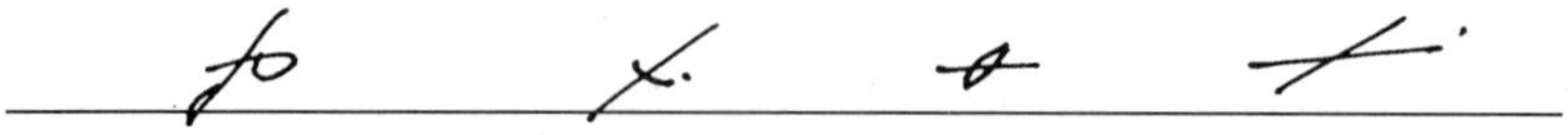

轰轰烈烈　来来往往　兢兢业业　冷冷清清

（2）前后两符斜度相同或斜度区别较小的，用平行或并列的写法。例如：

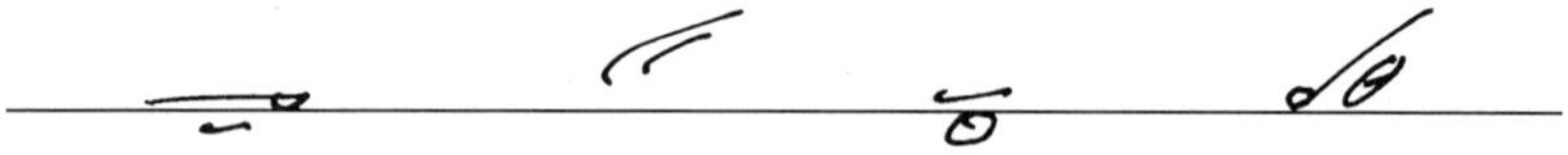

切切实实　蓬蓬勃勃　实实在在　里里外外

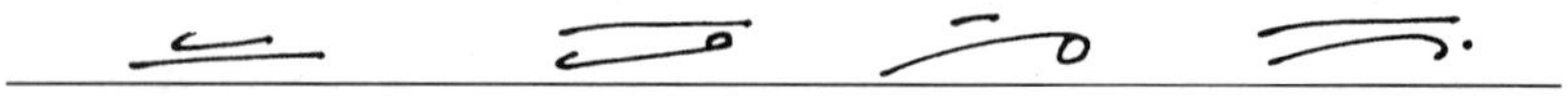

整整齐齐　清清楚楚　辛辛苦苦　勤勤恳恳

3. 尾首交叠。

在常用的四字或四字以上的词组中，把后面的主要音符的首部交于第一个音符的尾部，这种交叠叫做“尾首交叠”。

（1）在四音节词组中一四音节相交叠的。例如：

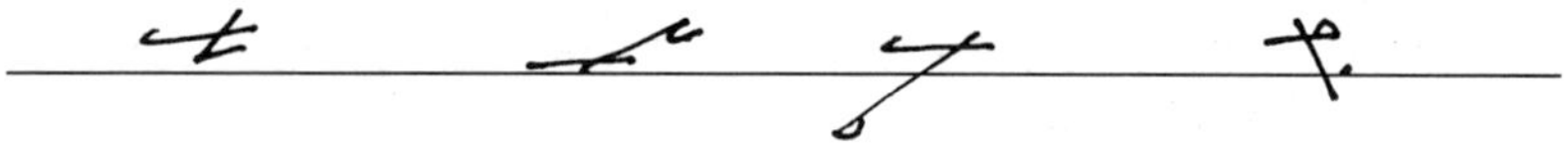

征服自然　技术指导　增产纪录　迅速增长

全国各地　水力发电　保卫祖国　举行会谈

（2）在四音节词组中一三音节相交叠的。例如：

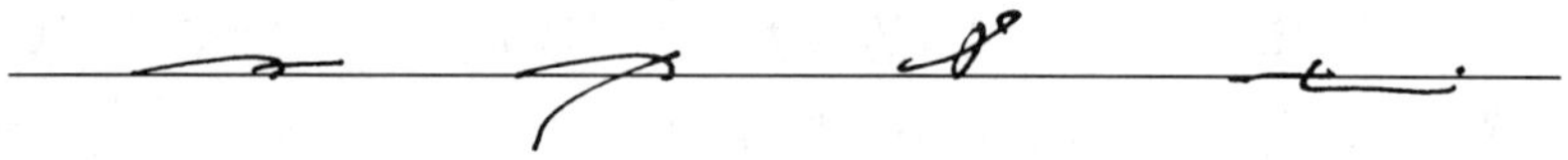

科学技术　科学普及　专门业务　技术成果

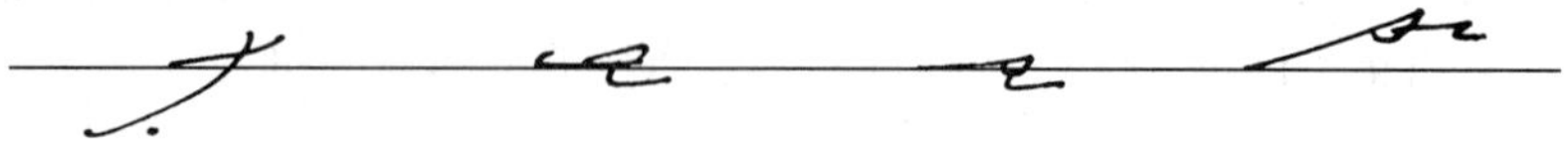

艰苦奋斗　抓紧时间　结合实际　提高效率

（3）有关四音节关联词的交叠。例如：

所有这些　总而言之　尽管如此　无论如何

诸如此类　虽然如此　由此可见　如上所述

（4）四音节以上词组的交叠。例如：

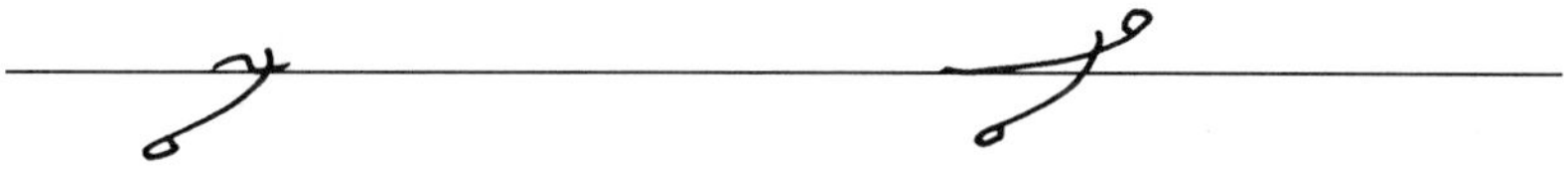

为人民服务　　全心全意为人民服务

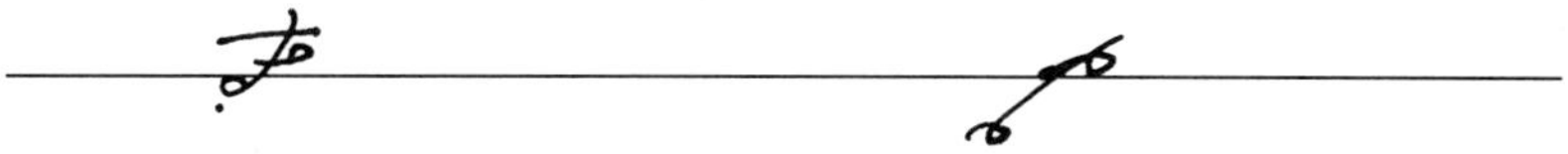

精神文明与物质文明　　共产主义道德品质

（5）固定交叠略符就是将常用词固定为交叠符。如将“水平”一词定为交叠符，应用时，凡遇到“水平”一词，就用“水”符交叠表示。例如：

生产水平　文化水平　科学水平　理论水平

政治水平　经济水平　生活水平　思想水平

“部门”、“办法”、“指标”、“证明”为固定交叠略符。例如：

各个部门　工业部门　生产部门　教育部门

具体办法　想尽办法　最好办法　有效办法

“指标”、“证明”为固定交叠略符。例如：

生产指标　管理指标　计划指标　粮食指标

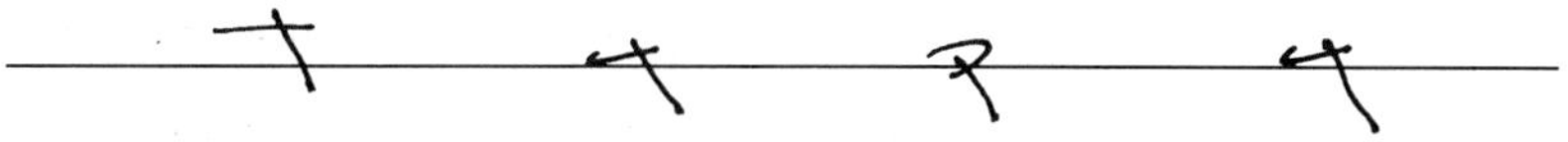

经验证明　实践证明　有效证明　事实证明

“政府”、“分子”、“单位”、“起来”为固定交叠略符。例如：

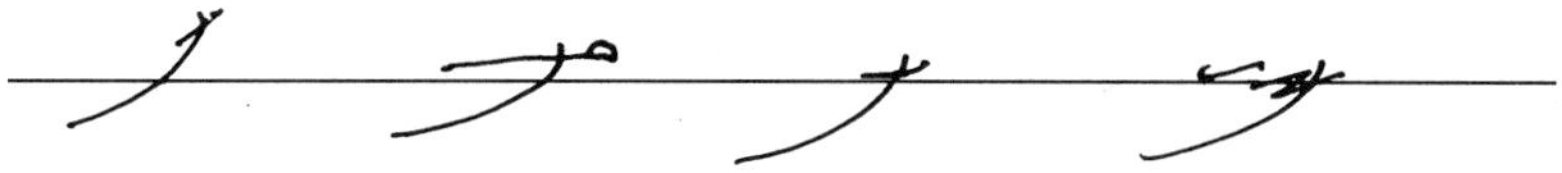

人民政府　区政府　县政府　中国政府

积极分子　知识分子　先进分子　优秀分子

各个单位　基层单位　教育单位　运输单位

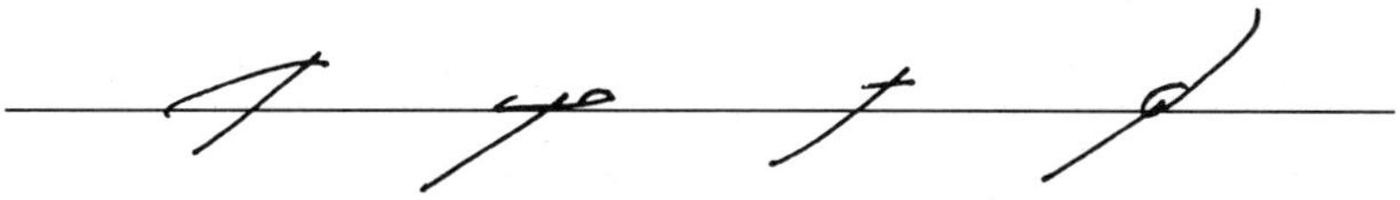

团结起来　组织起来　行动起来　发动起来

"利益"、"机关"、"阶级"、"生活"为固定交叠略符。例如：

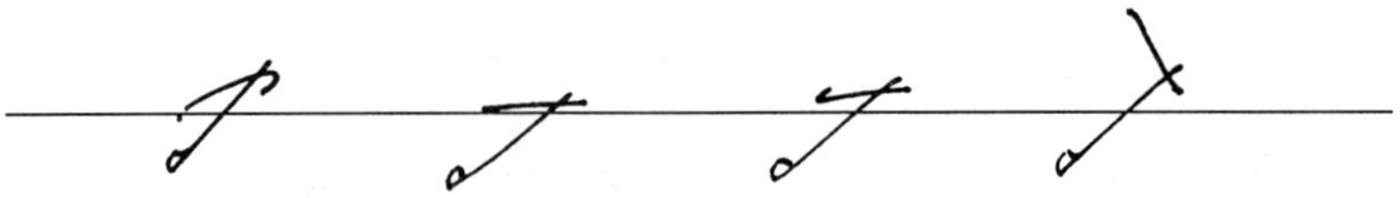

党的利益　集体利益　整体利益　长远利益

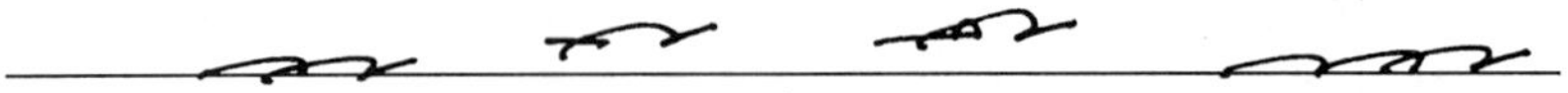

国家机关　行政机关　军事机关　各个机关

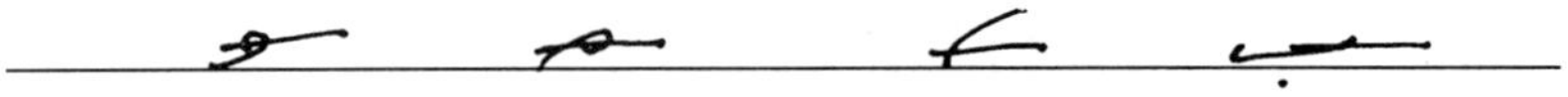

无产阶级　工人阶级　剥削阶级　资产阶级

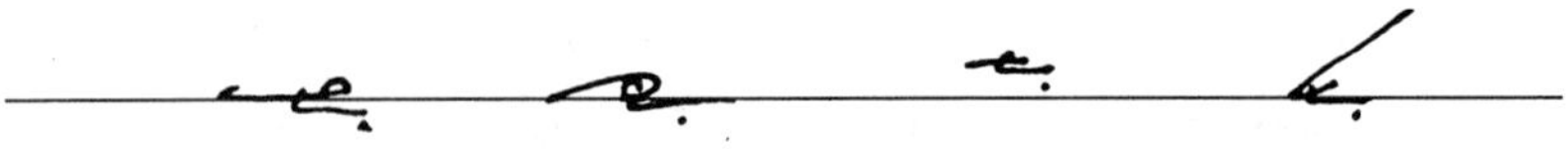

组织生活　改善生活　幸福生活　劳动生活

"组织"、"执行"、"规律"、"任务"为固定交叠略符。例如：

各级组织　群众组织　生产组织　基层组织

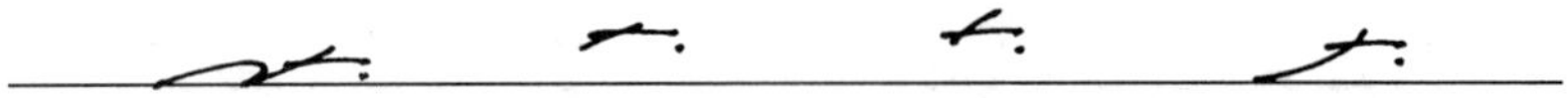

贯彻执行　严格执行　认真执行　坚决执行

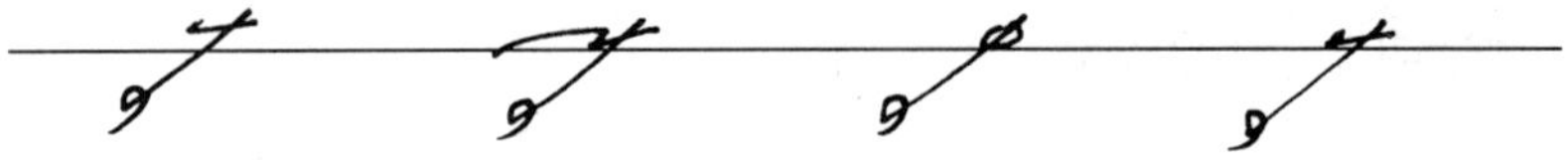

生活规律　管理规律　一般规律　市场规律

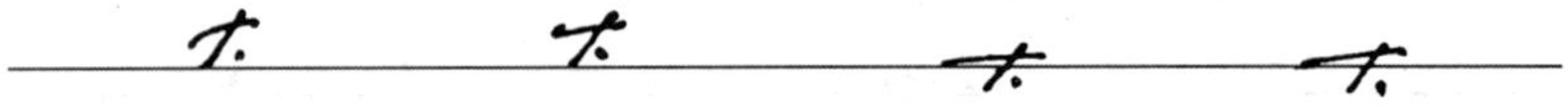

完成任务　生产任务　基本任务　计划任务

这种交叠略法应用广泛，学习者根据上面举例，可自行创制交叠符。

五、重叠词与反义词略法

（一）单、复音重叠词与反义词略法

1. 单音重叠词略法。

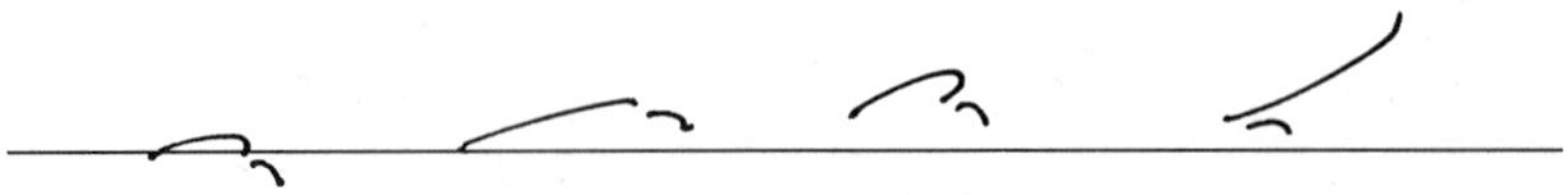

个个　谈谈　刚刚　纷纷

2. 复音重叠词略法。

整理整理　琢磨琢磨　考虑考虑　学习学习

3. 单音反义词略法。

前后　　真假　　多少　　内外

4. 复音反义词略法。

肯定与否定　　正确与错误　　主流与支流　　成功与失败

注意：复音反义词组中的“和、与、及、跟”等连词，在略写中，可省略不写，认读时补加上连词即可。

（二）有关“越来越”、“越……越……”词的略法

1. “越来越”略法。

越来越大　　越来越快　　越来越好　　越来越多

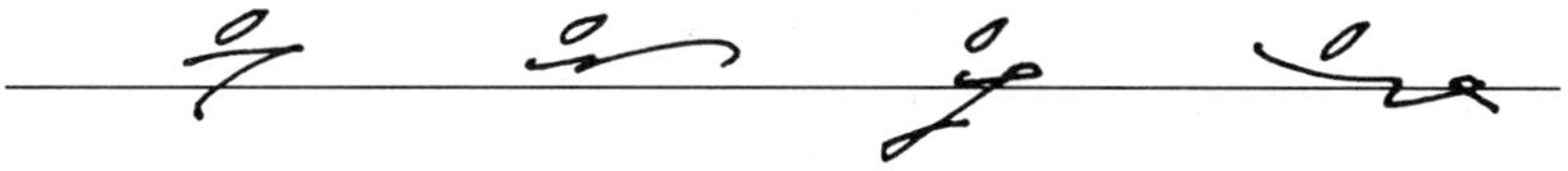

越来越进步　　越来越深刻　　越来越熟练　　越来越强壮

2. “越……越……”略法。

越多越好　　越写越快　　越干越有劲　　越听越爱听

六、速符会意略法

速符会意略法是用速记符号来表示词语所含的意义的一种略写法。这种略写法比较形象、好写、易记。例如：

世贸组织　　入世　　国内外

好上加好　　更上一层楼　　水落石出

麻痹大意　　抓住机遇　　抓住芝麻丢了西瓜

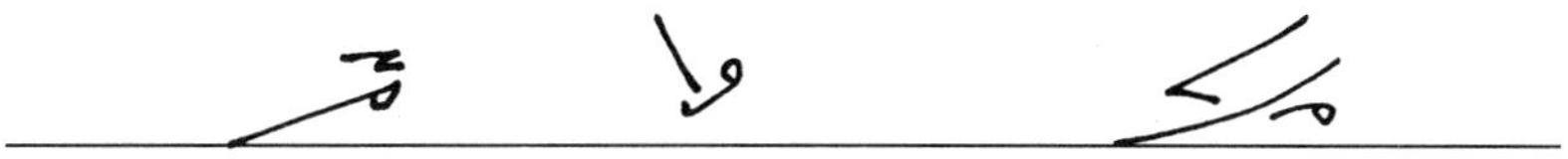

提高效率　　长远打算　　前怕狼后怕虎

思考与练习

1. 速读下面的音符。

2. 区分中、大、小型符（边读、边抄写）。

（1）中型符：

（2）大型符：

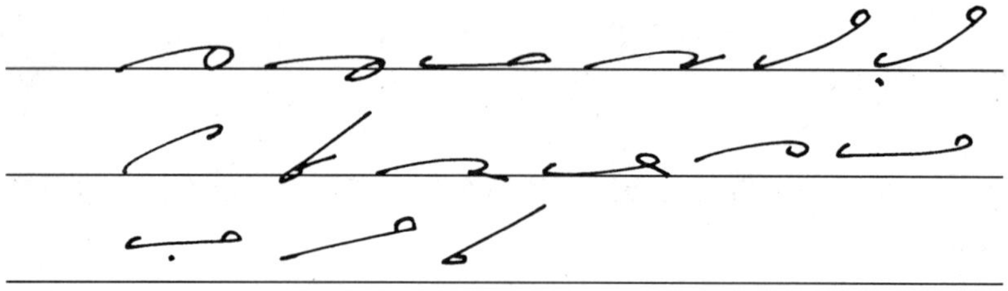

（3）小型符：

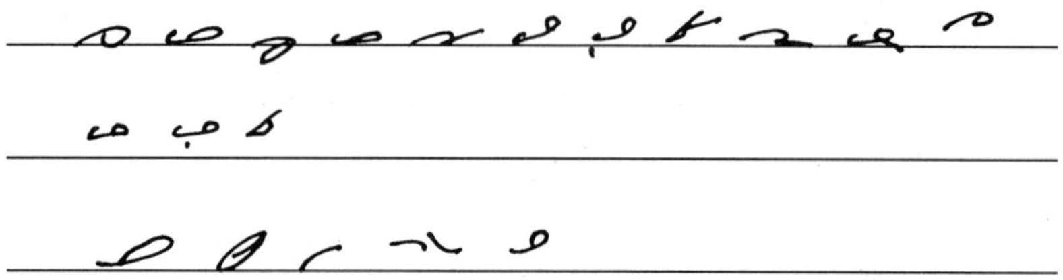

3. 互译。

（1）认读并抄写下面的附离符（答案请在本章中找）：

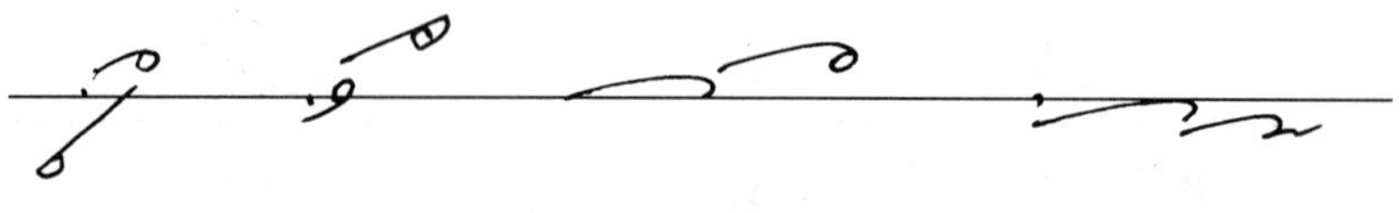

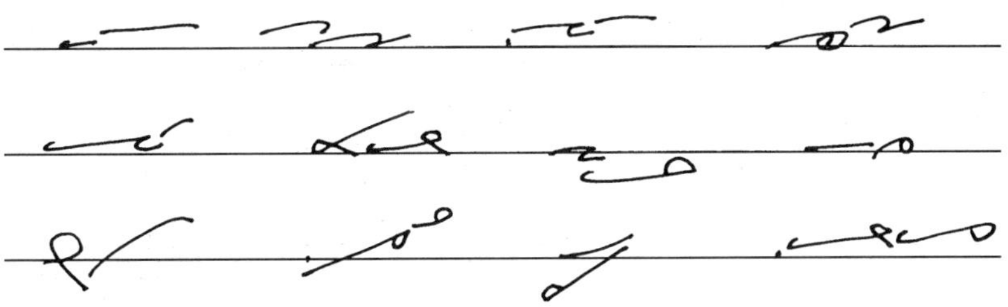

（2）用附离符写出下面的词语（答案请在本章中找）：

共同努力　　选举代表　　克服困难　　科学规律

实际情况　　更新观念　　交流经验　　改变环境

超额完成　　良好状态　　消除差别　　积极工作

我们看法　　提出问题　　坚持立场　　创新措施

4．速符练写。

35 岁之前成功 12 条黄金法则

一、目标

一艘没有航行目标的船，任何方向的风都是逆风。

1．你为什么不成功，第一点就是你没有立下成功的目标。

2．你的人生核心目标是什么？

杰出人士与平庸之辈的根本差别并不是天赋、机遇，而在于有无目标。

3．起跑领先一步，人生领先一大步；成功从选定目标开始。

4．如果你想在 35 岁以前成功，你一定在 25 至 30 岁之间确立好你的人生目标。

5．每日、每月、每年都要问自己：我是否达到了自己定下

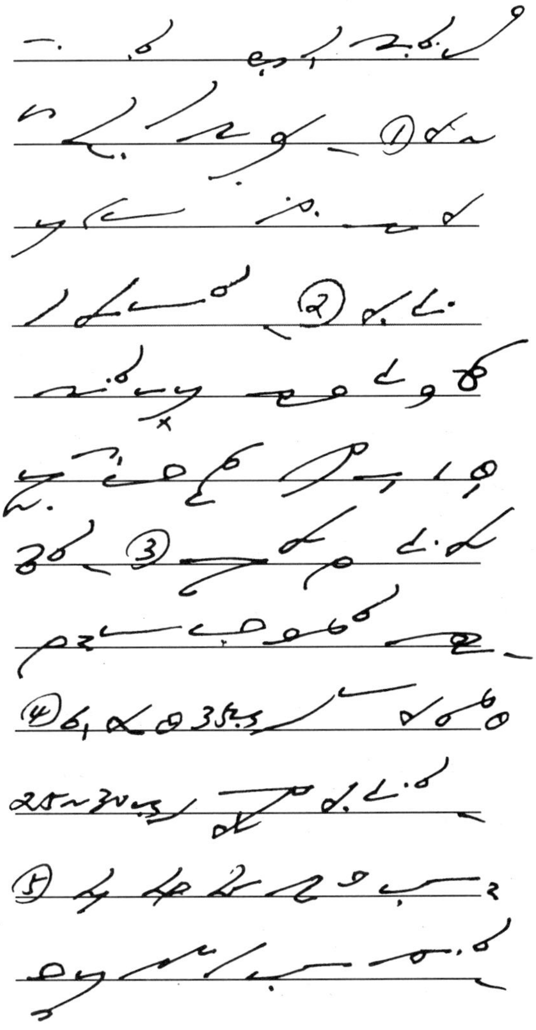

的目标。

二、基点

站好位置，调正心态，努力冲刺，35 岁以前成功。

（一）人生定位。

1. 人怕入错行：你的核心竞争力是什么？

2. 成功者找方法，失败者找借口。

3. 从三百六十行中选择你的最爱。

4. 寻找自己的黄金宝地。

（二）永恒的真理：心态决定命运，35 岁以前的心态决定你一生的命运。

1. 不满现状的人才能成为富翁。

2. 敢于梦想，勇于梦想，这个世界永远属于追梦的人。

3. 35 岁以前不要怕，35 岁以后不要后悔。

4. 出身贫民，并非一辈子是贫民，只要你永远保持那颗进取的心。

5. 做一个积极的思考者。

6. 不要败给悲观的自己。有的人比你富有 1 000 倍，他们也会比你聪明 1 000 倍么？不会，他们只是年轻时心气比你高 1 000 倍。人生的好多次失败，

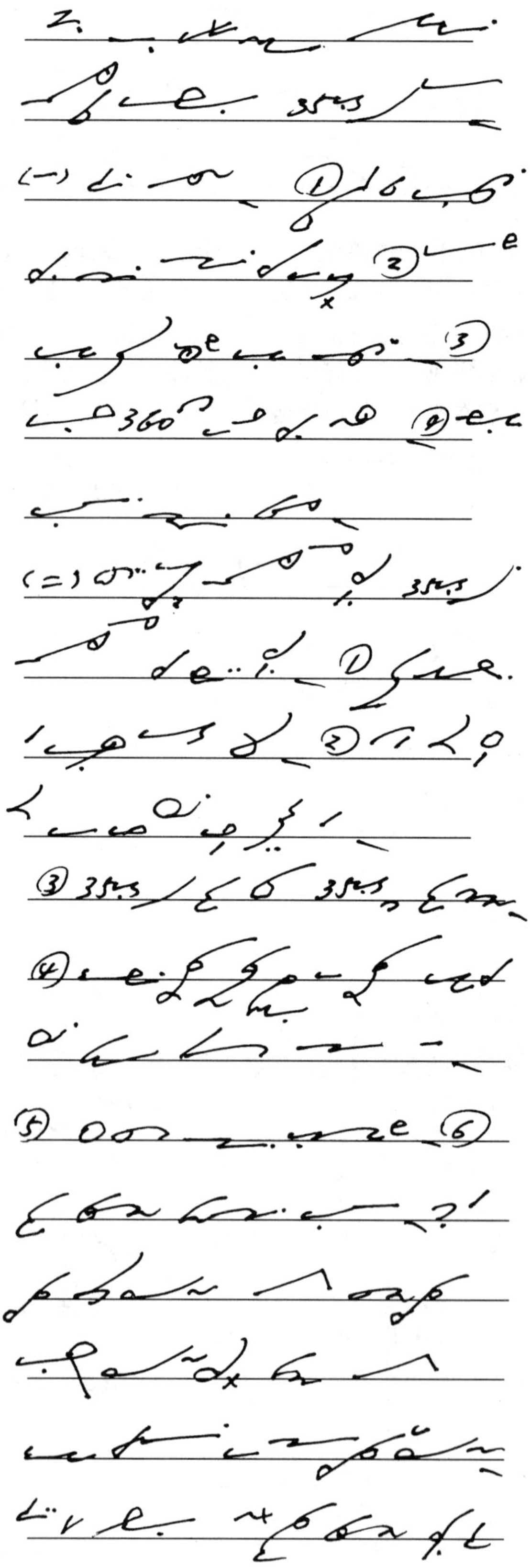

最后并不是败给别人，而是败给了悲观的自己。

7. 成功者不过是爬起来比倒下去多一次。

8. 宁可去碰壁，也不要在家里面壁。克服你的失败、消极心态。

(1) 找个地方喝点酒。

(2) 找个迪厅跳跳舞。

(3) 找一帮朋友侃侃。

(4) 积极行动起来。

三、技巧

1. 管理时间：你的时间在哪里，你的成功就在哪里。把一小时看成 60 分钟的人，比看作一小时的人多 60 倍。

2. 你不理财，财不理你。

3. 自我管理，游刃有余。

(1) 创业不怕本小，脑子一定要好。

(2) 可以开家特色店。

(3) 做别人不愿做的生意。

四、理念

35 岁以前一定要形成个人风格。

1. 做人优于做事。做事失败可以重来，做人失败却不能重来。

2. 豁达。

3. 忠诚的原则：35 岁以前

你还没有建立起忠诚美誉，这一缺点将要困扰你一生。

4. 把小事做细，但不要耍小聪明。

五、运气

比尔·盖茨说，人生是不公平的，习惯去接受它吧！

1. 人生的确有很多运气的成分。“谋事在人，成事在天”，中国的古训说明各占一半。

2. 机会时常意外地降临，但属于那些决不放弃的人。

3. 抓住人生的每一次机会。机会就像一只小鸟，如果你不抓住，它就会飞得无影无踪。

4. 智者早一步，愚者晚一步。

六、要求

1. 智慧。

(1) 别人可以拿走你的一切，但拿不走你的智慧。

(2) 巧妙运用自己的智慧。

2. 勇气。

(1) 勇气的力量有时会让人成为“超人”。

(2) 敢于放弃，敢于“舍得”。

3. 培养自己的“领导才能、领袖气质”。

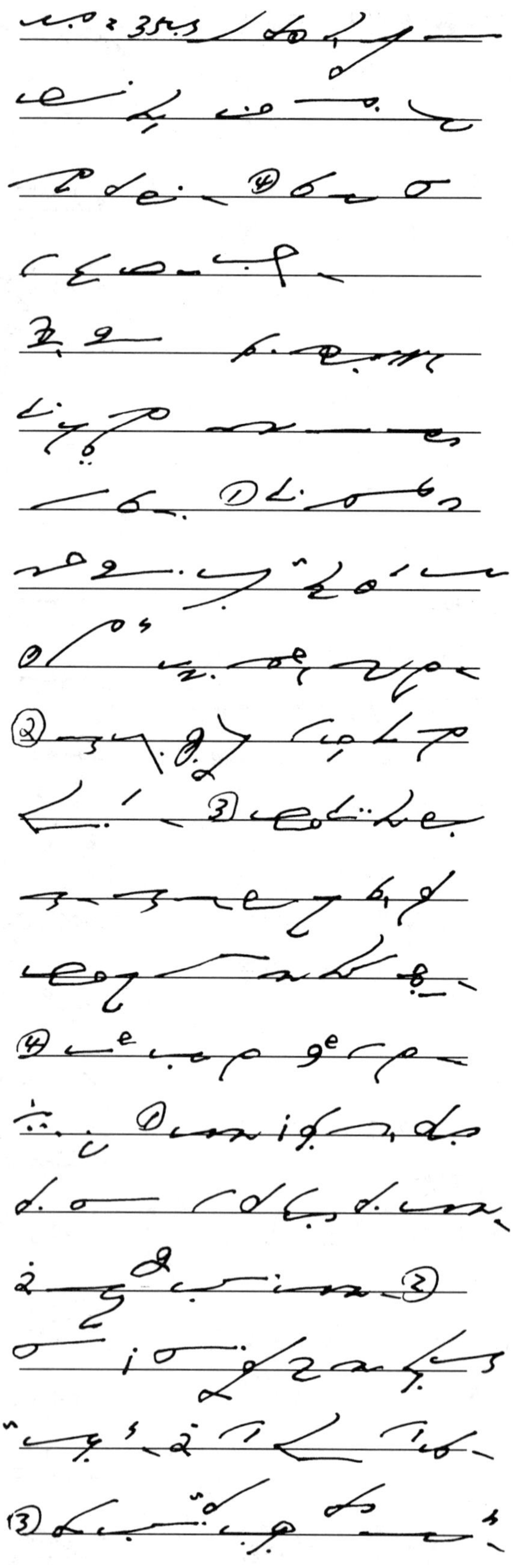

4. 创造性：不要做循规蹈矩的人。25 至 35 岁是人生最有创造性的阶段，很多成功人士都是产生在这一阶段。

5. 明智。

(1) 知道自己的长处、短处，定向聚焦。

(2) 尽量在自己熟悉的领域努力。

6. 持之以恒的行动力：在你选定的行业坚持十年，你一定会成为大赢家。

七、学习

1. 知识改变命运。

2. 35 岁以前学会你行业中必要的一切知识。

3. 太相信书的人，只能永远成为打工者。

4. 思考、实践、再思考、再实践。

八、交际

朋友多了路好走。

1. 智商很重要，情商更重要：35 岁以前建立起人际关系网。

2. 交友有原则。

3. 善于沟通。35 岁以前要锻炼出自己的演讲才能。

九、习惯

习惯的力量是惊人的，35 岁

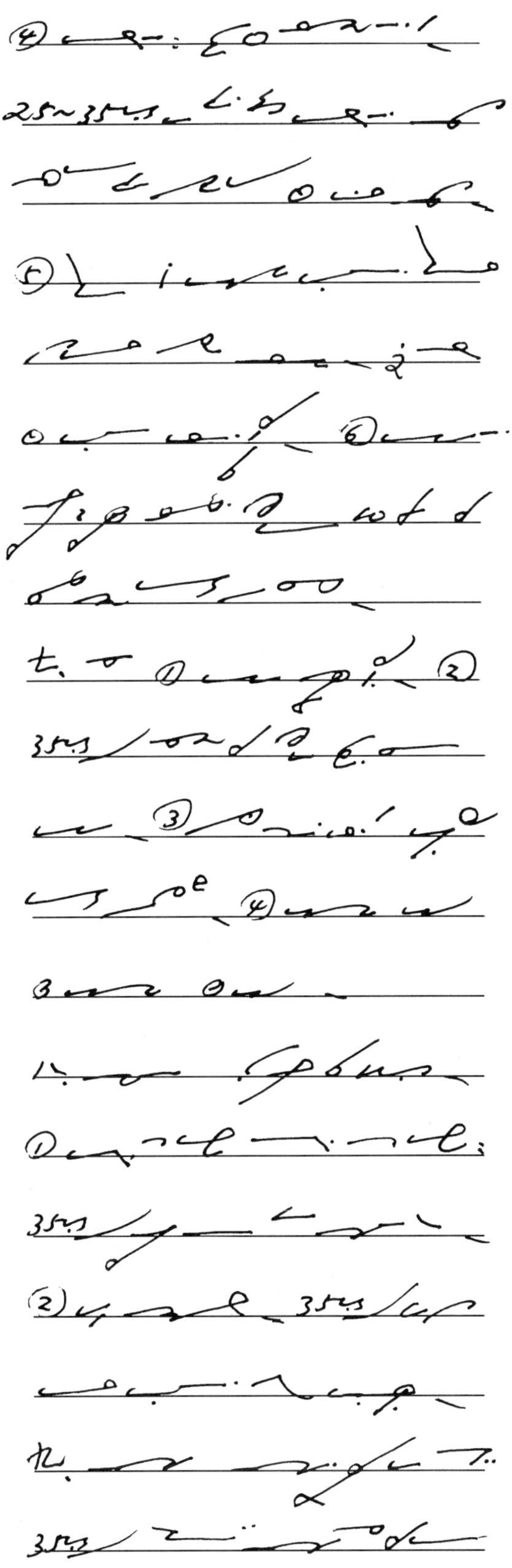

以前养成的习惯决定你成功的大小。

1. 养成积极思考的好习惯。

2. 养成高效工作的好习惯。

3. 养成锻炼身体的好习惯。

4. 养成爱好广泛的好习惯。

5. 养成快速行动的好习惯。

十、自信

1. 自信是成功的精神支柱。

2. 自信方能赢得别人的信任。

3. 把自信建立在创造价值的基础上。

4. 如何建立自信：

（1）为自己确立目标。

（2）发挥自己的长处。

（3）做事要有计划。

（4）做事不拖拉。

（5）不要轻易放弃。

（6）学会自我激励。

（7）不要让自己成为别人。

十一、自省

1. 不要以为没有功劳，也有苦劳。

2. 不要“怀才不遇”，而要寻找机遇。

3. 不要想发横财。

4. 不为钱而工作，而让钱为你工作。

5. 不要盲目跟风，人云亦

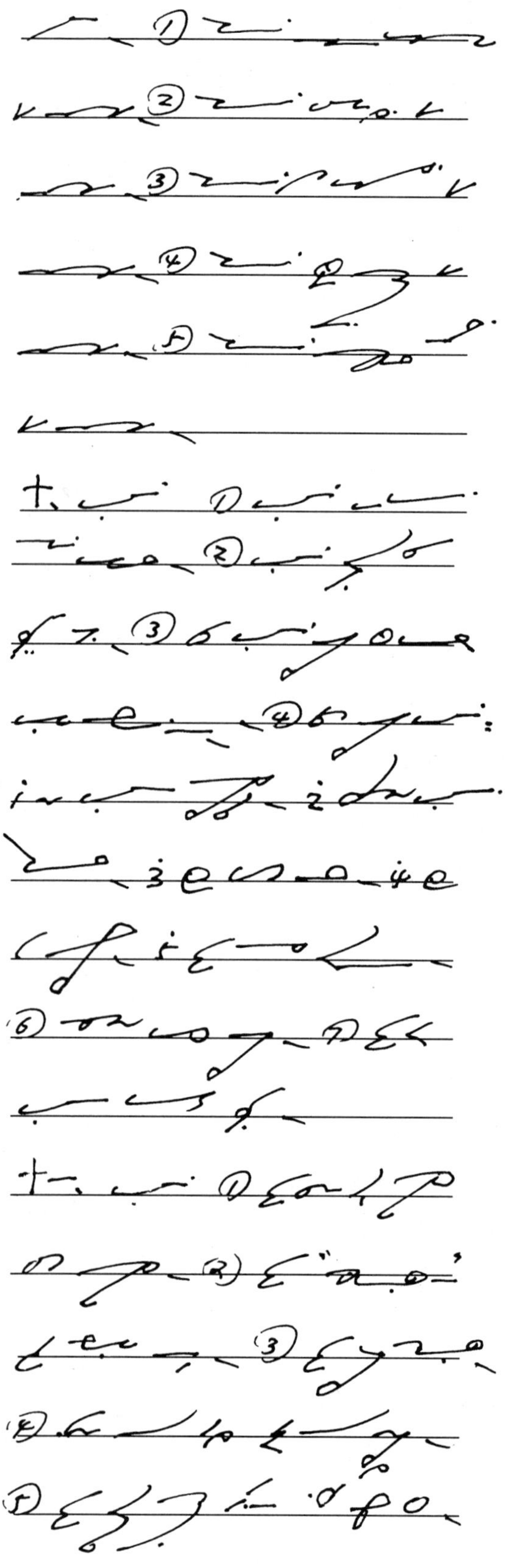

云，人做我也做。

6. 不要小富即安，不思进取。

7. 承认错误而非掩饰错误。

8. 脚踏实地而非想入非非。

9. 不要野心太大而信心十足。

10. 反复跳槽不可取。

11. 不要眼高手低。

12. 不要不择手段。

十二、努力

没有人能随随便便成功。

1. 小不是成功，大不是成功，由小变大才是成功。

2. 社会进入微利的时代：巧干＋敢干＝成功。

3. 努力尝试就有成功的可能。

4. 做任何事情都要尽最大努力。

5. 把事情当成事业来做。

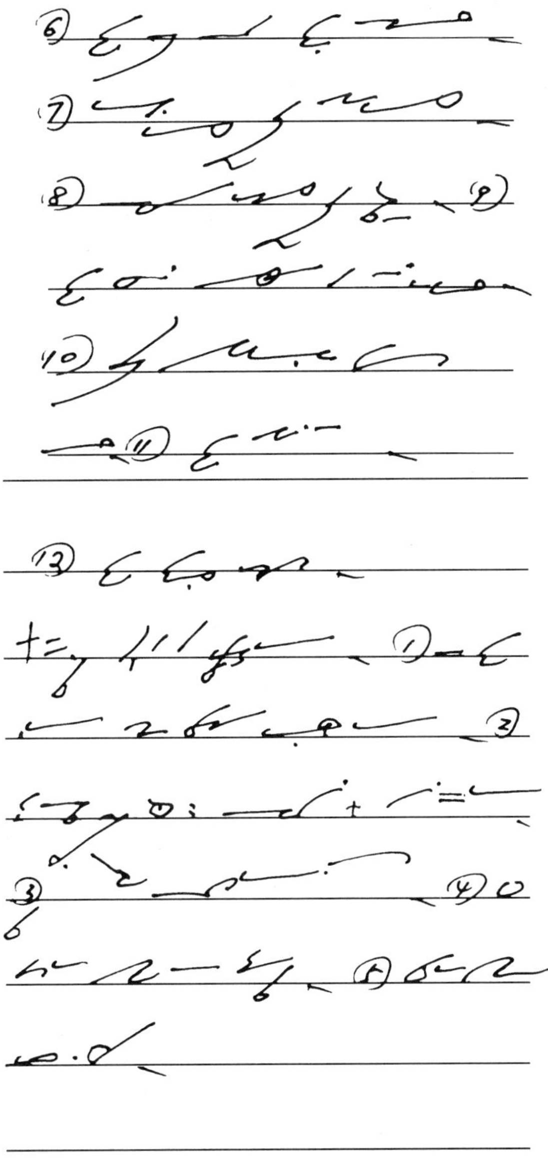

5. 书写速度锻炼。

(1) 下面的短文共 200 多个字，每分钟听写 115 个字，要求在 2 分钟内听写完，如未达到要求，要继续听写，直到达到要求为止。

“十五”时期是我国发展进程中很不平凡的五年。全国各族人民在中国共产党的领导下，团结一心，开拓进取，摆脱了亚洲金融危机带来的冲击，战胜了非典疫情和重大自然灾害，不失时机地推进改革开放，进一步发挥市场配置资源的基础性作用，加强和改善宏观调控，保持了经济平稳较快发展。我国工业化、城镇化、市场化、国际化进程明显加快，社会生产力、综合国力和人民生活水平都跃上一个新台阶，城乡面貌发生了很大变化。五年来，我国经济实力显著增强，改革开放成果丰硕、人民生活明显改善，社会主义经济建设、政治建设、文化建设与和谐社会建设取得新的进展。

(2) 下面的短文共 200 多个字，每分钟听写 120 个字，要求在 2 分钟内听写完。然后每分钟递增 5 个字，逐渐提高书写速度，最后每分钟听写速度要达到 130 个字。

五年看头年。今年是实施“十一五”规划的开局之年。做好今年的经济和社会发展的各项工作，是摆在全党全国人民面前的一项重要任务。我们要以邓小平理论和“三个代表”重要思想为指导，认真贯彻党的十六大和十六届三中、四中、五中全会精神，坚持以科学发展观统领经济社会，发展全局，坚持发展为了人民、发展依靠人民、发展成果由人民共享，着力加快改革开放，着力增强自主创新能力，着力推进经济调整和经济增长方式转变，着力提高经济增长的质量和效益，正确处理改革发展稳定的关系，全面推进社会主义经济建设、政治建设、文化建设、社会建设，为“十一五”时期的发展开好局，起好步。

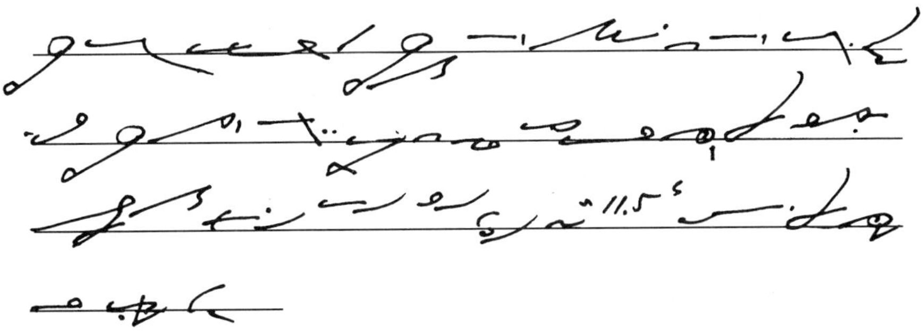

速记应用篇

第一章 速记应用基础知识

文字工作能力是秘书最主要、最基本的能力之一。而文字记录则是秘书文字工作的重要构成部分。快速记录是及时、准确获取信息的一种有效手段，是秘书撰写文稿、协助管理与处理事务的初始依据和日后查考的凭证。本章着重介绍速记应用的基础知识和速记应用所应具备的基本功。

第一节 速记应用的特点、范围及作用

一、速记应用的特点

速记应用，是指运用现代速记技能将听到的话语和所经办的事项迅速而准确地再现于书面的记录活动。其含义有广义和狭义之分。广义的记录包括对有声语言的记录、无声语言的记录、各类事项的记录、场景行为的记录和科学实验的记录等。从技术手段的应用来说，有手写记录、电脑记录、音像记录等。狭义的记录则专指运用速记技能将讲话者的口头语言记录下来，进而转换为书面语言的书写活动，这是一种不断行进的动态过程。本书所言速记应用是以后者为对象，它具有下面几个显著特点。

（一）思维成果的转换性

从某种层面来说，速记的应用，就是记录者运用速记技能，将他人的思维成果（如领导讲话、各类报告、大会发言、新闻发布、学术交流等），或思维的原始材料（如来访者、调查对象、被采访者的发言等）记录下来，进行整理、加工、校核及润色，以书面形式及时、全面、准确地留存下来，传播开去，使之产生效益的活动。从这个特定层面来说，讲话者永远是主动者，记录者永远是被动者。这就要求记录人员不仅需要具有较强的速记技能，而且还必须具有较强的注意力。在记录现场，能够做到全神贯注，始终把握一个"快"字，耳、眼、手并用，将听、看、想、记、写紧紧拧在一起。只有这样才能保持与讲话者的语速同步，做到话落字出，把稍纵即逝的语言迅速地再现出来。

（二）时间要求的紧迫性

所谓时间要求的紧迫性，一是指记录对象本身在时限要求上的速办性；二是指记录者工作效率要求的特殊性。例如，会议记录是会议信息传播的重要手段，是会议精神形成的

基础和依据，一般都必须及时进行整理，或形成会议决议，或编写成会议纪要，或整理成会议快报；特别是领导人的重要讲话，大会的专题发言，更需要及时整理出来，以便迅速进行传达和贯彻。又如，某些重要信息的采集，其价值往往与时间密切相关，再好的信息如果错过了时机，就失去了自身的价值。特别是紧急信息的报送更要及时迅速，一分钟也不能延误。这是因为，紧急信息与其他信息相比，具有发生快、影响大、扩散广，并需要及时处理的特点，一旦时机延误，将会造成不堪设想的严重后果。再如，一个重要的电话记录，有些时候，不是传来领导的紧急指示，就是关系着群众的切身利益，或是报告突发重要事件。因而，必须迅速做出反应。至于领导的口授指示，在时间上则更具临时性、紧迫性的特点，也必须立即办理。同时，记录者的最佳记忆期，是在记录后的第一时间，如果错过这个时间，势必会给记录稿的整理带来不必要的麻烦。所有这些，都要求记录者必须做到，在记录时要紧紧“追踪”讲话人的每一句语音，记下他所发出的语言信息；记录后要及时进行整理与传递。

（三）语言记录的原始性

所谓语言记录的原始性，是指记录者在记录活动中必须记录原话原意，不得随意增删，更不能凭空推测和想象。记录者的基本任务是“把讲话者的口头语言转化为书面语言”，是“记录”，而不是写作，更不是文学创作。这就要求记录者在从事记录活动时，对其所记录的内容必须做到准确无误。其要义是：一要忠实于讲话者的讲话原意，对原话不得随意“缩水”、“添加”，要保持讲话的“原汁原味”。二要反映讲话者的语言特点，包括词语运用、表达方式等，充分体现讲话者的讲话风格。使人看到讲话稿，就如身临其境，如见其人，如闻其声。三要进行必要的技术加工，在不影响讲话者讲话原意的前提下，记录者可从语法修辞、逻辑关系、层次段落、书写格式、标点符号等方面进行必要的修改、调整和润色，使记录稿文从字顺、语言畅达、层次清晰。

二、速记应用的范围

速记应用的范围极为广阔。广而言之，它可以应用于社会生活的各个领域，可以记录和传递方方面面的信息。概括地说，它既可以记录和传递有声语言，即动态性信息，又可以记录和传递无声语言，即静态性信息；既可以用来记录和转换别人的思维成果，又可以用来记录和表达自己的思维成果。

（一）记录有声语言

记录和传递有声语言，是速记应用最基本的功能，是记录活动最集中、最大量、最直接、最具体的体现，也是人们对记录活动最直观的认识和理解。因此，我们将作为重点来阐述。

1．会议记录。

会议记录是会议全貌的反映，是起草决定、决议、会议纪要等会议文件的直接依据。也是研究、查考历史的真实凭证。无论何种会议，例如报告会、研讨会、座谈会、议事会、汇报会、会见与会谈等，都离不开快速记录。

2．领导口授指示记录。

在日常工作中，领导经常不断地向秘书下达口授指示。这些指示一般说来时间要求都很紧迫，运用快速记录的方法可以保证文稿及时拟就、及时打印、及时发出。在国外虽然早已有口授机问世并被许多企业所采用，但领导当面向秘书口授意图，由秘书快速记录下来，仍是日常事务处理中一种惯用的做法。

3. 领导讲话记录。

领导在参加各种会议、会见、会谈，以及外出视察、调研，或到基层现场办公时，一般都需要发表讲话或对某种发言加以插话，甚至当场作出某种必要的决定。对此，不论领导是否有讲稿，秘书都应视领导讲话的具体情况认真进行记录。例如，如果领导有讲稿，可适当记录讲话的要点。对于讲稿的补充和展开的部分，则应详细加以记录。领导的即兴讲话或发言，大都是针对某些特殊问题有感而发，往往会提出一些新的观点、新的方法。因此，要尽量做到有言必录，包括语气、情感和现场的反应等。

4. 学术报告记录。

现在的学术报告多用现代化手段，如图片、字幕、投影仪等，动静结合，形式多样。运用快速记录的方法，可以记得详细、完整、精确。有时由于报告媒体的不断变换，还可能给记录者留下较多的可运用的空间，从而能把发言形式和内容完整地记录下来。

5. 谈判记录。

谈判是人们为了改变相互之间的关系、交换意见、取得一致、实现一定目的和满足各自的需要所进行的协商活动。及时、完整、准确地记录谈判的内容、谈判方略和谈判过程，对于深度分析对方的谈判意图、制定谈判策略、增进互谅、促进双方合作或买卖成交具有重要意义。

6. 调查记录。

调查研究是领导实施管理活动的重要方法之一，也是秘书和秘书部门的常规性工作之一。它对于获取前沿信息、辅助领导决策、协助领导管理具有极为重要的意义。秘书在调查活动中，虽然记录的方法较多，但由于调查对象在职业、学识、阅历、居住地、思想状态、接受调查的态度等方面存在着的差异，以及受调查内容、调查环境和调查方式所制约，因而，不是所有的记录方法都可以采用，都可以被调查对象所接受。而只有运用手中的纸和笔，才更便于快速而精确地做好调查记录。

7. 电话记录。

接打电话是秘书传达领导指示、沟通内外信息、联络各方工作的重要方式和手段，具有快速、便捷、省时的特点。其所传递的信息对日常事务处理，乃至领导决策，都具有较高的价值含量。因此，及时、准确地将一瞬即逝的通话信息记录下来，就显得非常重要。

8. 值班记录。

值班工作是秘书部门和秘书日常性的程序化工作之一。认真做好值班工作记录，对于保证机关或单位的信息沟通、来访接待、应急事务处理和保持工作的连续性等，无不具有重要作用。为了如实地反映值班情况、准确地记载值班事项，将快速记录的方法应用于值班记录、书写值班日志，也是很必要的。

9. 来访记录。

接待来访也是秘书和秘书部门日常性的程序化工作之一。对待来访的各方宾客，一方面要做到彬彬有礼，以诚相待；另一方面更要特别关注来访者的来访意图，对于他们所反映的情况、提出的建议或要求，尤其是对于事关重大的焦点、热点和难点等问题，一定要认真做好记录，以便呈请有关领导或相关部门处理。

10. 新闻采访记录。

新闻是指对最近新发生的且重要的事项的报道和述评。它是广大群众应知或欲知而未知的事实，具有迅速、明了、简短的特点，采访时自然需要快速记录。秘书虽然不是新闻记者，但类似新闻采访的工作常常有之，例如，机关或单位内部工作简报的制作、会议快报的编写、对新人新事及重要事项或突发事件的调查等。因此，掌握新闻采访的记录方法，也是秘书快速记录这种基本技能的重要组成部分。

11. 听课记录。

秘书要与时俱进，适应时代和领导管理活动的要求。做“创新型秘书”，首先就要做“学习型秘书”，不断补充和更新知识。在当今社会，广大秘书人员竞相走进课堂、报名参加各种学习，早已成为一种新的渴求、新的时尚。因此，要掌握快速记录的方法，做好听课笔记，对于秘书来说，也是十分必要的。

（二）记录无声语言

用速记记录无声语言，也是速记应用的一个重要方面，它主要用于：

1. 摘抄资料。

资料是日常工作中的软成果，是把资料存储起来备用的信息。摘抄资料就是将他人的思维成果“为我所用”的一种有效手段，是人们在工作和学习中必要的一项工作。它可以帮助我们学习新的知识，积累新的信息，弥补记忆无法达到或难以达到的境界。同时，速记也可以用于文献调研，即借用他山之石，为领导决策提供理论依据和经验依据。

2. 记事备忘。

运用备忘录，即通常所说的工作“秘本”，指点自己的公务活动，是一种十分有效的工作方法和技巧。在日常工作中用速记的方法，把自己所见、所闻、所想、经办事项、拟办事项、领导交办事项，以及相关数据、紧急情况等记录下来，并用相关符号把办毕、拟办、急办、缓办事项和不清楚、不明白的问题加以标识，可以做到随用随查、随办随记、信手拈来，既方便快捷，又帮助记忆；既使工作井然有序，又有助于保密。

3. 记读书笔记。

记读书笔记是学习者、从事写作和科研工作人员的基本功。例如，用速记摘录自己最为欣赏、感受最深的语句、句段、重要论点以及名言名句等；再如，用速记写读后感、心得体会等。读书笔记与资料摘抄不同，它是一种欣赏，一种学有所得，是读者创造性思维的具体体现，读书札记就属于此类。恩格斯的《自然辩证法》、列宁的《哲学笔记》就是以读书札记的形式闻名于世的。经常写读书笔记，不仅可以帮助人们获取系统的知识，有利于研究新问题，增强自身修养，而且还可以锻炼人们的思考能力和写作能力。

4. 起草文稿。

运用速记起草文稿，适用于任何文字工作领域。例如，用速记起草公文、撰写学术论文或毕业论文、拟定发言提纲、进行文艺创造等。就秘书工作而言，其文稿起草任务是较为繁重的，例如起草法定公文、事务类公文、经济类公文、礼仪类公文、新闻发布稿、领导讲话稿、启示、广告等。这些文稿，除了它们自身所具有的作者地位的法定性、语言的规范性、格式的确定性，以及写作过程的程序性等特点之外，其在周期上的重要特点就是时间上的限定性。其中不乏“急就篇”，所以，时间要求也更加严格。运用速记起草文稿，可以帮助我们迅速构思、迅速拟就提纲、迅速捕捉灵感，可以迅速按照领导意图，尽快完成写作任务。

三、速记应用的作用

（一）为领导决策与管理提供信息

从本质上说，速记应用的过程就是通过各种渠道为领导决策和管理采集方方面面信息的过程。例如，通过会议记录，可以及时了解上级领导机关的决定、决议或相关精神，为领导决策和管理提供指导性信息；通过记录下属单位的工作汇报和情况反映，可以较全面地了解所属单位的生产、经营和生活情况，以及员工最关心、最直接、最现实的根本利益问题，为领导决策和管理提供依据性信息；通过记录宾客接待的情况以及与合作单位的洽谈情况，可以为领导决策和管理提供参考性信息；通过学术会议记录和文献调查，可以较为广泛地及时了解新思想、新理论、新技术、新经验，为领导决策和管理提供科技方面的前沿信息；通过记录调查研究、接听电话、来信来访的情况，可以获取更多的相关信息，诸如党政信息、社会信息、人才信息、市场信息、公众信息、客户信息等。

（二）秘书发挥参谋作用的基本途径

领导工作的基本任务是了解情况、掌握政策和制定决策。秘书和秘书部门要为领导活动做好服务工作，就必须及时、准确、全面地向领导提供情况和可供选择的意见或建议，当好领导的“耳目”和参谋。而这些情况和建议不是从天上“掉下来的”，或凭空想出来的，而是靠调查研究，靠对实际情况的透彻了解、科学分析和系统研究得出来的。秘书参加的多种多样的记录活动，从某种层面来说，就是十分有效的调研活动，是秘书发挥参谋助手作用的基本途径。因此，秘书通过记录活动为领导工作提供的各类信息，对人们的感悟和启示不应当是平面的，而应当是立体的；不应当是初始的，而应当是精确提炼的。其特点主要表现在：第一，中心点突出。领导工作的方法从来都不是并列平推的，总是围绕中心，突出重点，追求效益（利润）的最大化。就本单位而言，其着力点总是紧紧围绕内部的主体业务（产品）而展开；就全局而言，每一个阶段总要突出一个中心，追求社会与公众的需求最大满意度。因此，秘书和秘书部门获取信息的记录活动，也必然地要随着领导工作的重心而转移，随着领导活动的安排而展开。第二，针对性突出。信息作为一种资源，具有使用价值，即有用性。因此，同一条信息，对于不同的对象，其价值也会有所不同，对需要者有用，对不需要者则无用。这就要求秘书通过记录活动给领导提供的信息，必须紧紧把握领导者的工作思路，区分不同部门、不同层次的领导者对信息的不同需求，从而做到有的放矢地提供信息。第三，真实性突出。真实、准确是信息的生命，这是信息提供最基本的要求。因此，秘书通过记录活动所获取的信息，必须经过由此及彼、由表及里、去粗取精、去伪存真的加工提炼，并要反复校核，精心推敲，确实做到准确无误，才能作为建议提供给领导做参考。如果获取信息不突出重点，提供信息缺乏针对性，信息不真实、不准确，就不可能引起领导的重视，更不可能进入领导决策，那么，信息的获取与提供也就失去了存在的意义，秘书的参谋、助手作用也就无从谈起了。

（三）锻炼秘书工作能力的重要方法

记录者即秘书，其经常随从领导参加各种会议，出入各种场合，有机会接触来自各方岗位、学识精深、阅历丰富、见闻博广的领导人、专家学者、著名企业家，其中也不乏外国专家。他们的发言和交谈内容往往从古到今、从国内到国外、从政治到经济、从科学到文化，几乎无所不谈。记录者通过记录活动，不仅可以从他们身上学到从书本上难以学到的知识，而且又“迫使”记录者本人去努力读书学习，不然就很难胜任各种各样快速记录的任务。我们可以看到，记录者即秘书人才的进步，除了要不断学习、不断更新和补充知识之外，更重要的是在实践中培养和修炼自己。而在各种记录活动中，记录者除了经常接触上述人员外，更多的是与社会的接触，以及同本级领导的接触、同与本系统或本单位密切相关的公众接触。因此，记录活动是记录者向领导学习、向公众学习、向专家学者学习、集中公众智慧、熟悉领导思维方式、学习领导管理方略和处事风格的极好机会。因此，快速记录是开发智力、锻炼才智、提升文字水平和管理能力的一种途径。从某种意义上来说，记录活动也是秘书即记录者走向成功的有效之路。

第二节　速记应用的基本功

速记应用的基本功能就是将讲话者的口头语言转化为书面语言。这就要求记录者在记录时，能与发话者的语速同步，做到“音落字出”，即讲话者的话音一落，记录的文字或符号就能脱手而出，跃然纸上。这里强调的是“快”，只有“记”得快才能留住一瞬即逝的语言，这是速记应用的前提和基础。在阅读速记稿时，能够像阅读其他文稿那样，做到“开卷有益”，即记录者一看到自己书写的略写方法或速符，就能上下贯通，熟知其意，口诵心惟，顺利地进行整理，较快地提供使用。这里强调的是“准”，只有写得准才能读得出，这是速记应用的关键环节。在将速记稿整理成正式文稿时，做到“文通理顺”，即整理出的文稿，应在符合讲话者原意和讲话风格的前提下，做到主题突出，观点鲜明，结构严谨，语言畅达，文字规范。这里强调的是“法”，只有符合文法，才能做到“文质相称，言无旁溢”。

可以说“音落字出”、“开卷有益”、“文通理顺”，既是速记应用“记录、译写、整理”三个阶段的基本要求，又是速记应用的一种境界。进入这样一种境界，虽然不是一件难事，但也并非一日之功，需要经过一定时间的学习和不懈的练写。从学识上来说，也并非只懂得速记一门就能成就，而是多学科知识的积淀与运用。它与记录者的文化底蕴、理论修养、生活阅历、情感积累、心理素养以及临席应对的能力密切相关。因此，一个合格的秘书和速记人员，应具备下列基本功。

一、娴熟的速记技能

速记应用的手段主要是运用手写速记和特定的符号或方法。手写速记包括拼音速记法和汉字速记法，即通常所说的“双式速记法”。速记是针对文字笔画繁难、书写缓慢，为解决其与语言表现在速率上的矛盾，而产生的简洁易写的符号系统，它是凭借人们在讲话时发出的声音进行辨别而实施记录行为的。据科学测定，音速即声波在空气中的传播速度，在气温 20℃时，为 343.36 米/秒。国人讲话的吐字率最快为 220 字/分，最慢为 120 字/分，平均为 160 字/分。这就是说，人们说话的吐字率较快，字音在空气中停留的时间比较短暂，平均每个音节在空气中的停留时间约为 0.33 秒。而人们的书写速度每分钟仅为 30～40 字/分，即每字在书写者手中的移动时间为 9～12 秒，比音速在空气中的滞留时间慢了 3.7～3.8 倍。

同时，还有人曾对不同层次的人群（年龄在 35～55 岁）的发言速率做过测试（每组均为 30 人次 50 篇稿件），结果如表 3—1—1 所示。

表 3—1—1　　发言人的速率测试表

发话人	速率/分
领导人依稿讲话	180～190 字
领导人依提纲讲话	150～160 字
领导人即席讲话	130～140 字
座谈会一般发言	130～140 字
学术报告（屏幕显示图表或提纲）	130～140 字
来访者反映情况的发言	140～150 字

上述数据都显而易见地说明，“说”与“写”之间存在着相当大的差距。由于讲话的速度较快，单位时间内记录信息的含量较大，记录者要想把讲话的内容全部记下来，就必须熟练地掌握和运用速记技能，使自己成为记忆上的“强手”、记录语言时的“快手”、整理记录时的“高手”。

二、一定的文化水平

一篇记录后的文稿，往往是快速记录手段与相关学科知识综合运用的佳作。某些高水平的讲话和报告，当然是讲话人或报告人高水平的体现，但与记录者的准确记录和整理润色也密切相关。而某些优秀的调查报告、新闻稿的采编则往往是记录者文化水平的直接反映。这就要求秘书人员不仅要具有娴熟的书写技术，而且还应当具有一定的文化功底、较好的语言逻辑知识、清晰的表达能力和较高的写作水平、良好的心理素质、敏锐的倾听能力和迅速捕捉信息的能力。因此，作为一位称职的记录者就应不断地学习与积累，做到博古通今、博闻强记，不断增加和更新知识储备。

（一）基础知识

主要包括三个方面的内容：

1. 现代科学知识。

包括经济学、政治学、信息学、现代管理学等学科的知识。同时，记录者还要不断地学习新理论、新思想、新经验、新方法，不断补充和更新知识。

科学技术的突飞猛进，给世界的生产力和人类经济社会的发展带来了极大的推动。所以，记录者只有不断加强科学知识、科学方法、科学思想和科学精神的学习，才能较为容易地记录富有时代特色的讲话和其他语言信息。

此外，记录者还应学习 IT 业的相关技术，例如信息采集技术、信息加工技术、信息存储技术、信息传递技术、自动化办公技术等。可以说，这是快速整理速记稿、实现快速传递语言信息的有效途径。

2. 人文社会知识。

包括哲学、历史、伦理学、美学、法学、逻辑学、社会学、公共关系学、文化艺术及市场、市政等学科的知识。人文化和人性化是当今社会人们追求的一种道德理念。从本质上来说，无论是社会管理还是企业管理，都是关于处理人与社会、人与自然、人与工作关系的人文活动。而经过记录整理成的文稿，特别是会议的决定、决议和领导的重要讲话，无疑都属公文范畴，都是管理活动的工具。不论这些文件处在哪一个系统、哪一个部门、哪一个企业，它所承载的信息都会必然地从不同的层面涉及社会的各种关系。所以，文稿的记录者只有对社会文化和社会生活有比较深刻的认识和比较深刻的了解，才能在记录领导讲话、记录会议文件时，真实、准确地理解和反映社会的需求与呼声。

3. 自然科学知识。

包括数学、化学、物理学、生物学、天文、地理、心理学等学科的知识。对这些方面的知识，人们一般都有所了解。而对于承担具有公务性记录任务的记录者来说，加强这些方面知识的学习与积累，显然更是非常必要的。

（二）专业知识

1. 秘书专业知识。

包括秘书学、信息学、调研学、文书学、信访学、写作学、档案管理学、行政管理学、速记学、逻辑学、领导学、公共关系学等，这是所有从事秘书职业的人员都必须掌握的秘书专业的基本知识。

2. 公文写作专业知识。

主要包括三个方面：一是写作学及其相关知识，包括写作基础学、应用写作学、公文写作学、广告写作学以及新闻写作学等学科方面的知识。通过学习，力求较深入地了解和掌握写作，特别是公文写作的基本规律，不断提高写作水平。尤其要学好《中国共产党机关公文处理条例》、《国家行政机关公文处理办法》以及此制定的国家标准《公文格式》。认识和掌握法定文种的适用范围、行文关系、写作要求、公文格式、处理程序等，自觉地按照法定要求来整理记录稿和撰写文稿。二是语言知识。熟知汉语特别是现代汉语的结构规律、语法规则和修辞方式，这不仅是公文写作的基本功，而且也是秘书社会交际的基本功。三是要较好地学习和掌握一门外语，尤其是英语。这对摘记或查阅原版资料、直接截取国外相关信息，以及提高整理语言信息的效率和强化此类信息的可信度是极为有益的。

（三）相关知识

所谓相关知识，此处主要是指适用于领导层和决策层的科学管理知识，包括领导学、运筹学、决策学、谈判策略学等。从根本上说来，记录者对领导讲话的记录和对会议信息的记录，就是对领导管理思想、管理哲学、管理方略的一种“复制”和转换。其行为本质上也属法人行为和领导者行为，而非个人行为。因此，它要求记录者必须了解和熟悉领导者的战略、战术、处事策略、思想方法与工作方法，从而能够站在领导者的高度搞好语言信息的记录与传递。

（四）国外管理学知识

学习国外管理学知识，主要是指学习欧美等西方国家先进的管理理念、经验和方法，包括国外管理学、经济学、国际商务学、国际法常识、世界贸易规则以及先进的科学文化知识等。随着科学技术、经济建设的飞速发展和国际贸易的频繁往来，我国与世界各国在科技合作、经济贸易、学术交流、文化交流、人才引进等方面的活动日益增多，外商投资企业、中外合资企业已经遍及全国各地。由此，便产生了各种各样的交流活动，诸如贸易洽谈会、学术报告会、技术演示会、新闻发布会、科技合作谈判、会见与会谈等。我国加入世界贸易组织以后，此类活动，无论是在官方，还是在民间；无论是在教育、科研部门，还是在企事业单位，都愈加频繁。随之而产生的对外行文，或国际间（双边或多边）的相互行文，包括合作协约、会谈纪要、信函往来等，数量越来越大，覆盖面越来越广，而且，科技含量也越来越高，规范性要求越来越严格。而穿插其间的记录活动，则很自然地落在了记录者的身上。所以，学习这一方面的知识，对于记录者无疑是非常必要的。

此外，记录者更应学习马克思主义理论，具有较高的理论水平，这是记录者知识结构的核心部分。同时，记录者还应具有一定的法律、法规常识，熟知相关的法律、法规和世贸组织规则，这也是记录者知识结构的重要构成部分。

三、通晓业务情况

所谓“通晓”，就是从“纵横”两个方向，全面了解、熟知本单位和相关部门的业务活动情况。所谓“纵”，一是指“上、中、下”垂直隶属关系的业务情况；二是指“过去、现在、未来”一个单位业务的发展与展望。所谓“横”，是指国内外同行业及其相关行业的同比情况。具体地说，作为语言信息的记录者，为了不断提高记录的效率和质量，应通晓并熟知下列几个方面的情况：

1. “上”，即指了解、熟悉上级单位的指示精神。包括上级领导关于业务方面的决定、决议、指示；产品数量和质量的核定指标；产值和效率的核定指标；本单位领导贯彻上级指示和日常管理中的意图等。

2. “中”，即指熟知本单位业务管理部门关于业务的管理情况，例如任务的分配、进度及检测情况，以及本部门自身业务的完成情况，统计部门的统计资料和统计方式、方法等。

3. “下”，即熟知本单位下级单位业务的进度及完成情况。包括业务完成的数量和质量；主要做法和经验；存在的问题及对策；公众及市场的反馈情况；业务进展中的典型事例以及新动态、新问题等。

4. “过去”，即本单位的发展史。“现在”，即本单位的现状。这两种情况都应包括本单位的建立时间，以及各时期的生产（业务）规模、人员编制、产品类型、规格、生产（业务）能力、服务方式、市场占有量、市场反馈情况等。手中最好有一份本单位数据较详的情况介绍，并应随着时间的推移和业务的发展情况，及时进行修改，更换新版本。“未来”，即熟知本单位的发展前景，近至年度计划，远至长远规划，都应牢记于心，熟之于手。了解过去和现在能够做到“如数家珍”；了解未来能够做到“有材在胸”；撰稿取材能够做到“立等可取”。

5. “横”，即了解国内同行、国外同类厂家和市场三个方面的情况。例如产量、质量比较，市场占有量和销售量比较，客户需求及追踪、反馈情况比较等。做到知己知彼，随时协助领导修正决策，使本单位能够立于不败之地。

一般来说，担任记录工作的人员，特别是秘书人员，记录的基本对象和记录范围，多是所在单位的业务管理和领导活动，即使是社会活动中的记录工作，也多与本单位的业务工作和业务管理密切相关。就记录者而言，通晓本单位的业务情况，从一定意义上说，也就是熟悉本单位的语言环境，懂得行业用语和业务术语。因此，通晓纵横业务的情况就显得十分重要。

四、较好的语言文字能力

记录者是以记录、整理、传递语言，特别是以口头语言为对象的。多数情况下，语言信息的记录者，往往又是文件的起草者。这就决定了记录者与语言文字所结下的不解之缘。因此，记录者应较熟练地掌握语言文字的运用能力，包括阅读能力、倾听能力、表达能力（含口语表达能力和书面表达能力）。关于倾听能力，我们将单列一个条目表述，在此不予提及。

（一）阅读能力

阅读是记录者系统吸取知识、迅速捕捉信息、不断认识世界的重要手段，是信息记录与传播的关键环节。

所谓阅读能力，从记录者的角度而言，除了系统读书、不断更新和补充知识之外，更重要的是为做好本职工作而学习。记录者的学习能力，主要是指如下几个方面：

1. 速读能力。速读即扫读，把词、词组、句子乃至段落当作一个整体，浏览即过，可将大意记于自己的大脑之中。

2. 选读能力。即将与本单位有关的文件多读，有关联的适量读，不相关的少读或者不读。

3. 略读能力。略读即省读，即略去不重要的部分、已知和熟悉的部分，以及与目前工作暂无关系的部分。

4. 点读能力。即提纲挈领，读标题、观点、论点和结论；读目的、指标、数据、措施和方法；读特征、价格和质量；读事件的时、地、人、事、因、果。

（二）表达能力

1. 口语表达能力。

从记录者的角度而言，这主要是指在其复述记录、汇报工作、传达指令、介绍情况、交流信息、发表意见、提出建议时的口语表达能力。

其基本要求是：简练明晰，准确鲜明；口齿清楚，语速适中；措辞得体，切合身份。

2. 书面表达能力。

所谓书面表达能力，即写作能力，是指运用书面文字的形式反映事物、传递信息、表达思想的能力。写作能力是记录者的基本功，是秘书的“看家本领”。

记录者和秘书的写作，主要侧重于应用文的写作。这就要求其不仅能够表达自己的思维成果，更重要的是能够熟练掌握各类应用文的写作要求和技巧，能够按照领导意图，迅速准确地写出观点正确、内容充实、结构严谨、语言简练、格式规范、文笔流畅的文稿。

写作能力的标志不仅表现在"写"文章的质量上，而且还表现在"改"文章的质量上，即要看能否修改自己的文章，能否在保持原意的基础上修改他人的文章。这是记录者和秘书写作能力的最高境界。

五、敏锐的倾听能力

所谓敏锐的倾听能力，就是要求记录者能够即刻听懂发话者的说话内容和他可能表达的言外之意。记录的过程就是把一瞬即逝的口语信息迅速转换为书面语言的快速书写的过程。在这一转换过程中，发话者始终处于主动地位，而记录者则始终处于被动状态，他面临的首要任务就是在被动中求主动，将发话者的口头语言快速准确地转化为书面语言。因此，可以说，记录者的记录行为是从"听"开始的，只有听得明白，才能记得准确。所以，"听"是记录者做好记录的重要前提、开端和基础。

记录口头语言的特点和秘书工作的性质要求记录者必须善于倾听。在秘书工作中的领导口授指示的记录、会议发言记录、领导讲话记录、商务谈判记录、调查访谈记录、接听电话记录、值班工作记录、接收指令以及领受各项任务的记录等，都离不开认真的倾听和对语义的准确理解。

同时，秘书记录不仅内容广泛，而且语言环境也较复杂。譬如，讲话者语速的快与慢；思维方式、表达方式和讲话风格的不同；吐字清晰度、语言逻辑运用的差异性；语言路径畅通与否、移动通话信号的强与弱；记录环境的优与劣；等等，也都是决定记录质量的重要因素。

因此，从某种意义上说，倾听既是记录者心智与能力结构的重要组成部分，又是一种准确领会语言意涵的艺术。这就要求秘书不仅要具有敏锐的倾听能力，而且还必须练就一手高超的倾听技巧：譬如，如何领会和记录发话者有时脱开讲稿所表达的"稿外话"；如何在唇枪舌剑的辩论中，客观准确地归纳和记录各种意见；在谈话人情绪激动，说话语无伦次时，如何帮助其理清思路并将问题讲清；在电话线路模糊不清，移动通话信号微弱时，如何以灵敏的分辨力把握对方的讲话要点，准确地做出记录；在特定场所，针对特殊问题，如何听懂对方的隐含性语言，并以隐含性语言与之交谈，如何既做好记录又为讲话者守密；如何听懂某些讲话者的方言、"俚语"；等等。

六、良好的心理素质

一个人的心理素质是表现在多方面的，诸如观察力、记忆力、思维能力、想象力和承受力等。在此处，我们仅重点讨论与快速记录关系较为密切的几个问题。

（一）注意力

注意力，是指人们的心理活动指向或集中于某一特定对象，并能获取其信息的能力。注意力可以保证人们更加清晰地认识某一事物，更加准确地对某一事项作出反应和判断。一切智力活动如果没有注意力的参与，就会使人无所适从，甚至造成智力和心理活动的混乱。

记录者的责任非常重大，他们的工作过程都是在良好的注意力组织和维护之下进行的。注意力的增强不仅可以保证记录工作的效率和质量，而且还可以锻炼记录者的自控能力，有意识地排除各种干扰，保证记录活动的正常进行。记录者具备注意力品质，主要表现在如下几个方面：

1. 注意力的稳定性。

注意力的稳定性，是指在一定的事物上注意力所持续的单元时间。记录的对象，是稍纵即逝的口头语言。记录者会随着发话者的语速，把每个人的发言再现于书面上。因此，记录者必须自始至终高度稳定地注意每个与会者的发言。也就是在这个特定的时段内将自己的精力恒定在记录活动中，快速准确记下每个与会者的发言，既不能因忽视而遗漏，也不能因“分心”而重复。

2. 注意力的分配性。

注意力的分配性，是指在同一时间内注意力分配到两个或两个以上的动作上。注意力不是孤立存在的心理活动，而是与观察、记忆、思维等智力要素结合在一起进行的；记录工作也不是单一的书写活动，而是一种智力要素综合运用的复杂劳动。记录者在记录活动中，一方面要用耳听，用手写；另一方面还要用脑想，用眼看，用“心”记。因此，记录者必须在一刹那同步把注意力分配到每个环节上，不能有一丝一毫的分心和疏失。

3. 注意力的转移性。

注意力转移性，是指有目的、及时地把注意力从一个对象移位于另一个对象。就记录活动来说，注意力的转移主要表现在两个方面：一是指动作的转移。例如，在与来访者、调查对象、被采访者交谈时，一般来说，其工作人员往往既是接待者，又是记录者。因此，他往往是在听、问、看、写、记、想、答等动作的交叉中进行的。此种注意力的转移既短暂又频繁，这就要求记录者不可忽视每一个细节，做到认真听、审慎问、勤观察、仔细记、细思考、巧妙答。如果稍有疏忽，就有可能失礼、失态，或是授人以柄，给记录甚至给问题的解决带来困难。二是指在记录环节完成后，记录者应及时将注意力转向对记录内容的整理。这是记录活动的终端阶段，也是注意力又一个稳定期的开始阶段。

（二）记忆力

记忆力，是指人们对感知和认识的外界事物在大脑中保持识记和个人经验再现的心理过程。记忆力是人们智力活动的存储器，是每一个健康的人都必须具备的能力。失去记忆力，则观察力、注意力就无所归依，思维能力、想象力、承受力也就无从谈起。

由于记录者执行任务的特殊性，所以，要求他必须在短暂的单元时间内在大脑中存储大量的口语信息，并且能够及时、准确地将它再现于一定的介质上，并进行复制与传递。因此，记忆力是记录者不可或缺的智力因素。记忆力在其从事记录活动时显得特别重要。对记录者记忆力的要求主要表现在如下几个方面：

1. 记忆的准确性。

所谓记忆的准确性，就是要求记录者对重要数据以及讲话的整句、整段，都能一字不错地记忆和回忆；对领导的口授指示，由于某种特殊情况不能在现场记录话语时，能够准确地复述或追记；对采集的重要信息、重要材料、重要文献能够记忆和回忆出它们的作者、出处，以便随用随取；等等。记忆要清晰准确，不能使用模糊含混或“大概”、“差不多”等不确定的概念。

2. 记忆的敏感性。

记忆的敏感性，是指记录者能在短暂的时间内迅速记住讲话、事项，并能在需要时迅速回忆起来的能力。这就是人们平时所说的“强记”，其可参考的记忆方法有：(1) 抓住事物、事项的基本特征；(2) 提炼话语的基本成分、省略它的附加成分；(3) 把握文件的要旨、重要资料的主旨、情况随时变化的主因；(4) 理顺篇幅较长的讲话和长篇文章的逻辑顺序；(5) 把握形成事物、事件、情况的重要线索等。

3. 记忆的持久性。

记忆的持久性，是指记录者对重要的、具有永久存储价值的讲话、资料、事项等能够长期记忆并可迅速反应的能力。可参考的记忆方法有：(1) 有意识地记忆，即对需要长期记忆的对象，例如，重要会议、重要讲话、重要事项等，都要注意倾听、观察、理解、记忆；(2) 复习记忆，即重复记忆，例如对内容复杂又很重要的资料、信息等，要经常进行复习，使其不断深化于脑海中；(3) 重组记忆，即对具有永久性价值的资料、情况等，可采取归类记忆、提纲式记忆、分段式记忆、缩略式记忆等。此外还有联想式记忆、应用式记忆、阅读强化记忆等。

(三) 承受力

所谓承受力，是指在面对繁重的任务、复杂的环境时，记录者在心理上可以接受或承担“重负”的能力。例如，在承担篇幅较长而又重要的讲话记录时，记录者既要具有准确无误记录的能力，又要具有记录后立即进行整理的能力；在对突发事件、危机处理进行现场调查时，既要具有随机应变、协助领导处置各种问题的能力，又要具有迅速捕捉现场信息、巧妙记录相关情况的能力等。承受能力要求记录者必须具备以下品质：

1. 自信。

即指初涉记录活动的记录人员，在面对较为重要又较为复杂的记录环境时，能做到沉着冷静，以正常心态做好会议的记录工作。例如，某些公开性的大会以及新闻发布会等会议，记录位置往往不固定，有时甚至就处在与会者中间。由于速记符号的特殊性和文字书写的简略性，有时会引来好奇者的围观和评头品足。面对此种情况，记录者要善于排除干扰和会议中可能出现的突发事项，充分相信自己掌握和运用速记技能的成熟度，从容记下会议的重要讲话、发言和会议过程。

2. 坚韧。

快速记录是一种持续重复同一动作和同一行为的动态过程。所谓坚韧，即是指记录者在这种持续动态的过程中，能以超常的耐力、坚韧的精神完成记录任务。例如，某些重要会议，特别是决策性的会议，不仅连续记录的时间较长，而且往往要求记录后必须立即整理，将记录稿变为正式文稿。这就要求记录者不仅在快速记录时，能以坚韧的耐力把会议的过程完整、准确地记录下来，而且还必须在记录后毫无怨言地连续工作，尽快完成文稿的整理工作，并经过一定的发文程序，将记录稿变成正式文件，印发给所属下级单位贯彻执行。

3. 果断。

就记录活动而言，所谓果断，主要有两层意思：一是果断排除障碍。记录活动是一种精神高度紧张、指向十分明确、注意力高度集中的脑体结合的复杂劳动。在这个进程中难免出现暂时忘字和遇到生僻的字不会写。在这种情况下，记录者应当毫不犹豫地标出记号，或用自己最熟悉的字来替代，千万不可因思来想去而中断记录，使一瞬即逝的语言“擦手而过”。二是指在情况复杂、随时都有可能发生变化的调查现场记录时，能够及时采取措施，力排阻力和干扰，切实把握时机，当机立断、巧妙而又稳妥地将各种言行以及其他情况记录下来，较好地完成采集信息和调查取证工作。

七、熟练使用计算机的能力

计算机作为一种对各种数据化信息进行处理的工具，可以协助人们获取、处理、存储和传递信息，尤其能够帮助人们处理、存储和传递通过各种渠道而获取的“记录性”信息。

手写速记是记录者的“随身技能”，只要有一支笔、几张纸，无论在何时、何地、何种场合，都可以不受任何客观因素限制，及时适应工作的需要，高效地完成口语信息的记录任务。如果在快速记录之后，能够及时上机，运用计算机技术，将记录得来的讲话、情况、数据及其他材料，进行整理、加工、编辑，必将会使手写速记“如虎添翼”，较大幅度地提高工作效率和质量。可以说，这是快速整理速记稿、实现快速传递语言信息的有效途径。因此，作为记录者应具有熟练运用计算机技术的能力，主要包括以下几方面：

1. 熟悉构成计算机系统的两大系统，即硬件系统和软件系统。学会计算机日常的使用、维护、保养以及故障的排除。

2. 熟练掌握 Windows XP 的操作系统：一是熟悉 Windows 操作环境，包括工作界面、桌面布局；窗口、对话框的构成元素与区别；菜单的种类和菜单的功能；开始按钮、任务栏与图标的使用等。二是熟练掌握 Windows XP 的启动和退出、窗口操作、打开菜单、工具栏操作、对话框操作、建立快捷方式、剪贴板的操作等。三是熟练掌握和使用 Windows 资源管理器的启动、资源管理器窗口的操作；文件夹和文本的创建；我的电脑、我的文档、回收站的相关操作；创建对象与磁盘管理。

3. 学会和熟悉 Word 2003 中文版的操作程序和方法。Word 作为一种文字处理程序，功能强大、操作简便，是目前最受欢迎、使用最普遍的文字处理软件之一。人们可以运用它来完成文本和文件夹的创建、保存与退出、文字输入、文本编辑与插入，文本选取、复制、移动与删除，撤销与恢复、插入与改写、查找与替换等程序；还可以创建表格、修改表格、排版表格和进行格式设置等工作。如果将记录稿的整理、修改、加工、润色直接运用 Word 的编辑功能来完成，其工作效率和质量是不言而喻的。这是手写速记与计算机结合运用的最佳方式。

4. 学会和熟悉 Excel 2003 电子表格处理的程序和方法。Excel 2003 作为创建和维护电子表格的应用软件，具有强大的数据处理能力和表格功能，能够轻而易举地制作各种工作簿和工作表，显示和管理数据；可以对各种复杂的数据进行统计运算、公式创建、自动求和、使用函数，以及进行数据的格式化设置，包括记录单的使用、数据筛选、排序、分类和汇总等。运用 Excel 软件来处理有关速记稿中的各种数据，例如生产指标、数字统计、市场调查和各种表格的设计等，会使所要传递的数据更加一目了然。

5. 学会和熟悉 PowerPoint 2003 演示文稿制作的程序和方法。掌握了这种方法，记录者就可将某些调查得来的材料，经过去粗取精、去伪存真的整理、加工，制作成一组包含文字、图形、声像等多种信息在内的演示文稿即幻灯片。同时，还可根据需要插入表格、画图、剪贴画等多媒体动漫文本。用此种方法，不论是做工作汇报、学术报告，还是进行经验交流、技术演示，都可以具有很强的感染力和说服力，起到事倍功半的效果。

6. 熟悉和掌握计算机病毒的防治程序与方法。计算机病毒，是指编制或者在计算机运行中插入的破坏计算机功能或者毁坏数据、影响计算机使用并能自我复制的计算机指令或程序代码。它具有传染性、隐蔽性、潜伏性和破坏性的特点。做好病毒防治工作的常用方法包括：不滥用磁盘，要做到专盘专用；不用盗版盘或来历不明的盘；不随意打开来历不明的电子邮件；安装防病毒软件，运用病毒防火墙，实时监控病毒的入侵和感染。

思考与练习

1. 简述速记应用的特点。
2. 简述速记应用的范围和作用。
3. 简述快速记录时对记录者的基本要求。
4. 简述速记应用的基本功。

第二章 速记应用的方法

快速记录是一个不断行进的动态过程，是记录者将讲话者的口语信息转化为书面信息的过程。速记应用一般包括记录前的准备、记录行为的实施、记录后文稿的整理与审定三个阶段，它是记录者文字能力和思维能力的综合反映。本章着重介绍了速记应用的各种方法，包括一般记录法、具体记录法、常用略写法。

第一节　速记应用前的准备

速记应用前的准备，是指记录者在进入记录状态前为记录工作所做的安排、筹划和铺垫。它包括经常性准备和临席准备两大方面。

一、经常性准备

经常性准备，主要包括思想准备和技能积累两个方面。

（一）思想准备

思想准备，就是依据速记应用的不同时间、不同地点，面对不同对象和记录内容，而事前确定的记录目的和方向，以便使自己的心理状态能够适应所处的工作环境，记录过程达到最佳效果。这种准备包括：

1. 不断学习国家的方针、政策、法律、法令和法规，尤其是有关本行业和本专业的适用法律、法令和法规。

2. 要努力学习马列主义、毛泽东思想、邓小平理论，经常学习时事政治和中央领导的重要讲话，提高理论和政治修养。

3. 要学好语言知识，熟知汉语特别是现代汉语的结构规律、语法规则和修辞方式。要较好地学习一门外语尤其是英语。英语早已成为商务、金融、信息以及其他科学技术的国际语言。

4. 要娴熟地掌握和运用快速记录的书写技能，跟上时代的发展，就要经常不断地学习新理论、新思想、新经验和新方法，不断补充和更新知识。

5. 要熟知自己所在部门的专业知识、专业术语和自己所在系统的行业知识、行业术语；也要熟悉讲话者的思维方式和讲话内容，以便能够应对随时可能会发生的各种复杂情况。

6. 心理准备。就是在平时工作中，有意识地锻炼自己的意志力，在工作紧张和复杂的环境中，注意培养自己处变不惊、从容不迫的处世理念和处事风格，不断增强心理的承受能力。

(二) 技能积累

技能积累，也称“功夫”积累，就是使自己在长期的训练和实践中，练就速记应用的过硬本领，以便使自己随时能够应对各种复杂的记录环境，顺利完成记录任务。

速记技能的熟练应用，是一种久经训练和实践的最终体现。要想登上速记应用的高峰，必须具有坚强的意志和锲而不舍的精神，做到不停地练写、不停地实践、不停地积累经验，这是成功掌握速记技能的根本途径。俄国作家契诃夫在谈到写作能否成就时，曾经说过，“头一个条件是必须写得多”，写得多“总会有成就的”。他又说，“必须写、写、写。一篇小说没有发表，那你就写第二篇、第三篇，总有一天会发表”，“只有不屈不挠地、顽强地写……”，才可能成功。

用契诃夫的这段话来说明速记的训练和实践，应当说是恰如其分的。速记应用的过程也一再说明，不断地训练和实践，就是功夫上的一种积累。平时读书看报、接听电话，以及做接待来访、值班事项、调查研究，都可运用快速记录的方法做记录。这是练写的过程，也是应用的过程。平时练写多了，悟性自然就会增强，摸清规律与技巧，快速记录的技能也就会越来越高，速记技能的应用也会逐渐走向成熟。

二、临席准备

临席准备，是指记录者在记录前针对记录工作的需要所做的筹划工作。临席准备包括下述几个方面：

1. 文具准备，即准备好纸和笔。纸要备足，首页最好使用专用纸。为了便于书写、便于存档，纸张的韧度、亮度和不透明度要适宜，使之不洇透，禁得住磨损。笔，以钢笔为好，用前墨水要上足，或多准备一支备用。也可采用圆珠笔、书写笔，但要选择质量较好的。

2. 座位选择。这有两层意思，一是指记录者座位的选择，既要注意光线的射入，又要注意能够听得清晰。一般说来，以坐在主席台前或左前方为佳；记录座谈会的发言时，位置的选择一般以距主持人较近的地方为宜，以便观察会场动态和发言者的表情；桌椅要平稳，高低要适中，以保证记录时手腕运动的持久性。二是指对与会者的识别，即对不熟识的与会者，可画出他们的座位图，然后请主持人或熟悉情况的人标出每个座位上的人的姓名，或由会务人员画出与会人员座次图，这样便可熟悉每一个与会者。

3. 信息准备。这主要包括三个方面：一是要了解会议的内容，最好能够找到与本次会议有关的材料；二是要根据会议的内容，在会前制定一些适用的略写方法，供记录时使用；三是要尽量了解讲话人或发言人的相关信息，例如讲话或发言的内容、表达风格、居住地、口音、讲话或发言的手段，尽量在会前排除可能发生的障碍。

4. 特殊准备。即设计必要的物质“板块”，以方便记录。有些会议，特别是学术报告会、各种汇报会和经验交流会等，讲话人或发言人在讲话时，往往使用辅助性手段，例如投影仪、电脑笔记本，或打出字幕或图表。针对这些情况，记录者可在会前设计较为简易的记录“板块”（或图或表），以便快速记录。

5. 要素准备。所谓“要素”是指会议的基本情况，例如，会议的时间、地点；主持人、参加人；因公、因事或因病而缺席的法定参加人；列席者、特邀人员；会议议题以及记录人；等等。无论何种会议，在会前都应将这些基本要素写在记录本上或记录纸上。如果是报告会，还要写明主讲人及其报告的题目等，以便从会议一开始就迅速进入工作（记录）状态。

第二节　速记记录的方法

速记记录，是一种耳、眼、脑、手同时并用，边听、边看、边想、边写，一气呵成的快速书写活动。它是将口头语言转化为书面语言的第一步。记录质量的优与劣，对记录后的文稿整理往往具有基础性的作用。因此，它除了要求记录者要有娴熟的书写技能和以平静的心态从容应对外，学会和掌握正确的记录方法也是至关重要的。

一、基础记录法

讲话的类型多种多样，有工作报告、学术报告、领导讲话、会议发言、商务谈判、会见与会谈讲话等。讲话方式也各有不同，有用讲稿或用提纲发言的讲话和即兴讲话；有用交谈、磋商等对话方式的讲话；有广播、电视讲话和投影字幕式讲话；等等。由于讲话人的职位、职级、职业、学识、修养、视野和讲话着眼点不同，所以，其语言运用、表达方式和表达效果也会有较大的差别。

依据讲话类型、讲话场合、表达方式和记录目的、承担任务、讲话内容传播范围的不同，其记录方法也不尽相同。一般说来，常用记录法主要有以下几种：

1. 完全记录法。就是有言必录，不能提纲挈领，不能只记重点或结论，更不能增删取舍。特别是重要会议的报告、领导的重要讲话、中外会见与会谈、重要的商务谈判、有真知灼见的个人发言等，一般都需要完整记录。

2. 精详记录法。就是根据需要和要求，只详细记录讲话的精华部分。过多的解释和不必要的举例、可有可无的语句均可省略不记，使记录既精且详。这种方法较适用于各种报告会和基层领导办公会的发言记录。

报告会是一种常见的会议形式，如形势报告会、学术报告会、经验交流会、传达报告会和专题报告会等。这种报告会的讲话，一般都需要尽快传达，或在报刊上发表。运用精详记录法，不仅可以较快地将记录稿整理为正式文稿，尽快地提供利用，而且也便于保存和归档。

基层领导办公会不同于高层领导办公会。会议内容极少涉及重大决策，一般只对如何传达上级领导机关的决定、指示和解决单位内部的重要事项进行研究并作出决定。会议后的一两天之内甚至立即整理出会议纪要，或上报，或在单位内部传达执行。因此，使用精详记录法，较易实现这一需要。

3. 精要记录法，又称扼要记录法。就是抓住讲话的脉络，记录发言的主要内容、重点或典型事例。这种方法较适用于研讨会、座谈会等会议的发言记录。

研讨会、座谈会等这类小型会议，一般只有几个人、十几个人或几十个人参加，共同研究讨论某一问题，有时需要在会议结束之前得出结论。针对这个特点，采用精要记录法较为适宜。但在记录时，一要把发言人与发言内容弄准确，不能张冠李戴；二要将讨论的问题和得出的结论记准确，必要时应与会议主持人或发言人核对。

此外，对一些不受时间、地点、对象限制的讲话或谈话，例如调查采访等，应用精要记录法，较易抓住问题的中心，事后便于迅速成稿。

4. 摘要记录法。就是摘取发言人的发言重点、要点，可使相关人员提纲挈领地了解相关事项。这种方法适用于研究处理日常事务的会议。原因有二：一是记录者一般对发言人和发言所涉问题都较熟悉，记录只是备忘；二是这类发言除非必要，一般不保存归档。此外，摘要记录法也较适用于记录领导的口授指示、接待来访记录等。

摘要记录法只是对文字的压缩，而不是记录人的主观归纳。因而，运用这种记录法应注意下列几个问题：

（1）要充分把握会议所议问题的轻重缓急、发言人意图和发言内容的价值性；

（2）记录要精确，不能割裂和歪曲讲话者的原意，更不能断章取义；

（3）所记内容不能上言不接下语或遗漏讲话人的主要观点，更不能使发言内容面目全非。

5. 补充记录法。这种方法主要适用于有讲稿的讲话记录。如果讲稿很详细，可以直接提供利用或保存的，就不必全记，只记录讲话人离开讲稿时所穿插的补充说明或事例。通常情况下，对这种记录的要求是：既要周详，又要精练；既要保持原意，又要文理清楚。

有些会议的某些与会者出于某种原因，有时不愿意或者不让记录，而他的发言又很重要，或离开他的发言会议记录就显得不完整；还有的来访者反映的情况很有价值，但他只许听不许记。对这两种情况，记录者一是要专心听，二是要认真记在脑子里，事后立即进行追记。追记的方法，也是补充记录法的运用。

二、具体项目记录法

（一）会议记录的方法

会议记录，在秘书文字工作中具有典型的、概念性的意义。人们一提到记录必然会想到会议，一提到会议必然会想到记录。真实地记载会议情况、客观地反映会议的内容和进程，可以为日后分析研究会议精神提供依据。

1. 会议记录的内容。

（1）基本情况。包括：1）会议名称、会次、会议形式；2）会议目的和议题；3）开会时间包括年、月、日、时，具体时段包括上午、下午或晚上；4）会议地点包括具体房间、会议室名称及编号；5）会议主持人的姓名与职务，出席人、列席人；6）缺席人姓名及缺席原因；7）记录人。

××大学校长办公会记录表如表3—2—1所示。

表 3—2—1　　××大学校长办公会记录表（首页）

会议名称		年度会次	
会议时间		会议地点	
出席			
缺席及原因			
列席			
主持人		记录人	
会议议题及所在页数			

（2）会议进程。包括：1）主持人的开场白，例如对拟定议题的说明、议题研究的程序以及注意事项等；2）与会者的发言、建议、意见、领导插话，与会者互相间的协商、交流、插话，乃至辩论情况等；3）会议作出的决定、决议或定办事项；4）会议主持人在会议结束时所作的总结发言等。

2. 记录的方法与要求。

（1）详细记录。诸如领导办公会或其他决策性会议对重要议题讨论、研究的过程；领导者的重要讲话；会议作出的决定、决议、定办事项，以及执行措施；有新意、有见地的发言等，都应原原本本地记录。对有些发言，虽然无须有言必录，但也应原话原记，不能只记重点和结论，更不能提纲挈领，随意取舍。

（2）要点记录。即对发言者提出的意见、建议，或其他言论，要从整体上去把握，做到合理取舍，画龙点睛，用字简约，抓住重点，精当归纳，记下发言者的主要观点和论据。特别是对于不同意见或有争议的问题，既不能遗漏发言者的基本观点，更不能曲解发言者的原意。

（3）抓住环节。即抓住发言者在讲话的开头、转题、结构过渡等环节上，使用的提示性语句和语段。可以说，这是即席讲话者为了引起与会者的注意，常常运用的一种发言方式，记录者也可以此把握和推断发言者的思路、线索、层次，以及可能使用的语言。这是记录领导者即席讲话常常使用的一种技巧。

（4）索取讲稿。即对自拟讲稿或自拟提纲的发言，记录者应尽量向发言者讨要，或借用过来复印。这不仅有利于保持发言者讲话的原话原意，也有利于会后资料的整理和归档。

（5）复述修正。对某些会议（如领导办公会）作出的决定，或定办事项，记录后，应在会上予以复述，不可出现一丝一毫的误记。对漏记、错记或不清楚的其他发言，也应在会议结束时，及时向有关人员核对，进行必要的修正和补充。

（二）领导口授指示的记录方法

由于秘书位于领导近身，在中枢机构中工作，直接为领导和领导工作服务，所以，领导会经常以口授的方式向秘书下达指示、布置工作；或由秘书直接办理，或向相关部门转办，或向相关人员传达。无论哪种情况秘书都应做好记录工作。其记录方法和注意事项是：

1. 要立即停下手中办理的其他事项，随手带上放在手边的装有纸和笔的书写夹，迅速走到领导身旁，敬候领导吩咐。

2. 要悉心聆听，迅速、准确地记录口授内容，切忌插嘴和提问，打断领导的讲话，干扰领导的思路。

3. 对领导的口授指示，要边听边记，疑问之处可随手做上标记，以备记完之后询问、改记或补记。

4. 口授结束后，要将记录内容向领导复述，并要特别注意领导对某些措辞的修正，或对秘书误记的纠正；迅速修改后，如有必要可再复述。

5. 对某些交给记录者直办，而又不便记录在案的事项，秘书则应用“心”记录，牢牢“印”在脑子里，并当场复述，必要时应“追记”在自己的保密本上。

6. 对领导的口授指示，凡由秘书和秘书部门办理的，办理结果应直接向口授者反馈；

凡向相关部门转办或传达的事项，应适时催办，并向口授者反馈。

××大学领导口授意见办理记录表如表 3—2—2 所示。

表 3—2—2　　　　××大学领导口授意见办理记录表（样式）

事由		往发方向	
授意人		授意地点	
授意时间		拟结时间	
承办人		办结时间	
口授内容			
签发人（签字）			

（三）领导讲话记录的方法

在日常业务和管理活动工作中，领导经常主持或参加各种会议、洽商约见、会见会谈、外出考察、谈判、调研等活动，并常常要讲话、发言或插话。为此，不论领导是否有讲稿，秘书都应区别不同情况做好记录工作。

1. 领导利用讲稿讲话时，一般只做要点记录，但对领导脱稿展开或补充的部分，特别是临场发挥的精彩语段、事例和说明，则应“有言必录”。

2. 领导利用提纲的重要讲话和就某一事项的即席讲话，一般都具有很强的针对性和指导性。对此，记录者应采用完全记录法或详细记录法。

3. 会谈会见、洽谈约见时的讲话，双方的发言都应详细记录，必要时，经过双方同意，可采用录音与手写并用的方式进行记录。

4. 对领导在考察或汇报会、座谈会上的插话，记录者除了要记录领导者的插话内容外，还应记录领导插话的背景和语境，以保持领导讲话的完整性、系统性和针对性。

（四）接听电话的记录方法

接听电话是秘书和秘书部门工作量最大、内容最繁杂的项目之一。虽然并非所有的接听电话都需记录，但对上级领导机关通过电话所作的指示，下级单位所汇报的紧急和重要事项，合作单位询问、答复或商洽的事项，社会公众所反映的重要问题和建议，秘书都必须做好记录。其记录方法和注意事项主要为：

1. 接听。电话铃声响后，秘书应迅速做出反应，左手持机，右手持笔，备好电话记录单。

2. 记录。记录内容包括：（1）来电时间：年、月、日、时；（2）来电单位、来电人、电话号码；（3）来电内容；（4）要求办理的方向和时限。

××大学接听电话记录表如表 3—2—3 所示。

表 3—2—3　　××大学接听电话记录表

来电单位		来电时间	
来电人		电话号码	
接听人		承办人	
来电内容			
拟办意见			
领导批示			
办理结果		接办人签字	

3. 重点。在电话记录中，来电内容是记录的主体、核心，应悉心记录，切不可有一丝一毫的疏忽，记录要快、要准，字迹要工整。

4. 询问。对于内容比较简短的电话，不明之处，可在接听结束后询问；对于来电内容比较复杂、通话时间较长的电话，则应边接听边询问，切不可误记。

5. 复述。完成记录并经询问确认无误后，应向来电者复述。同时，核对对方的电话号码或其他联系方式。

6. 补单。由于拿起话机只是一刹那，电话单中的某些因素有时未必能在接听之前填写齐全，比如时间。所以，接听者应在接听结束后予以补填。

（五）来访记录的方法

无论任何单位，来访者一般都有两种情况，即有约来访和无约来访。有约接待是指来访者事先与单位领导或有关部门有约定的来访；无约来访是指事先没有任何约定的突访。就接待者而言，“来者都是客”，都应给予同样的尊重，对其来访事先都应认真记录。

1. 记录内容。一般有两种情况：

(1) 基本情况。包括：来访者姓名、性别、年龄、职业；所在单位、地址、联系方式；来访时间，即年、月、日、时；联系方式；接待部门和接待人。

(2) 来访内容。包括：来访目的、主要问题；办理要求（如办理方向、方式、时限）；来访者情绪、态度等。

2. 记录方法。由于来访者所反映问题的情况不同，其记录方法也应有所区别。

(1) 下属单位来访。可根据来访者的目的、问题的性质，或直接接待，做好记录；或转办于相关部门，嘱其做好记录；如领导亲自接待，秘书则应陪同做好记录；对汇报工作或请示问题者，则应请其留下材料，这既可减轻记录者的负担，又便于事后办理。

(2) 对外部来访者。接待过程中，接待者应集中精力，反应灵敏，态度谦和，按照一听、二记、三问、四看、五分析的程序，边听边记，随问随记。

3. 记录要求。无论是有约来访，还是无约来访；无论是下属单位来访，还是外部公众来访，都应热情接待，详细记录，做到准确无误；记录结束后，一般应请来访者过目，或向来访者复述，必要时应请对方在记录上签字。

（六）值班工作的记录方法

值班记录一般有三种形式，即电话记录、接待记录、值班日志。其中电话记录和接待记录与平时的电话记录和接待记录的方法相同，从略。此处重点说值班日志。

1. 值班日志的内容。包括值班时间、值班人员、记录内容、办理情况、交班情况。××大学值班记录表如表3—2—4所示。

2. 日志的单元时间。值班日志一般以一天或一个班为记录的单元时间，记录一天或一个班上所遇到的情况、办理事项的经历和结果。它是值班室内部的记事册。

3. 值班日志的方法和要求。每事一记，随办随记；及时准确，清楚简明。

表 3—2—4　　××大学值班记录表

值班时间		值班人	
拟办事项			
办结事项			
领导意见			
处理结果		接班人签字	

（七）调查工作记录的方法

“调查研究”，是秘书和秘书部门的基本功。“调查”与“研究”是两个内涵不同、工作有先有后而又紧密联系的概念和阶段。“调查”是“研究”的前提和基础，“研究”是“调查”的发展和升华。显而易见，只有进行深入细致的调查，才能充分地占有材料，也只有进行深入细致的调查，才能为研究提供可靠的依据。而要搞好调查，则必须做好记录。

1. 全面记录，突出重点。所谓全面记录，就是全面采集某一事件、某一情况发生的原因、过程、结果，以及社会群众对此事情的正负反映和看法等全方位的素材，切忌以偏赅全，随意取舍；所谓突出重点，是指并非每闻必记，主要是记事情（事件）发生的时间、地点、人物，事情的主要起因、发展变化的主要环节、典型事例、基本数据以及数据的变化和对比，不能“捡到篮子里的都是菜”。

2. 适度提问，答记同步。在调查过程中常常会有问有答，调查者必须抓紧时间，做到随问随记，音落字出，答与记同速同步。如果记录跟不上调查对象的讲话速度，就必然会出现反复提问的状况；如果屡屡让对方回答其已经回答过的问题，不仅容易打断对方的思路，还可能引起对方的反感。因此，提问要适度，要以选题为依据，以快速记录为前提，切不可频繁提问，更不能把“提问”变成“审问”。

3. 准确记录，及时整理。对调查材料要反复核实，若有必要，每次调查结束之前，都应将笔录向调查对象复述一遍，与被调查人认真核对，确保事实完整，数据无误。同时，对调查内容最好在当天进行整理，对其作必要的摘要、分类和归纳，进行初步总结。可以说，这是记忆的最佳期，容易理出头绪，也便于及时发现问题，及时进行补充、修正。

4. 强记于心，事后追记。遇有特殊情况和某些调查对象，不便在现场做笔录时，调查者应保持清醒头脑，强化记忆，牢牢把握关键问题，强记重要情节和事件的来龙去脉。事后立即进行追记。

（八）课堂记录的方法

在课堂上，学生的基本任务是听讲、思考和记忆。记课堂笔记虽然可以增强记忆，便于课后复习，但绝不能不假思索地把精力全部放在记笔记上，否则往往会造成笔记记了一大本，问题仍然一大堆的被动局面。因此，所记内容要适量，使课堂笔记真正发挥助学习、助记忆和提纲挈领的作用。记课堂笔记的方法，通常有如下几种：

1. 记线索。即按章节顺序，着重记每章每节的中心思路和重点，包括概念、知识点和结论。这样便可留下足够的时间进行听讲和思索。

2. 跟思路。教师上讲台都是有备而来。他们的授课思路一般都带有启发性、提示性，对理解教科书的主旨、重点和难点，往往具有“捅破窗户纸”的作用。因此，随着教师的授课思路记笔记，有时可以使自己“恍然大悟”。

3. 记板书。教师在课堂上的板书大都是教师对教科书的重点、难点和疑点进行解释的对象或是要点、识点和结论的关键词、关键句。因此，可以在教师写板书的同时用速记的方法将板书记下来，然后即可边听边思考。

4. 做旁注。这种方法包括两层意思：一是将教师对重点、难点的解释和个人的理解写在教科书的边页上，以作提示之用。二是用标记把书上的相关点标识下来。例如横直线“——”表示一般识点；横曲线“～～～～”表示重点；三角“△”表示特别重点；问号“?”表示疑点等。这也是一种速记方法。这样标识，重点突出，看之醒目，便于记忆和复习。

5. 摘重点。是指对所记内容要有选择。这种记笔记的方法，一般应在课下做。要从学习的实际出发，不可盲目乱记。上课前，应尽量做好必要的听课准备，多做一些预习，将重点、难点、疑点摘抄下来，做到心中有数，在课堂上有的放矢地去听、去记；课前未作摘抄的，下课后再作补记，切不可在课堂上摘记，以免影响听讲。

6. 暂存疑。就是将听课时遇到的一时不能完全听懂的问题暂时放下来，并画上标记，待课后再思考、再核准。切不可因遇到一时不能理解的问题就中断记笔记甚至中断听课。这样做势必使难点越积越多，给学习带来更大的难度和压力。

第三节　速记稿的整理方法

记录稿的整理，从某种意义上来说，就是将记录者在记录阶段所获取的口语信息进行再加工，使其转化为终结性成果的劳动过程。因此，作为记录者，了解和掌握记录稿整理的要求、步骤和方法是十分必要的。

一、整理记录稿的必要性

通常情况下，记录稿除直接存档和用于记录个人的事项外，绝大多数都必须经过整理，才能作为社会交际而使用。这是因为：

1. 记录者在现场记录，由于时间稍纵即逝，没有多大的空间进行选择、推敲，对讲话的取舍、加工只是在瞬息之间，这就必然会给记录稿留下较多的问题，必须在记录后加以解决。

2. 讲话人特别是即席讲话人，在发言时，往往都带有一定程度的随意性。这使得讲话在某些方面，或逻辑关系不清，或“意到言未到”，或附加语、重复语过多，加上方言俚语和地方语音现象，也会给记录者留下一些必须解决的问题。即便是经验丰富、即席应对能力较强的高级秘书，虽能作出质量较高的文字记录，达到较高的记理境界，但在记录现场也难以把所有问题全部解决。

3. 记录后的文稿要作为文件下发；作为简报、纪要在一定范围内传递；作为新闻稿在媒体上发表。调查材料也要经过研究综合形成调查报告，使其在决策管理和社会交际发挥作用。

4. 快速记录所使用的符号和省略方法必须还原为规范化的汉字。所以记录稿的整理一直是记录后必做的工作。

翻译讲究的是“信”、“达”、“雅”，速记也要讲究“信”、“达”、“雅”。

所谓“信”，就是准确、真实。速记只“记”是不够的，还要有一个加工整理的过程。“整理”首先要绝对维护讲话的原意，这就是“真实”，就是“信”。“信”是保证速记应用质量的基础。

所谓“达”，就是整理后的文稿，语言要通达、流畅，符合语法规则。所以，速记稿整理时，要删繁就简、弥补缺陷、更正错误，力求使文稿实现“尽善”。“达”与“善”是保证速记应用质量的重要前提。

所谓“雅”，就是语言精练、言简意明。要保持讲话者的口语化，使读其文如见其人、如听其言，做到雅俗共赏。“雅”就是语言的美。“雅”与“美”是保证速记应用质量的必要条件。

二、整理记录稿的要求

将记录稿整理为何类正式文稿，依据其所承担的任务和需要的不同，要求也不尽相同。如，有的会议要求把大会的发言或分组发言重点整理而出简报；有的会议（办公会、座谈会等）要求把定办事项综合写成会议纪要；有的记录则不需整理，只作为备忘录存档；更多的情况下，是要求详细记录，精确整理，形成保留讲话全貌的文字材料，作为正式文件印发；等等。无论整理成何类正式文稿，记录稿整理的要求都是相同的。

（一）忠实原讲话，保持其语言风格

这既是对整理记录稿的基本要求，也是整理记录稿时必须遵循的一个基本原则。整理记录稿，常常需要删繁就简、增补遗漏，但其最终目的是为了更加确切地再现发言者的讲话意思，丝毫不意味着对讲话内容的随意篡改。因此，对个别没有记全或没有听清楚的地方，切不可随意下判断，要尽可能向讲话人或当时在场的其他人询问清楚。必要时可送讲话人确认或审稿人审定。对原讲话人的辞格运用和表达方式，除对语法上存在的某些语病、用词缺陷做必要的修改、弥补、调整和润色外，一般不应做更大的改动，以保持讲话人的语言特色和讲话风格。

（二）内容准确，语句通顺

所谓内容准确，是指整理稿所记录的讲话要义应完整、确切、无误，符合逻辑。一位在国家机关从事速记工作几十年的老同志颇有感慨地说过这样一件事：

"有时，在接见的场合，领导之间在一些重大原则问题上，往往都能开诚相见争论激烈，也常说一些幽默风趣的政治笑话。在整理时，我就凭着自己平时对领导的了解和对方针、政策的理解，把某些不宜公开的事项，个别容易引起误解的观点或词、句，进行必要的删改，并同时报告给部领导。部领导让秘书转告我说：'你删得对，改得好，这么一改就更确切、更符合逻辑了。'"

所谓语句通顺是指整理后的文稿，语言要流畅，条理要清楚，前后要连贯，层次要分明。整理篇幅较长的记录稿，最好依据记录的内容拟写若干简明、醒目的小标题，放在有关段落之首，以便起到提示作用。记录稿整理完成后，还应通篇阅读，改正错别字和增补遗漏。

（三）及时送审，按程序发文

记录稿整理后，应送讲话人、发言人审核确认。讨论性的发言，除了送发言人审阅外，还应送会议负责人或主持人审阅；会议简报要送会议的组织者审定。文稿送审，一方面可使讲话人、发言人、主持人和会议负责人对自己的讲话做某些必要的修改；另一方面，又可避免因记录上的失误和整理者水平所限而出现的错误。送审既是对讲话人、发言人和负责人的尊重，更是工作上的必要程序。如整理后的文稿需要作为正式文件印发的，则必须按照发文程序办理。涉密性文稿应按密级和保密期限加注保密标识。疏漏任何一个环节都有可能贻误工作。

三、记录稿整理的基本内容

（一）删繁就简

就是在整理记录稿的过程中，删除烦琐的、不需要或无关紧要的文字或语句使文稿趋于简练。例如，重复的语句和与讲话内容无关的口头语、附加语；开始讲话时毫无必要的开场白、客套话，结束讲话时的自我否定语和与讲话内容相矛盾的自谦语；因插话而引出的题外话，或为使别人听明白所做的过多的解释、说明，以及过多的举例；一般讲话对会场产生的气氛的记述，如"笑声"、"鼓掌"、"哗然"等（如果需要则另当别论）。同时，对内部讲话中暂时不宜公开的材料也应删除。

（二）增补还原

所谓"增补"不是对讲话内容的增加（增加内容不是记录者应做的事）。这里强调的是"补"。口语表达中经常会遇到省略不当或表达不完整，即"意到而言未到"的话。这些话出现在书面上，就会影响表达效果。整理时，就要根据上下文意进行恰当的补充和调整。同时，对某些讲话，特别是没有讲稿的讲话和重要的即席发言等，整理时，也要根据讲话的内容、情感的表达、语句结构和指代对象等，在把握主旨后理清内容并加上适当的标题和标点符号。

所谓"还原"，就是将记录时运用略写方法所略代的词语、句子、语段，以及被省略的引文、事例等，根据"讲话"的中心内容，按照讲话人的讲话原意，原原本本地恢复过来。

（三）修改调整

所谓"修改"，主要是指修改语病。语病在口语表达中常会出现，主要表现在：

1. 用词不当。通常多表现在两个方面：

一是词义混淆。讲话人常把一些意义相近而差别细微的词混杂在一起。这是对词义的概念理解模糊而造成的用词不当。

二是词类误用。每一类词义都有它本身的特点和特定的语法功能。整理记录稿时，要注意讲话人因分不清词类而造成的用词不当。

2. 句子语病，即通常所说的病句。常表现为：

一是成分残缺。是指由于句子缺少不应该省略的主要成分（主、谓、宾）而造成句子结构不完整的语病。讲话人讲话时，因有语言环境、手势、表情的帮助，可以省略很多字、词。但要把口头语言转换为书面语言，就得使语句完整。

二是搭配不当。是指因句子里的词语或相关成分之间相互不能搭配而造成的语病。主要表现为主谓、动宾、连带成分与中心词之间的搭配不当。

三是重复累赘。这是口语表达中经常出现的语病。修改的方法，一般是删去不必要的修饰词。修饰词过多，往往会使句子拖泥带水，影响表述效果。

3. 逻辑语病。就是句子在逻辑关系方面出现的问题。常表现为：

一是词序颠倒。即因词序排列颠倒而造成的语病。讲话人讲话时，往往忽视词语的位置及其先后顺序的排列。

二是分类不当。是指分类列举各项事物时，由于没有同一标准而产生混乱的语病。这也属于逻辑概念的混淆问题。

三是自相矛盾。由于讲话人没有把想说的意思弄清楚，因此，既这样讲，又那样讲。或先肯定后否定，前后说法不一致。这是不合逻辑、不合事理的语病。纠正这类语病，往往产生二者必留其一的结果。至于留哪一种意思妥当，要根据讲话人的意图来决定取舍。

修改上述语病的具体的方法有删、补、换、移等。“删”，就是删除多余的或错误的词语，使句子简明；“补”，就是补上句子的残缺成分，使句子完整；“换”，就是替换使用不当的词语，使句子用词得当；“移”，就是调整词语的位置，该前移的前移，该后挪的后挪，使词序正确。

修改记录稿的语病，与通常说的修改语病有所不同，修改记录稿的语病，只要求把语病改正确、改通顺，不要求改具体、改生动。即只改正那些构成语病的错误地方即可。对于句子的其他成分要一律保持原状。要采取“多就少动”的原则，避免大砍大删，力求保持讲话人的语言风格。

所谓“调整”，除了调整语句上的不恰当之处外，还应耐心仔细地理清讲话人的思路、脉络，弄清材料之间的逻辑关系，对某些段落进行必要的适当的调整，使主题更加突出，结构更加严谨，层次更加分明。

（四）核实送审

核实，就是在记录稿整理前，或整理后，对讲话中的人名、地名、数字、引文及其他重要依据、重大事件的关键情节、外文及外文缩写字母、中译名等，向相关人员进一步核对，以纠正记录时有可能误记或因讲话人口误而讲错的地方，务必使其确凿无误，这也是整理工作的一项重要内容。在此基础上，将整理后的文稿送讲话人、发言人或负责人、主持人审阅、确认。如需正式发文，要严格按照发文程序办理。

四、整理记录稿的步骤和方法

（一）步骤

从步骤安排上来说，依据实际情况有以下几种方法可供选择：

1. 先读后理。在整理前先通读记录稿，系统地理解讲话内容，较好地把握讲话的脉络和重点，并将略记部分做好标记，为其成文打下基础；然后再用电脑进行整理并打印出来，形成送审文稿。运用这种方法虽然便于了解讲话的全貌和重点，但比较费时，整理过程较长。一般只适用于初做记录工作的人或整理完成时间要求较缓的记录稿。

2. 读理结合。在阅读记录稿的过程中删去繁芜，修改病句，润色文字，理清层次段落。然后，按照整理后的记录稿，输入电脑打印出送审稿。由于对记录稿先行整理加工，内容眉目清楚，前后连贯，打印时不需做大的改动，因此，整理成文的速度较快。

3. 边记边理。就是在记录时，边记边对讲话内容进行整理，完成去粗取精的工作。记录后，一般情况下，无需再逐句逐段的推敲，就可直接上机，及时打印成文，送相关人员审阅。这种方法可使记、理、印一气呵成，效率较高。但此种方法一般只适用于发话人的讲话有一定间歇、记录者有一定思考空间的记录场合（如有翻译的讲话和打出字幕、图表的讲话或吐字频率较低的讲话等），而且记录者需要具有较丰富的记录经验和较强的临席应对能力。

（二）方法

从人员安排上来说，依据工作环境也有以下几种方法可供选择：

1. 双人合作。记录者记录后，先对记录稿进行初步的加工整理。然后由记录者念稿，请专业打字员打字，或请写字较快的人帮助抄写，以便较快地形成文稿，及时送审，及时印发。这是专业记录人员长期采用的一种传统的记理方法。目前而言，较适用于讲话时间不长、文字较少的情况，多被现代化办公设备尚不完备的小型的企事业单位采用。

2. 交替记理。即对时间要求紧迫的重要文件，可由几个人分工记录，分别整理。每个人记录一段时间，记完后即刻离开现场去整理，并用电脑打印出来。讲话稿全部整理完成后进行会稿，最后由一人统稿。这样，在讲话人结束讲话时，送审稿也几乎同步完成，便于及时提供利用。

3. 流水作业。对时间要求特别紧迫的讲话整理工作，可与“交替记理”的方法结合起来，实行“记录—整理—打印—校对—审核—印制”一条龙的流水作业。这种方法记录快、整理快、印制快、发文快，近乎可与某个会议、某些活动的进程保持同步。许多会议的重要“简报”、“快报”和领导的重要讲话，就是采用这种方法完成记理工作的。

思考与练习

1. 简述临席准备的主要内容。
2. 基础性记录法有哪几类？并讲明其适用范围。
3. 速记稿为何要整理？简述其程序、要求和方法。
4. 记录稿常见的语病有哪些？如何进行调整和修改？

附录

《中国秘书速记岗位资格证书》考核大纲

1. 职业概况

1.1 职业名称

速记秘书　速记员

1.2 职业定义

运用速记技术，从事汉语信息快速记录、转换、编辑、管理工作的人员。

1.3 职业等级

本职业共设两个等级，分别为速记秘书（速记员）、高级速记秘书（高级速记员）。

1.4 职业能力特征

具有准确的听辨能力、快速书写能力、文字表达能力。

1.5 职业文化程度

高中毕业及高中毕业以上学历（或同等学力）。

1.6 职业培训要求

速记秘书（速记员）培训不少于120标准学时；高级速记秘书（高级速记员）培训不少于160标准学时。

1.7 鉴定要求

1.7.1 申报条件

1. 不管会哪种速记方式者均可申报。

2. 速记秘书（速记员）具备以下条件者：

（1）具有高中毕业及高中毕业以上学历者；

（2）听力好，书写汉字和计算机打字速度较快者。

3. 高级速记秘书（高级速记员）具备以下条件之一者：

（1）具有大学专科毕业及大专以上学历者；

（2）高中毕业连续从事文字工作两年以上者；

（3）已取得速记员资格证书者。

1.7.2 鉴定方式

分为理论知识考试和职业技能操作考核。理论知识考试均是选择题，采用闭卷笔试方式，职业技能操作考核均采用模拟实际操作听写方式。理论知识考试成绩作为参考用，重点是技能操作考核。

1.7.3 鉴定时间

理论知识考试时间为：70分钟；技能操作考核时间为：120分钟。

1.7.4 鉴定场所设备

理论知识考试在标准教室进行；技能操作考核在配备有计算机、录音机、录像机设备的标准教室进行。

2. 基本要求

2.1 职业道德

2.1.1 职业道德基本知识

2.1.2 职业守则

爱岗敬业，忠于职守；服从领导，谦虚谨慎；
勤学苦练，讲究时速；遵纪守法，严守秘密；
实事求是，勇于创新；团结互助，恪守信用；
速记技术过硬，服务热情、周到。

2.2 基础知识

2.2.1 汉语基础知识

（1）汉语拼音知识。
（2）方言语音基本知识。
（3）汉语规范基本知识。
（4）词汇规范基本知识。
（5）标点符号使用知识。
（6）语法、修辞基本知识。

2.2.2 会议基础知识

（1）会议的基本要素。
（2）会议文件准备。
（3）会议信息收集。
（4）会议信息管理。

2.2.3 文书基础知识

（1）应用文基本知识。
（2）法定公文制发程序。
（3）应用文的语言。
（4）应用文的格式。

2.2.4 速记基础

（1）速记基本原理。
（2）汉字速记知识。
（3）拼音速记知识。
（4）速记略符、略法。
（5）速记应用知识。

2.2.5 相关法律、法规知识

（1）《中华人民共和国保守国家秘密法》相关知识。
（2）《中华人民共和国知识产权法》相关知识。
（3）《中华人民共和国档案法》相关知识。
（4）《国家行政机关公文处理办法》相关知识。

（5）《中华人民共和国国家行政机关公文格式》相关知识。

3. 工作要求

3.1 速记原理

级别要求	能力标准	相关知识
速记员	能掌握速记概念 能对速记符号进行分类 能理解速记的用途 能掌握学习速记的原则和方法	速记基础知识 速记符号的分类知识 速记的作用 学习速记的原则和方法
高级速记员	能理解速记学的研究对象 能阐述速记技能知识 能准确界定速记的概念 能灵活运用速记的原则和方法	速记学的研究对象 速记技能知识 语言学基本知识 符号学基本知识

3.2 汉字速记

级别要求	能力标准	相关知识
速记员	能掌握汉字快写方法 能熟练书写汉字草书 能熟练运用汉字略写法 能熟练运用词语略写法 能熟练运用词组略写法	汉字快写方法知识 汉字草书知识 汉字略写原理 词语略写原理 词组略写知识 语法基础知识
高级速记员	能熟练运用替代略写法 能熟练运用语句略写法 能熟练运用语段略写法	替代略写知识 语句略写知识 语段略写知识 逻辑基础知识

3.3 拼音速记

级别要求	能力标准	相关知识
速记员	能准确书写声符和韵符 能正确拼写音符 能掌握连写规则 能速记标准普通话语音	声符写法要领 韵符写法要领 速记拼写规则
高级速记员	能流利书写声符、韵符和音符 能熟练运用连写规则 能熟练运用速记标点法 能速记带方言音的普通话	速记连写规则 速记标点符号应用知识 速记数目字写法知识 方言语音辩证方法知识

3.4 略符、略法

级别要求	能力标准	相关知识
速记员	能掌握、运用速记点略法 能掌握、运用单音节词略法 能掌握、运用双音节词略写法 能掌握、运用速记速度考评法 能掌握、运用三音节词略法 能掌握、运用词组略法	点略法知识 单音节词略法知识 双音节词略法知识 速记速度考评法 三音节词略写法知识 词组略写法知识 汉语词组知识
高级速记员	能掌握、运用交叠式略法 能掌握、运用附离式略法 能掌握、运用词组略法和句略法	词组略写法 句略写法 速记技能快写知识 汉语语句知识

3.5 速记应用

级别要求	能力标准	相关知识
速记员	掌握速记应用的特点 明确速记用途 能翻译整理速记稿 能熟练运用速记摘抄资料、起草文稿、记笔记、记秘本等 能熟练地用速记记录他人讲话，且速记书写速度达到130字/分钟以上，准确率达到95%以上	速记应用的特点 速记的用途 翻译整理速记稿的方法知识 速记运用基本知识 语音记录知识 翻译整理速记稿的常用方法知识
高级速记员	能习惯性、自然地运用速记 能熟练地用速记记录自己的思维和他人讲话 能熟练地翻译、整理速记稿 速记书写速度达150字/分钟以上，准确率达95%以上	速记运用全面知识 速记稿整理知识 翻译、整理速记稿的艺术 口头语言转化书面语言知识

3.6 鉴定比重表

3.6.1 理论知识

项目	速记员（%）	高级速记员（%）
职业道德	10	10
基础知识	30	20
声符书写	10	5
韵符书写	10	5
音符书写	20	10
连写规则	10	15
略写规则	10	15
培训指导		20
合计	100	100

3.6.2 技能操作

项目	速记员（%）	高级速记员（%）
速记原理	10	10
汉语速记	30	20
拼音速记	30	10
略符、略法	20	10
速记应用	10	20
培训指导		30
合计	100	100

附：技能操作考核要求

速记员

听写3分钟至5分钟，每分钟听写130字至150字。准确率要达到95%以上。

高级速记员

听写3分钟至5分钟，每分钟听写150字至180字。准确率要达到95%以上。

速记考核听写材料以政治、经济、法律方面的材料为主。其难易度类似于下面两段例文。

一、下面的例文共400多个字，要求3分钟听写完，平均每分钟158个字。其准确率要求达到95%以上。

我们已经朝着十六大确立的全面建设小康社会的目标迈出了坚实步伐，今后要继续努力奋斗，确保到二〇二〇年实现全面建成小康社会的奋斗目标。

我们必须适应国内外形势的新变化，顺应各族人民过上更好生活的新时期，把握经济社会发展趋势和规律，坚持中国特色社会主义经济建设、政治建设、文化建设。社会建设的基本目标和基本政策构成的基本纲领，在十六大确立的全面建设小康社会目标的基础上，对我国发展提出新的更高要求。

——增强发展协调性，努力实现经济又好又快发展。转变发展方式取得重大进展，在优化结构、提高效益、降低消耗、保护环境的基础上，实现人均国内生产总值到二〇二〇年比二〇〇〇年翻两番。社会主义市场经济体制更加完善，自主创新能力显著提高，科技进步对经济增长的贡献率大幅上升，进入创新型国家行列。居民消费率稳步提高，形成消费、投资、出口协调拉动的增长格局。城乡、区域协调发展机制和主体功能区布局基本形成。社会主义新农村建设取得重大进展。城镇人口比重明显增加。

——扩大社会主义民主，更好保障人民权益和社会公平正义。公民政治参与有序扩大。依法治国基本方略深入落实，全社会法制观念进一步增强，法治政府建设取得新成效。基层民主制度更加完善。政府提供基本公共服务能力显著增强。

二、下面的例文共600多个字，要求3分半钟听写完，平均每分钟175个字。其准确率要求达到95%以上。

科学发展观，第一要义是发展，核心是以人为本，基本要求是全面协调可持续发展，根本方法是统筹兼顾。

——必须坚持把发展作为党执政兴国的第一要务。发展，对于全面建设小康社会、加快推进社会主义现代化，具有决定性意义。要牢牢扭住经济建设这个中心，坚持聚精会神搞建设、一心一意谋发展，不断解放和发展社会生力。更好实施科教兴国战略、人才强国战略、可持续发展战略，着力把握发展规律、创新发展理念、转变发展方式、破解发展难题，提高发展质量和效益，实现又好又快发展，为发展中国特色社会主义打下坚实基础。努力实现以人为本、全面协调可持续的科学发展，实现各方面事业有机统一、社会成员团结和睦的和谐发展，实现既通过维护世界和平发展自己、又通过自身发展维护世界和平的和平发展。

——必须坚持以人为本。全心全意为人民服务是党的根本宗旨；党的一切奋斗和工作都是为了造福人民。要始终把实现好、维护好、发展好最广大人民的根本利益作为党和国家一切工作的出发点和落脚点，尊重人民主体地位，发挥人民首创精神，保障人民各项权益，走共同富裕道路，促进人的全面发展，做到发展为了人民、发展依靠人民、发展成果由人民共享。

——必须坚持全面协调可持续发展。要按照中国特色社会主义事业总体布局，全面推进经济建设、政治建设、文化建设、社会建设，促进现代化建设各个环节、各个方面相协调，促进生产关系与生产力、上层建筑与经济基础相协调。坚持生产发展、生活富裕，生态良好的文明发展道路，建设资源节约型、环境友好型社会，实现速度和结构质量效益相统一、经济发展与人口资源环境相协调，使人民在良好生态环境中生产生活，实现经济社会永续发展。

图书在版编目（CIP）数据

手写速记教程/中国高等教育学会秘书学专业委员会组编
北京：中国人民大学出版社，2008
中国秘书速记岗位资格证书专用教材
ISBN 978-7-300-09498-4

Ⅰ. 手…
Ⅱ. 中…
Ⅲ. 汉字-速记-资格考核-教材
Ⅳ. H126

中国版本图书馆 CIP 数据核字（2008）第 105899 号

中国秘书速记岗位资格证书专用教材
手写速记教程
中国高等教育学会秘书学专业委员会　组编
总策划　张晋峰
总主编　范立荣

出版发行　中国人民大学出版社
社　　址　北京中关村大街 31 号　　**邮政编码**　100080
电　　话　010－62511242(总编室)　　010－62511770(质管部)
010－82501766(邮购部)　　010－62514148(门市部)
010－62515195(发行公司)　　010－62515275(盗版举报)
网　　址　http://www.crup.com.cn
经　　销　新华书店
印　　刷　天津鑫丰华印务有限公司
开　　本　787 mm×1092 mm　1/16　　**版　　次**　2008 年 7 月第 1 版
印　　张　17.5 插页 1　　**印　　次**　2025 年 3 月第 19 次印刷
字　　数　429 000　　**定　　价**　39.00 元

教师信息反馈表

为了更好地为您服务，提高教学质量，中国人民大学出版社愿意为您提供全面的教学支持，期望与您建立更广泛的合作关系。请您填好下表后以电子邮件或信件的形式反馈给我们。

您使用过或正在使用的我社教材名称		版次	
您希望获得哪些相关教学资料			
您对本书的建议（可附页）			
您的姓名			
您所在的学校、院系			
您所讲授课程的名称			
学生人数			
您的联系地址			
邮政编码		联系电话	
电子邮件（必填）			
您是否为人大社教研网会员	□ 是，会员卡号：__________ □ 不是，现在申请		
您在相关专业是否有主编或参编教材意向	□ 是　　□ 否 □ 不一定		
您所希望参编或主编的教材的基本情况（包括内容、框架结构、特色等，可附页）			

我们的联系方式： 北京市海淀区中关村大街甲 59 号
中国人民大学出版社教育分社文化大厦 1508 室
邮政编码：100872
电话：010-62515210
网址：http://www.crup.com.cn/jiaoyu/
E-mail：jyfs_2007@126.com